古典文獻研究輯刊

二九編

潘美月・杜潔祥 主編

第 16 冊

平定西藏紀略
（清廷統一西藏史料輯錄二）（中）

蔡 宗 虎 輯註

國家圖書館出版品預行編目資料

平定西藏紀略（清廷統一西藏史料輯錄二）（中）／蔡宗虎
輯註 ── 初版 ── 新北市：花木蘭文化事業有限公司，2019〔
民 108〕
目 34+164 面；19×26 公分
（古典文獻研究輯刊 二九編；第 16 冊）
ISBN 978-986-485-955-9（精裝）
1. 史料 2. 清代 3. 西藏自治區
011.08   108012004

ISBN-978-986-485-955-9

古典文獻研究輯刊
二九編　第十六冊　　　　　ISBN：978-986-485-955-9

平定西藏紀略
（清廷統一西藏史料輯錄二）（中）

輯 註 者　蔡宗虎
主　　編　潘美月　杜潔祥
總 編 輯　杜潔祥
副總編輯　楊嘉樂
編　　輯　許郁翎、王筑、張雅淋　美術編輯　陳逸婷
出　　版　花木蘭文化事業有限公司
發 行 人　高小娟
聯絡地址　235 新北市中和區中安街七二號十三樓
　　　　　電話：02-2923-1455／傳眞：02-2923-1452
網　　址　http://www.huamulan.tw 信箱 hml810518@gmail.com
印　　刷　普羅文化出版廣告事業
初　　版　2019 年 9 月
全書字數　390635 字
定　　價　二九編 29 冊（精裝）　新台幣 58,000 元　　版權所有・請勿翻印

平定西藏紀略

（清廷統一西藏史料輯錄二）（中）

蔡宗虎　輯註

目

次

中　冊

[129] 兵都尚書富寧安奏謝頒旨問疾摺（康熙五十五年七月二十八日）[1]-2850

奴才富寧安謹奏，爲叩謝天恩事。

竊奴才請安摺內奉皇上硃批，朕安，爾可好，前聞爾身體不甚好，今想是痊癒了罷，欽此。奴才跪讀之下悚惶之至，不知所措，奴才實難仰承，奴才自去歲十一月至本年三月咳血心悸厭食失眠，自閏三月始漸好，今仰賴皇上之恩，奴才痊癒復康，荷沐皇上聖恩，奴才除叩謝外，莫可言喻，爲此謹奏謝皇恩。

硃批，朕安，今已去圍場，照常行獵，爾所奏諸項事務，甚是明晰，除議政大臣會議發去外，唯策妄喇布坦乃精悍奸詐之賊，不可輕視，時刻留心纔是。

[130] 議政大臣蘇努等奏報席柱等貽誤軍務案情摺（康熙五十五年七月三十日）[1]-2851

議政大臣固山貝子都統臣蘇努等謹奏，爲欽遵上諭事。

竊臣等查得，先是原將軍席柱行兵部文內曰，種田所需耕牛籽粒農器等物甚難備辦等語，行文到部，至是據副都統蘇爾德〔註463〕咨文曰，將籽粒農器等物已交付知府王景憲用獨輪跨車於二十四日起程送往等因前來，留於巴里坤之我等與額駙阿寶、公巴濟〔註464〕，滿洲綠旗官員蒙古台吉等出自馬，俟籽粒農器等物至，即令先行派出之滿洲綠旗兵五百丁屯田等語到部，於康熙五十五年閏三月二十一日交付乾清門三等侍衛喇錫轉奏。當日奉旨，席柱成何體統，俟其返回，著議政大臣等詰問議奏，欽此欽遵在案。今席柱回返，執之審問，大軍進剿，整治器械，運送錢糧，飼養戰馬等事，俱爲統兵之將軍之責，據欽差侍衛滿岱〔註465〕等返回後奏曰，爾所率滿洲綠旗全軍內無甲胄者有八千餘人，查看兵丁之馬匹共缺少一萬四千四百六十匹等語，爾係統兵進剿之大臣，凡軍中之事俱爲爾分內之事，兵丁甲胄器械俱不齊備，馬畜缺少萬餘匹，且爾並不預先整備齊全，又未陳奏，此等大事爾隱情不奏，是何用心，爾所司何事。供稱我自西安率兵出發之際，詳論整治甲胄器械馬畜及諸項法令，部文甫至陸續發兵，途中將尙書富寧安攜去之《兵部律例》送

〔註463〕《平定準噶爾方略》卷三頁十三作副都統蘇爾德。
〔註464〕《平定準噶爾方略》卷九頁十二作輝特公巴濟。
〔註465〕《平定準噶爾方略》卷三頁十八作侍衛滿泰。

與我，我即行謄抄，遍示嚴諭我所率兵丁及後隊兵丁乃至跟役等，尚書富寧安、席柱我率頭隊滿洲兵丁，至綠旗兵丁每隊均由大臣官員等統領自各汛地起程，抵達巴里坤後俱報平安抵達，而席柱我甚愚儒未查看兵丁器械，以致缺少，並未陳奏，此乃臣之死期已到，我無言以對。又部文於二十三日送至，自二十五日兵丁陸續起程，因係麥子生長之季，故宿於路邊，馬畜餵乾草，抵達甘州涼州馬已瘦，伺養一個月，馬畜不甚肥壯，且又未撥給馱運兵丁口糧之馬，而出口走戈壁，水草少缺，瘦馬倒斃甚多，為兵丁買馬借銀兩事臣行文兵部請轉奏，其後侍衛滿岱抵達後，臣亦陳報此緣由，馬匹倒斃許多，臣何言以對等語。問席柱據爾奏稱留於巴里坤之滿洲綠旗兵丁之口糧自去歲十月初一日至十二月二十九日，約二十日或二十餘日不等未能接濟，移文尚書富寧安等催促未運抵之米石，且又巧言推至正月十五日，以半月羊隻接濟，若羊隻不敷則我等酌情辦理等語。據尚書富寧安奏曰至去歲十二月二十九日陸續起運米石，加之巡撫等先行起運之米石，共計米麥一萬石餘，自十月初一日至十二月二十九日應供給全軍官兵之米為六千石餘，即以現將軍席柱等所奏運抵巴里坤之米麥六千五百四十五石計，供給官兵後尚有剩餘，不至短缺二十日等語，用兵時預備節用，甚為緊要，若有此等不濟之項爾應預先行文，同富寧安商議辦理，不致誤事，爾曾言於巴里坤無商賈，且又巧言推至正月十五日，十五日後羊隻不至則酌情辦理等語，富寧安運送之米供給兵丁後尚可剩餘，而爾並不詳查便行文催促富寧安，且不等候米能否運抵，即〔註466〕造次奏稱兵糧不能接濟以至饑餓等語，此為何因。供稱去歲滿洲漢軍營長綠旗官員皆以各兵口米不濟等詞來報我等，時我等即令宣諭兵糧微有不接濟者，乃平常事，兵丁好生節食，並再三咨令運糧大臣等，糧不接濟從速運至，繼之諸官員又呈稱兵糧不濟，運抵米石，散給兵丁等事，俱皆在案，未見尚書富寧安咨文便上奏者是乃臣之昏庸無能之處，臣無言以對等語。又問席柱據爾奏稱自正月初一日至二十八日運抵之米麥均照十五斤之斗散給眾兵十餘日，又斷糧十餘日，所送羊隻尚未抵達，以致兵丁饑餓，前兵丁所食之糧均以十九斤之斗取之，後因巡撫綽奇咨文至，即以十五斤之斗計之等語，是次軍中諸務，均照三十六年之例遵行等因，奉准施行甚明，於三十六年出征噶爾丹之兵均以十五斤之倉斗供給米糧，爾不謹遵定例辦理，妄用十九斤之斗供給兵糧，此為何故。供稱抵達甘州之後撥給官兵之米均以照常給綠旗

〔註466〕原文作既，今改為即。

兵之倉斗供給，開赴巴里坤時亦用原倉斗撥給兩月米馱之去，抵達巴里坤地方後巡撫綽奇來文曰，知府高功〔註467〕捐駝一百隻，馱送米一百二十石等語，繼之又咨稱因知府高功捐駝一百隻，故馱送米一百六十石等語，因不知其原由曾行文巡撫打聽，據巡撫回文曰，前云知府高功情願捐駝隻一百，遂馱送米一百二十石等情，是以我即照此行文，後以知府高功捐駝一百隻，照三十六年之例，每駝以十五斤之斗計馱送米一百六十石，故我照此行文等語。該咨文於十一月初九日送至，自初十日始便按十五斤之斗領取兵糧，臣甚是昏庸無能，未能詳核倉斗，直至十一月初九日以十九斤之倉斗取米撥給兵丁，奴才無言以對等語。問席柱送子母炮抵達巴里坤後，剩駝七隻馬二十二匹騾十一匹俱係走過戈壁，勉強抵達軍營之牲畜，爾應交付送往守備張鵬成等尋水草佳處牧放休養，擇其可用者用之，若有倒斃牲畜，則應將其倒斃之數目報部，明知羸瘦不堪難以返回，而仍交付送往之人趕回，以致俱皆倒斃，此因為何。供稱馱送子母炮之駝到者有十三隻馬二十二匹騾十一匹，其十三隻駝內選取勉強能用者六隻以交給官員等，因馬騾不可用故未收留，駝六隻守備張鵬成帶回，至於馬騾千總安定邦等帶之牧放於巴里坤地方，所送來之牲畜，我皆未留於巴里坤地方，而交付伊等，係我昏庸懦弱所致，我無言以對等語。問席柱爾係統兵出將軍，營長章京等俱係管轄兵丁之人，本應簡選賢能者補授營長章京，以晉保〔註468〕為前鋒參領，濫竽充數，隨大軍同行，以致迷途，晉保於八日間迷途，而延至十二月始行奏聞，其因何在。供稱晉保係授任護軍校而派之人，五十歲餘，因念其行走諳熟委以前鋒章京，今既晉保迷途，則我無言以對等語。問席柱，據侍衛滿泰〔註469〕回奏曰，無人專管董紹祖〔註470〕之兵等語，爾為統軍之人，官兵之調遣，俱係爾之分內之責，明知董紹祖所率總督標下一千兵丁無人管轄，而不派遣專管官員為何。供稱董紹祖所率總督標下之兵丁尚書富寧安交付與我，提督師懿德管轄，董紹祖之兵配備馬匹，暫駐西吉木地方等事，師懿德曾已具奏，今侍衛滿泰等來云，我未派出專管官員，則我無言以對等語。問席柱據額駙阿寶奏曰，滿洲漢軍厄魯特兵皆為一體，先行抵達之戰馬皆肥壯，在後抵達之戰馬俱羸瘦，惟尋

〔註467〕 《陝西通志》卷二十三頁二十五作西安知府高鋹。
〔註468〕 第四十五號文檔作侍衛金巴。
〔註469〕 《平定準噶爾方略》卷三頁十八作侍衛滿泰。
〔註470〕 《陝西通志》卷二十三頁五十三作陝西督標火器營參將董紹祖，康熙五十四年任。

沿河附近草甚茂盛之地牧放，若有緊急行動之事，則難免耽擱，巴里坤地方甚好，肥養牲畜，又有一種根莖紅綠之草牧放二十日即可長膘等語，行軍之時緊要者莫過於馬畜，爾係統兵出征之大臣，理應詢問知情者，尋水草甚佳之地牧放牲畜，令兵丁打牲，以省乾糧，額駙阿寶係厄魯特蒙古而且知牲畜之緊要，尚能盡心具奏，而爾身為將軍，卻未留心此等事宜，以此觀之可謂爾無辱皇上所委之職乎。供稱因不曉草之好劣，皆於河附近處牧馬，部文一到即率額駙阿寶屬下蒙古等照其指示牧馬，巴里坤附近地方無野獸，唯恐馬畜受累，遂禁止遠去打牲，此係奴才懦弱昏庸所致，無言以對等語。問席柱巴里坤地方水草茂盛，且野獸甚豐，若令兵丁打牲，取食土產土豆等物，以預為節糧，則兵丁何至窘困，據原副都統吳坤供稱，原將軍席柱嚴禁兵丁放槍等語，爾不詳細籌畫此等事宜，反不令兵丁打牲，禁止放槍，為何。供稱抵巴里坤之後，編排軍隊，諭眾有事鳴炮三次，倘若准於營週圍放槍恐引起驚亂，故禁止者是實，於巴里坤地方諭兵丁採食蕨麻，因兵營於巴里坤地方，故附近週圍無野獸，我未准兵丁遠去打牲，乃我考慮不周，是我庸懦，無言可答等語。問席柱軍米甚為緊要，皇上籌畫周詳，派遣副都統蘇勒德〔註471〕赴巴里坤週圍圖古里克等地方屯田，種田所需耕牛籽粒農器等項，待部文一到，爾理當備齊以不誤耕田事宜，此等緊要之事爾竟不留意，並不趲辦，即行文該部聲稱甚難採辦，繼之副都統蘇勒德來催辦，盡數得而帶之去，爾方纔行文該部，聲言送耕種所需籽粒農器等物至，我等親調馬匹即遣滿洲綠旗兵丁五百人耕田等語，據此可見爾從未留意國家大事是實，從實供來。供稱席柱臣乃一介微賤，屢蒙皇上擢用至將軍重任，仰賴宏恩，敢不以國事為念，耽誤農事，部文一到奴才即行文兩處，以催辦種田所需耕牛籽粒農器，一行文令哈密扎薩克額敏儘量備辦，一行文巡撫云若有短缺之物將去文取用等情，因俱回文聲稱難以採辦，故席柱我即冒昧行文該部聲明難以辦理，繼之副都統蘇勒德抵達，催辦盡得之以去，席柱即以親調台吉官員之馬匹令前遣滿洲綠旗兵丁五百人耕田等語行交該部，皇上籌畫周詳，耕田所需之物奴才未能催辦，此即奴才該死，我又有何言以答等語。問席柱身為將軍，統兵出征，運送米糧飼養馬畜等事甚為緊要，征喝爾丹時皇上親統大軍由中路進發，一面牧放馬畜於水草一面節省水草，留給後隊人馬，故兵丁未受勞苦，馬畜未傷損，於輸運事宜亦大有裨益，爾為統兵出征將軍，而不考慮此等事宜，

〔註471〕《平定準噶爾方略》卷三頁十三作副都統蘇爾德。

沿途水草被踐踏，如同放火，寸草無存，故馬畜倒斃甚多，爾自以為我乃統
兵將軍，運米事宜與我無涉，米至我進，否則不進，此意顯而已見，因此可
謂爾無負皇上任用之恩耶，從實招來。供稱席柱臣荷蒙皇上重恩，雖莫効犬
馬，但不敢辜負皇上擢用之恩，臣同尚書富寧安統兵進發，綠旗兵丁先於臣
等進發者亦有之，口外路盡為戈壁，或地水草茂盛，或地水草少缺，我為統
兵之人，兵丁依賴米糧，而臣不敢米至則行，否則不進，臣實為至微極賤之
人，途次因未慮及留水草事，以致兵丁馬畜倒斃，耽誤運糧事宜，此即為臣
之罪過，我何言以對等語。問席柱爾任西安將軍時交付爾家人玉爾〔註472〕，
凡承襲補授官員，錄取領催披甲均索要銀兩為何。供稱臣不曾有此等行徑，
臣家人玉爾在後隊，到此問之便知等語。問玉爾，爾之主人席柱在西安時補
授官員，錄取領催披甲索要銀兩，皆由爾承辦，官員索要幾何，領催披甲索
要幾何，從實招來。供稱我主人席柱臨近赴西安時以銀八十兩買我帶去，抵
達西安後令我守門，至於補授官員，錄取領催披甲時索要銀兩之處，實屬無
稽之談等語。掌嘴問玉爾，爾之主人席柱，補授官員，錄取領催披甲時索要
銀兩是實，爾係經手承辦之人，而爾巧供無有可乎。供稱正白漢軍旗披甲劉
孝文承襲其父職時索銀一百二十兩，正蘭旗披甲蘇拜承襲其父護軍校時索銀
一百兩，鑲蘭旗永泰佐領下披甲濟爾章阿承襲其父護軍校時索銀一百兩，錄
取領催披甲時亦有索取銀兩之事，奴才我係小人，所記不甚清晰，其補授官
員時索要銀兩，俱我接收入宅等語。以此問據席柱供稱，我家人如此招供，
乃我該死，我何言以對等語。

　　臣等會議，原任將軍席柱係統領進剿大軍，身膺重任之人，凡事俱應思
之成功，克盡厥職，以仰報皇上擢用之恩，身為統領進剿大軍之大臣，大軍
進剿時緊要者莫過於甲冑軍器，席柱率往兵內八千餘人無甲冑，器械不完全，
而席柱並不整治完善，故意使之缺少，此其一。馬畜甚為緊要，而席柱率大
軍進剿時途次因不尋水草佳處牧放馬畜，抵達巴里坤後，又不令放牧水草佳
處，以致兵丁馬畜倒斃萬餘匹，此其一。行軍之際軍糧甚為緊要，皇上籌畫
詳盡，特遣蘇勒德前往屯田，耕田所需牲畜農器籽粒等，俟部文一到，席柱
不即行備辦妥當，反推諉行文，甚為緊要之事，毫不留心，即行文該部聲言
甚難籌辦，此其一。董紹祖所率總督標下之兵不派專人管束，相互推諉，此
其一。管轄兵丁之官員，並不擇優補授，濫將晉保委為前鋒章京，以致迷路，

〔註472〕第一二二號文檔作雲爾。

此其一。輸送子母炮後，所餘馬駝騾皆經過戈壁，勉強抵達巴里坤，席柱竟不留於巴里坤休養，以備使用，明知難以返回仍交付守備張鵬成等，以致盡數倒斃，此其一。富寧安運送之米，散給兵丁後尚有剩餘，而席柱冒昧報部云兵糧不能接濟二十日，以致兵丁饑餓，此其一。以十五斤之斗運送米石，而席柱糊塗以十九斤之斗散給，以致兵丁斷糧十日，此其一。凡行軍若尋水草佳處牧放馬畜，不令之瘦，則不誤及諸事，大軍之馬畜席柱並不在意，不尋水草佳處牧放，經額駙阿寶具奏，由部行文後，席柱纔領蒙古指引看放馬匹，此其一。扎巴喀駐軍以捕牲為食，節省米糧，席柱明知而不令兵丁捕牲，禁止放槍，以致兵丁乏米，此其一。以上諸事訊據席柱供稱，臣雖至庸極懦該死，但席柱係親率大軍進剿之將軍，關係軍務之事，並未盡心竭力，以致兵丁受累，馬畜倒斃，不整治兵器，糜費運去之米，補授官員錄取披甲時皆索要銀兩，有玷所委重任，貽誤軍機大事，辜負皇上擢用之恩，因此席柱應革職，解回京城絞決，籍沒家產入官。原副都統吳坤身為參贊，不啟發席柱辦事，以致貽誤軍機要事，殊屬溺職，故此吳坤應革職，籍沒家產，又與此案有涉之議政大臣副都統等，今均仍在軍營，俟返回再議，席柱家人玉爾補授官員錄取披甲時幫助定價，殊屬可惡，應將玉爾解回京城，當即斬決，為補授官職而行賄席柱之護軍校劉孝文、蘇拜、濟爾章阿今均在西安，交付兵部解回京城查議，為此謹奏請旨。

議政大臣固山貝子都統蘇努。
議政大臣領侍衛內大臣公臣鄂倫岱。
議政大臣領侍衛內大臣公臣馬爾賽。
大學士臣馬齊。
議政大臣都統前鋒統領郎圖。
議政大臣工部尚書臣孫渣齊。
議政大臣都察院左都御史臣奎煦。
刑部右侍郎臣劉相〔註473〕。
兵部右侍郎臣查弼納。
硃批，著兵部，三法司會同將席柱貪污案一一嚴加審明，定罪具奏。

〔註473〕《清代職官年表》部院滿侍郎年表作刑部右侍郎劉相。

[131] 太僕寺少卿華善奏報馬群馬匹數目摺（康熙五十五年八月初一日）[1]-2852

太僕寺少卿奴才華善謹奏，爲奏聞查閱馬群事。

竊奴才查得去歲左右兩翼騍馬群之騍馬兒馬小馬馬駒合計四萬一千五百八十四，本年兩翼滋生馬一千一百二匹，除由騍馬群轉入騸馬群之三歲騸馬一千五百九匹外，今兩翼騍馬群內有騍馬兒馬小馬馬駒合計四萬四百八十七匹，又兩翼大騸馬三千四百八十九匹，五歲騸馬一千八百三十一匹，四歲騸馬一千六百五十九匹，三歲騸馬一千五百九匹，以上騸馬八千四百八十八匹，又賞甘肅兵之騸馬一千三百十四匹，不下駒之騍馬六百八十六匹，本年賞大同兵之騸馬一百六十六匹，共計賞騸馬不下駒之騍馬二千一百六十六匹，應註銷外，今兩翼實有騍馬兒馬小馬馬駒騸馬共計四萬八千九百七十五匹，俟交配季節查議另奏外，謹將奴才查得數目，謹具奏聞。

硃批，著太僕寺面奏，將有旨。

[132] 甘肅巡撫綽奇奏進藏香等物摺（康熙五十五年八月初二日）[1]-2853

奴才綽奇跪進，藏香兩匣，藏棗四包，藏杏四包，綠葡萄四匣，白葡萄四匣，崬羅麥四馱，掛麵四馱，紫葡萄四包。

硃批，近來正值軍機之時，錢糧甚爲緊要，事成之前，不必進罷。

[133] 四川巡撫年羹堯爲奏明建昌鎮屬情形摺（康熙五十五年八月十六日）[2]-2206

奏，四川巡撫加六級臣年羹堯爲奏明建昌鎮屬情形，仰祈睿鑒事。

竊臣撫蜀七載，幸賴聖主天威無遠弗屆，邊方寧謐，得免隕越，臣恪遵明訓，文武和衷，使兵民輯睦，上下相安，即凡題補引見之武職，臣皆捐資量給路費，俾無借貸扣尅之處，無非冀其彈壓地方，兵民共享太平之福，仰報聖恩於萬一，至營伍諸事，臣不敢少有越俎，若事關封疆，則臣亦與有責成，寧肯〔註 474〕避嫌隱默，上負皇上委任之隆恩，如建昌一鎮離省幾二千里，四面皆係番蠻，必得鎮臣強幹精明，寬嚴並濟，始足安輯邊方，今鎮臣張友鳳年近八旬，志力昏耄，營伍廢馳，威令全無，是以所屬番蠻漸覺不馴，有越嶲衛之阿羊、臘珀兩種蠻人不時偷竊居民牛馬，或經奪回或經追吐，臣

〔註 474〕原文如此，似爲豈肯之筆誤。

以事在細微，逐一就近完結，近准鎮臣咨稱，阿羊賊蠻加巴、貫子兩人糾集黨類搶奪過客，偷盜居民，不一而足，於五月二十九日至大屯地方搶居民藍文玉耕牛一隻，屯民同汛兵追至山後，賊蠻見汛兵不及執持器械，放箭拒阻，兵丁王四被箭身故等情，理應題報，臣念大兵現駐西邊，內地務期安靜，不敢以細事上煩聖慮，動人聽聞，隨面商提臣，會咨鎮臣，以蠻攻蠻，速調附近土民數百，勒獻首惡正法以靖地方，不意今已月餘尚未擒獲，此皆由鎮臣平日法紀廢弛，土司營將積玩之所致也，伏乞皇上敕調鎮臣張友鳳赴京陛見，或詢之督臣提臣，皆可以驗臣言之不謬，聖主另簡賢能，整飭軍紀，振刷積弊，營伍改觀，然後宣佈聖主之德威，與之更始，庶土司番蠻咸知畏威而懷德矣，臣以鎮臣得人所關重大，冒死上聞，伏乞格外恕宥，臣不勝戰慄之至。

康熙五十五年八月十六日具。

硃批，此摺所奏甚是，朕即傳兵部，令張友鳳來京陛見。

[134] 理藩院奏請照例賞賜班禪額爾德尼等之使者摺（康熙五十五年八月二十二日〔註475〕）[1]-2858

理藩院謹奏，為請旨事。

竊查賞班禪額爾德尼五十三年來使堪布羅布藏車類〔註476〕金黃蟒袍一件，三十兩銀酒海一個、緞兩疋、佛頭青布三十二疋，隨同前來之喇木札木巴、噶布楚、跟役十七人賞緞十七疋，佛頭青布一百九十八疋。賞達賴喇嘛之使臣桑魯布堪布〔註477〕金黃蟒袍一件、三十兩銀酒海一個、緞二疋、佛頭青布三十二疋，賞副使札羅布囊蘇金黃蟒袍一件、緞二疋、佛頭青布二十四疋，隨同前來二十八人共賞緞二十八疋、佛頭青布三百四十四疋。拉藏汗之使臣台吉巴爾楚海，以初來例賞漆鞍馬一匹、隨季蟒袍一件、染貂皮帽一頂、係刀手帕荷包鑲金環子鞓帶一條、套緞襪頭等夾沿斜皮靴一雙、緞十疋、佛頭青布一百疋，賞隨同前來之嘎布楚、寨桑等緞各一疋、佛頭青布各十疋，侍衛跟役等緞各一疋、佛頭青布各十疋，故照此例，賞是次前來之班禪額爾德尼之使者格勒克鍾內〔註478〕金黃蟒袍一件、三十兩銀酒海一個、緞二疋、

〔註475〕《清宮珍藏歷世班禪額爾德尼檔案薈萃》第二十三號文檔作康熙五十五年七月二十五日，日期不同，待考。
〔註476〕第一二七號文檔作堪布羅布藏車累。
〔註477〕第一二七號文檔作堪木布桑魯布。
〔註478〕第一二七號文檔作格勒克鍾訥。

佛頭青布六十二疋,隨同前來之噶布楚、噶倫〔註479〕十四人,賞緞各十疋、佛頭青布各二十四疋。賞達喇賴嘛之使臣堪布桑魯布金黃蟒袍一件、三十兩銀酒海一個、緞二疋、佛頭青布六十二疋,副使囊蘇揣喇克金黃蟒袍一件、緞二疋、佛頭青布二十四疋,隨同前來之喇木札木巴〔註480〕、噶布楚、噶倫十六人,賞緞各二疋、佛頭青布各二十四疋。拉藏汗之使者希達爾台吉達希車凌既係初來,亦照賞巴爾楚海之例,賞漆鞍馬一匹、隨季蟒袍一件、絲纓涼帽一頂、係刀手帕荷包鑲金環子鞓帶一條,套緞襪夾沿斜皮靴一雙、緞十疋、佛頭青布一百疋,賞隨同前來之噶布楚、寨桑六人緞各二疋、佛頭青布各二十疋,賞跟役三人緞各一疋、佛頭青布各十疋。又賞為策妄喇布坦一事前來之班禪額爾德尼之使者喇木札木巴濟深金黃蟒袍一件、緞二疋、佛頭青布三十二疋。賞隨同前來之喇木札木巴、噶布楚、噶倫六人緞各一疋、佛頭青布各十二疋。賞達賴喇嘛之使者察噶喇尼祿布藏達木巴金黃蟒袍一件、緞二疋、佛頭青布六十二疋,賞隨同前來之喇木札木巴、噶布楚六人緞各一疋、佛頭青布各十二疋。拉藏汗之使者台吉察干達希初來時曾賞鞍馬等物,除免賞鞍馬外,應賞隨季蟒袍一件、絲纓涼帽一頂、係刀手帕荷包鑲金環子鞓帶一條、緞五疋、佛頭青布五十六疋,賞隨同前來之噶布楚、寨桑四人緞各二疋、佛頭青布各二十疋,賞跟役二人緞各一疋、佛頭青布各二疋,俟降旨後由各該處領取分賞,為此謹奏請旨。

　　左侍郎臣諾木齊岱。

　　員外郎臣瑪爾甘。

　　主事臣巴爾賽。

　　硃批,著賞給。

[135] 延綏總兵李耀奏謝欽賜火鐮荷包等物摺(康熙五十五年八月二十二日)[2]-2208

　　鎮守陝西延綏等處地方副將管總兵事〔註481〕臣李耀謹奏摺,為恭謝天恩事。

　　竊臣以庸愚尸位,久違聖顏,犬馬瞻戀情殷,恭聞翠輦行幸口外,謹遣家人李楨匍匐齎摺,跪請聖安,併進土物,聊申微臣芹曝之忱,茲於本年捌

〔註479〕常寫作格隆,喇嘛之一種,寫作噶倫者為西藏官員稱號之一,易混淆。

〔註480〕此處補巴字。

〔註481〕此處刪一事字。

月貳拾日據臣家人李楨具稟云，蒙皇上賜臣火鐮荷包壹個，蜜餞關東山裡紅壹瓶，欽此。臣隨郊迎至署，恭設香案，望闕叩頭謝恩祇受訖，又傳旨云總兵多年不見〔註482〕了，見這火鐮荷包如見朕的一般，回去問總兵好，臣聞命之下，不禁感激涕零，伏念臣以至愚極賤之人，自幼荷戈從戎，仰賴糧餉豢養一家老幼，荷蒙皇恩由把總洊歷副將，又蒙隆恩簡用封疆，抵任以來毫無寸効，脅諸衾影，實覺有愧，當茲西邊有警日，臣惟有固守邊陲，加意整頓營伍，操練兵馬以聽調遣，及臣所屬駐防甘肅軍前聽用各官，臣曉以大義，令其鞠躬盡瘁，勤慎王事，以盡職守，茲蒙聖慈垂問，君恩愈厚圖報彌艱，臣敢不益加勉勵，竭盡駑鈍，仰報高厚於萬一，蒙賜尚方珍果，臣薦之祖先，分賜寮屬，俾得共沾恩惠，賜臣火鐮荷包乃人臣希得之物，臣惟什襲珍藏，供爲傳家至寶而已，爲此繕摺恭謝天恩，伏祈皇上睿鑒，臣不勝悚惶瞻仰之至，謹具摺奏謝以聞。

康熙伍拾伍年捌月貳拾貳日鎮守陝西延綏等處地方副將管總兵事臣李耀。

硃批，知道了，奏摺字畫太細了。

[136] 甘肅巡撫綽奇奏報運哈密瓜往京城摺（康熙五十五年八月二十七日）[1]-2865

奴才綽奇謹奏，爲欽遵上諭事。

宮內所需之哈密瓜每年由奴才衙門派員赴哈密取之，是以本年派奴才標下右營守備趙仲赴哈密取哈密瓜，於八月二十六日運瓜抵達肅州，奴才逐一謹選六百個，仍交付守備趙仲賫送，爲此謹具奏聞。

硃批，今正有軍事之時，這不是有用之物，著暫停罷。

[137] 山西巡撫蘇克濟奏啟運兵糧等情摺（康熙五十五年九月初九日）[1]-2874

山西巡撫奴才蘇克濟謹奏，爲奏聞事。

奴才看得運米駝隻關係甚重，擬不時親自查看餵養等情業經繕摺具奏，經議政大臣行文會議後復奏，咨文前來，奴才隨即於八月初八日啟行前赴大同府，於十九日接收侍郎艾芳曾〔註483〕帶來之二千六百五十九隻駱駝，交付

〔註482〕原文作不是，今改爲不見。
〔註483〕《清代職官年表》部院漢侍郎年表作刑部左侍郎艾芳曾。

官員，令謹愼妥善餵養，接收此項駝隻時順便將運至湖灘河朔之大有倉糧米親自看視，令揚場，於八月二十二日起始運，奴才於二十八日返回衙門，謹具摺恭奏以聞。

奴才蘇克濟親書。

硃批，知道了，往年用兵於大同等地餵養駝馬百姓甚爲擾累，現今餵養此項馬駝恐又擾累百姓，爾就此出告示時若將朕於此摺內批示之處明顯繕出，則百姓感戴，歹人亦不可行私。

[138] 理藩院奏報拉藏汗請頒法律遣員辦事摺（康熙五十五年九月十三日）[1]-2875

理藩院謹奏，爲請旨事。

竊准扶佛恭順汗〔註484〕拉藏奏書內曰，謹奏一統天下至大至尊文殊師利茂育蒼生纘承大統安逸生靈德威遠播明鑒大皇帝寶座前，安逸在世生靈，闡揚黃教之花，唯有一日，拯救衆生苦難，唯靈丹聖經，有斬斷愆錯遮網之寶刀，衆皆永跪禱祝大聖皇帝，伏聞照封今世達賴喇嘛之呼畢勒罕〔註485〕，恢復如初，裁斷從中所出之其餘呼畢勒罕爲假，送來塔爾寺之溫旨，又並賞庫內整疋好緞十二疋，不勝喜悅。又諭我所派使臣曰，朕不令爾等交惡不睦，即欲反目爲讐，朕亦斷然止之，分裂並非善事，欽此。如此施恩於我等，雖以爲是，而天下生靈太平之本，仍仰賴大皇帝之諭令，今戴青和碩齊竟謂聖主所封之達賴喇嘛爲假，從前班禪所指是假，將巴爾喀木城之頭領殺者殺換者換，擒拏我等所立濟濃、達爾扎布二人，掠走賞給達賴歡台吉下貝勒色布騰扎勒〔註486〕之人，伊肆意妄爲，無惡不作，若不立一法度，則日後肆意妄爲之人橫行，亦難預料，謹請大慈皇帝恩賜一嚴格法度，若不照所奏恩准，我等衆人雖畏懼聖主之諭令，但暗中有不畏懼者，無使不殘破之計，既然如此，則一旦有違法度，謹請施恩免罪，即自古於此土伯特地方爲主之達賴喇嘛之商上〔註487〕，雖蒙大皇帝敕封，唯其商下厄魯特紛紛離散以去，該商被

〔註484〕 即拉藏汗，和碩特蒙古統治西藏之第四代汗，顧實汗圖魯拜琥長子達延鄂齊爾汗之孫，父達賴汗。《平定準噶爾方略》卷一頁八載所封汗號爲翊法恭順汗，時遣護軍統領席柱、學士舒蘭往封。
〔註485〕 指爲拉藏汗所立且爲清廷冊封之六世達賴喇嘛阿旺伊西佳木磋。
〔註486〕 《蒙古世系》表四十三作色布騰札勒，準噶爾部巴圖爾渾台吉孫，其父卓特巴巴特爾。
〔註487〕 此處補上字。

狂妄之台吉等譏笑蔑視，故請收該商屬下人等，以交付蘇爾咱〔註488〕，庶於商事有益，而爲養善惡，謹請派一大員統轄爲是，爲此具奏，另附奏書禮單等語。於康熙五十五年九月初十日交付乾清門侍衛喇錫轉奏。奉旨，交部議奏，欽此欽遵。

臣等議得，拉藏汗奏書內稱，伏聞照封今世達賴喇嘛之呼畢勒罕〔註489〕，恢復如初，裁斷從中所出之其餘呼畢勒罕爲假，送來塔爾寺之溫旨，又並賞整定好緞十二匹，不勝喜悅，今戴青和碩齊竟謂聖主所封之達賴喇嘛爲假，從前班禪所指是假，將巴爾喀木城之頭領殺者殺換者換，擒拏我等所立濟濃、達爾扎布二人，掠走賞給達賴歡台吉下貝勒色布騰扎勒之人，伊肆意妄爲，無惡不作，若不立一法度，則日後肆意妄爲之人橫行，亦難預料，謹請恩賜一嚴格法度，若不照此恩准，我等眾人雖畏懼聖主之諭令，但暗中有不畏懼者，無使不殘破之計等語。查得先是原青海王札希巴圖爾〔註490〕、貝勒察干丹津等聲稱新呼畢勒罕已出，停撥巴爾喀木等地正賦，其兄弟內相疑交惡，聖主念其祖固始汗世代恭順奉貢，向皆和好，惟恐其兄弟內不和交惡，特頒諭旨，召新呼畢勒罕〔註491〕住塔爾寺，繼遣內大臣公策旺諾爾布〔註492〕等會盟，開導利害，下頒黃諭，於是貝勒察干丹津、眾台吉等消除相互猜疑，於皇上敕書前誠心設誓和睦，欽遵聖旨，將巴爾喀木等地之正賦照前奉貢各寺廟，察干丹津又以根敦濟濃本非我屬下人，今遵旨送還，達爾扎布和碩齊暫留該地，行文拉藏汗，若拉藏謂其係默爾根戴青〔註493〕下人是實，則給還默爾根戴青，若別有原由則上奏皇上，皇上既期我等共相和好，則將貝勒色布騰札勒〔註494〕下納貢人盡數給還等因議定，言歸於好等語具奏在案。至於拉藏所奏我等所立濟濃、達爾扎布二人，被戴青和碩齊擒拏，掠取賞給達賴歡

〔註488〕《平定準噶爾方略》卷三頁五作台吉蘇爾扎，拉藏汗次子。

〔註489〕指爲拉藏汗所立且爲清廷冊封之六世達賴喇嘛阿旺伊西佳木磋。

〔註490〕《蒙古世系》表三十七作達什巴圖爾，顧實汗圖魯拜琥幼子，即第十子。

〔註491〕指七世達賴喇嘛羅布藏噶勒藏佳木磋。

〔註492〕《欽定八旗通志》卷三百十八作公諾爾布。《平定準噶爾方略》卷三頁二十二作公策旺諾爾布，《蒙古世系》表三十一作策旺諾爾布，喀爾喀蒙古人，扎薩克鎮國公托多額爾德尼嗣子。《欽定外藩蒙古回部王公表傳》卷七十二有其身世之簡介。

〔註493〕《蒙古世系》表三十六作額琳沁達什，顧實汗圖魯拜琥第二子鄂木布孫，父墨爾根台吉。

〔註494〕《蒙古世系》表四十三作色布騰札勒，準噶爾部巴圖爾渾台吉孫，其父卓特巴巴特爾。

台吉下貝勒色布騰札勒之人，謹請恩賞一嚴格法度等事，毋庸另議。拉藏又奏言，即自古於此土伯特地方爲主之達賴喇嘛之商上〔註495〕，雖蒙大皇帝救封，唯其商下厄魯特紛紛離散以去，該商上〔註496〕被狂妄台吉等譏笑蔑視，故請服該商下屬下人等，以交付蘇爾咱，庶於商事有益，而爲養善惡，謹請派一大臣統轄爲是等語。查得前第巴〔註497〕叛亂之時達賴喇嘛商上之物、巴爾喀木等地之正賦俱不繳納，蒙聖主闡揚黃教，派侍郎赫壽、侍衛阿齊圖等辦理事務，自第巴始停繳之各處正賦俱皆徵收，應貢達賴喇嘛之商上〔註498〕、各寺廟之正賦，均予恢復如初，是以衆喇嘛諸申共享太平安逸，其後拉藏以諸事安堵，請撤回諸臣等因奏請，遂將侍郎赫壽、侍衛阿齊圖等撤回，今則無需再派大臣去，今青海台吉等皆遵皇上訓諭，共相和好，發誓於黃諭前，未結之事，業已了結，今既無事端，則拉藏及其兄弟內應消除互相猜忌，不再提及往事，太平安逸，和睦相處，俟奉旨後，咨行拉藏汗可也，爲此謹奏請旨。

　　領侍衛內大臣兼理尚書事務公臣阿靈阿。

　　郎中臣特古特。

　　員外郎臣馬展。

　　主事臣巴爾賽。

　　硃批，依議。

[139] 鎮綏將軍潘育龍奏謝恩綸下沛並賜珍品摺（康熙五十五年九月十九日）[2]-2233

　　鎮綏將軍仍管陝西提督事務給與拖沙喇哈番加五級降一級留任臣潘育龍謹奏，爲恭謝天恩事。

　　竊臣於康熙伍拾伍年玖月拾陸日據臣家人捧齎奏摺，聖主恩賜鹿肉條，御製火鐮荷包到固，臣即出郊跪迎進署，恭設香案望闕叩頭祗受訖，開讀奏摺，蒙御書朕安，問將軍好，臣捧誦恩綸，感激涕零，隨將上賜珍品薦之祖考，分嘗屬員以推廣聖惠外，伏念臣衰邁庸人，無裨世用，膺茲重寄，尸素無能，乃辱荷溫旨垂問，且賜尚方珍物，種種殊恩異數，有加靡已，眞令臣

〔註495〕此處補上字。

〔註496〕此處補上字。

〔註497〕今常寫作第巴桑結嘉措，《欽定西域同文志》卷二十四頁三載，桑皆佳木磋，初爲總管衛藏四屬第巴，即以第巴名封王爵，賜印，後得罪，爲拉藏汗所誅。

〔註498〕此處補上字。

枯朽老軀，即肝腦塗地亦莫能酬報，惟有益竭駑鈍，勉盡職分，以圖仰報聖
主天恩於萬一耳，爲此謹繕摺奏謝以聞。自爲字起至繕字止計壹百玖拾壹字，
紙一張。

右謹奏聞。

康熙伍拾伍年玖月拾玖日鎮綏將軍仍管陝西提督事務給與拖沙喇哈番加
五級降一級留任臣潘育龍。

硃批，知道了。

[140] 山西巡撫蘇克濟奏二萬石糧全部運至湖灘河朔摺（康熙五十五年十月二十日）[1]-2896

山西巡撫奴才蘇克濟謹奏，爲奏聞事。

前經奉旨將大同府大有倉二萬石糧運至湖灘河朔，奴才借前赴大同府接
收駝隻之便親自看視揚場，於八月二十二日啓運之處業已具摺奏聞，此二萬
石糧於十月十三日全部運至湖灘河朔，交付內閣學士長壽〔註499〕等，謹具摺
恭奏以聞。

奴才蘇克濟親書。

硃批，好，知道了。

[141] 四川巡撫年羹堯奏爲再奏明建昌鎮屬情形摺（康熙五十五年十月二十日）[2]-2250

奏，四川巡撫加六級臣年羹堯爲再奏建昌鎮屬情形，微臣親往剿撫緣由，
仰祈睿鑒事。

竊惟建昌一鎮離省最遠，所屬之越巂衛爲往來必由之地，賊蠻加巴、貫
子等搶奪不已，傷及兵丁，前經提臣康泰與臣面商，謂宜以蠻攻蠻，令鎮臣
張友鳳酌調土兵，勒擒首惡，臣已摺奏在案，今准鎮臣咨稱，賊蠻見漢土官
兵到彼，俱已渡河抗避，把總皮登榜督兵搭橋，成於九月二十一日，把總首
先過河，被賊蠻暗放藥箭，把總左肩受傷，藥發身死等語。查加巴、貫子等
戶口不過千人，巢穴亦甚窄狹，其所以敢於恣肆者，實由鎮臣年老，營伍廢
馳，平日既不能彈壓，臨事又漫無成算之所致，臣思建昌五衛四面番蠻，若
任其狂逞，不加懲創，誠恐各種效尤漸不可長，或致另生他釁亦未可定，提
臣陛見未能尅期旋蜀，鎮臣因循，又難恃以竣事，臣有封疆之責，自當及時

〔註499〕《清代職官年表》內閣學士年表作內閣學士長壽。

親往督勵官兵，以收後效，除備悉情由繕疏具題外，惟是越嶲地方悉皆崇嶺，臣曾親歷，賊蠻之所恃者，深林密箐而已，非特馬兵無所施展，即步兵亦須習便，惟有以蠻攻蠻，計為最得，第鎮臣所調土兵皆附近越嶲，與賊蠻親族瓜葛，觀望不前，臣是以於土司中擇其素効忠順之加渴瓦寺、董卜韓胡二土司蠻兵八百名，挑選臣標及提標兵丁五百名相機剿撫，賊蠻當不難於授首，臣知蠻兵貪利，非重賞不能必其用命，臣蒙聖主弘恩，七載於茲，稍有積蓄，莫非高厚所賜，臣不敢吝惜，捐資設賞，鼓其銳氣，少報隆恩，至臣疏內所言用兵用剿，詞或激切，蓋以當茲盛世，中外歸心，而賊蠻怙惡不悛，戕害弁員，重干法紀，則國法攸關，罪難輕貸耳，然蠢爾蠻人，同在聖朝化育之中，臣雖帶兵前往，自當仰體皇上好生之德，止期首惡就擒，其餘悉宜矜宥，斷不敢喜事輕兵，亦不敢擅殺，致傷多命也，恐塵聖懷，繕摺奏明，臣不勝悚惕之至。

康熙五十五年十月二十日具。

硃批，此摺議論甚好，總兵闕，朕即補去。

[142] 山西巡撫蘇克濟奏張貼告示曉諭御批等情摺（康熙五十五年十月二十日）[1]-2898

山西巡撫奴才蘇克濟謹奏，為奏聞事。

奴才具摺奏聞接收駝隻情形時奉御批，知道了，往年用兵，於大同等地餧養駝馬百姓甚為擾累，現今餧養此項馬駝恐又擾累百姓，爾就此出告示時若將朕於此摺內批示之處明顯繕出，則百姓感戴，歹人亦不可行私，欽此。奴才伏思，主子聖明，恐辦理軍需之際，不肖官員藉端擾累百姓，特批示，實為除弊安民至意，奴才業經謹遵繕寫告示遍諭之，奴才前赴大同時看得沿途百姓歡呼雀躍，感激主恩，皆祝禱主子萬壽無疆，奴才遵旨出告示宣諭之處，謹具摺恭奏以聞。

奴才蘇克濟親書。

硃批，知道了。

[143] 山西巡撫蘇克濟奏謝賞賜二千匹馬摺（康熙五十五年十月二十日）[1]-2899

山西巡撫奴才蘇克濟謹奏，為叩謝天恩事。

康熙五十五年九月二十四日據太僕寺咨文內開，奉旨，賞山西巡撫馬二千匹，餧養使用可也，欽此欽遵等語。奴才隨前往大同接收總管武當阿等帶來之二千匹馬，望闕叩謝天恩，奴才沐主子之恩，任巡撫已歷八載，然毫無寸効，正日夜不勝悚切間，主子又賞二千匹馬，此實爲曠古隆恩，爲均受主子之恩，奴才擬酌量分給全省知縣以上官員，倘有需用之處則用之，奴才惟廉己勉勵所屬官員，各盡厥職，殊死効力，以仰答主子高厚隆恩於萬一，謹繕摺奏謝天恩。

奴才蘇克濟親書。

硃批，知道了。

[144] 西寧總兵王以謙奏謝恩賜鹿肉並陳遵旨小心供職摺（康熙五十五年十月二十一日）[2]-2253

奴才王以謙跪奏，爲恭謝天恩事。

康熙伍拾伍年拾月拾玖日有奴才前齎摺叩請聖安家人回寧，捧齎御批奏摺竝恩賜鹿肉叄拾束到署，隨恭設香案，率闔家老幼望闕叩頭謝恩，即分頒所屬官兵，均沾皇恩訖。跪讀諭旨硃批，朕安，近日荅賴喇嘛在口內，口外蒙古叩頭進來的不少，爾須夙夜小心，時刻留意，欽此欽遵。伏念奴才乃庸愚極陋之人，久受天恩，自受重寄以來，雖勉竭心力，時切蚊負，今蒙聖主以荅賴喇嘛住居內地，特頒訓旨，垂示愚昧，仰見聖明如天，無微不照，奴才惟有刻骨銘心，祇遵聖訓，愈加警惕，竭盡駑駘，仰報殊恩於萬一耳，爲此具摺叩謝天恩，伏祈聖主睿鑒施行，謹具奏聞。

康熙伍拾伍年拾月貳拾壹日。

硃批，知道了。

[145] 議政大臣蘇努等奏報撥兵以防策妄喇布坦侵擾摺（康熙五十五年十月二十三日）[1]-2900

議政大臣貝子都統臣蘇努等謹奏，爲欽遵上諭事。

竊准侍衛阿齊圖等奏言，爲奏聞策妄喇布坦部下賊徒來我馬群奪馬事，竊奴才等率兵駐察罕烏蘇地方四月餘，因我駐地附近週圍草盡，遂將八旗馬匹俱送離營二十里外有草之地，派出章京兵丁，各旗合著牧放，十月初六日黎明據馬群披甲等來報，是夜四更時分有四百餘賊來侵我馬群奪馬，時來我馬群之章京率兵丁跟役等一面將馬趕往大營一面章京兵丁跟役等以槍箭迎賊交戰，賊徒敗遁，此戰有披甲跟役數人受傷，我鑲黃正黃正藍三旗馬匹無一被掠走，賊徒遁去時經過正紅鑲紅旗馬群，將兩旗牧群馬匹俱行趕走時，來兩旗馬群之章京率兵丁跟役等隨尾追及相戰，時賊早已受傷，二持長矛一持弓，槍殺此三賊，被趕馬匹搶回其半，此戰有正紅鑲紅旗披甲跟役陣亡，亦有受傷者，繳獲被殺賊徒之矛二弓一帶來，正紅鑲紅兩旗馬群章京率兵丁跟役等又跟蹤追去，派我等來報大營等語，是以奴才等令八旗兵丁百人乘騎營內圈養馬匹，以鑲黃旗營長阿布達里、鑲白旗營長烏什、筆帖式胡畢圖等為首，語之曰會同駐噶順哨探護軍參領欽第武〔註500〕，前鋒百名，隨被掠馬匹之蹤跡追緝，追及賊徒，力單可擊則即進擊之，若賊衆勢強，則速來報我等等語。本日飯時遣之起程，茲准護軍參領欽第武派人來報，大營官兵甫至，我即率前鋒等同進蹤跡看得，賊徒前來時並非取道我噶順，而由山後而來，橫過沙喇，驅馬取原道而回，我等率兵跟蹤追進等語。又駐德布特里地方之台吉達顏屬下台吉羅布藏丹濟布率其家兵來噶斯，聲稱派我等來捉生，不必殺爾，攜爾去見我統兵之人，向爾等探問口信等因，將我牧群馬匹一併驅走等語，欽第武等追蹤返回時查明情形，另行具奏外，為此謹具奏聞等因。於康熙五十年十月二十一日交付乾清門三等侍衛喇錫奏入。奉旨，著交議政大臣等，欽此。

本月二十二日乾清門三等侍衛喇錫傳旨，諭議政大臣等，策妄喇布坦甚為詭詐，諳練征戰，知我軍在巴里坤、阿勒泰一帶防守嚴密，探知噶斯一帶我軍力單，欲由噶斯大舉來犯青海，以克西邊，亦未可知，我不可不預為防備，是以朕意派西安滿洲兵總督督標營兵二千名，著署理西安將軍事務總督額倫特帶往西寧預備，著提督康泰火速乘驛回其汛地備兵，如此策妄喇布坦果由噶斯路大舉來犯青海，以克西邊，則我西寧預備兵與青海左翼台吉等會合，提督康泰率四川兵與貝勒察干丹津、右翼台吉等會合，兩路協守，策妄喇布坦能大舉來犯耶，又策妄喇布坦由嘉峪關外及布隆吉爾等處以少許兵力尾隨我大軍騷擾，亦未可知，著行文富寧安，不得不防，富寧安處亦有兵，令備兵一千。再者知今值多雪之時祁禮德〔註501〕兵不出征，策妄喇布坦遣發少許兵力自博貝逈北潛來騷擾，亦未可定，此等情形，著大臣等議奏，欽此欽遵。

臣等會議得，康熙五十五年十月二十二日奉旨，諭議政大臣等，策妄喇布坦甚為詭詐，諳練征戰，知我軍在巴里坤、阿勒泰等一帶防守嚴密，探知

〔註500〕《平定準噶爾方略》卷三頁三十六作護軍參領欽第由。
〔註501〕《平定準噶爾方略》卷一頁十五作散秩大臣祁里德。

噶斯一帶我軍力單，欲由噶斯大舉來犯青海，以克西邊，亦未可知，我不可不預爲防備，是以朕意派西安滿洲兵總督督標營兵二千名，著署理西安將軍事務總督額倫特帶往西寧預備，著提督康泰火速乘驛回其汛地備兵，如此策妄喇布坦果由噶斯路大舉來犯青海，以克西邊，則西寧預備兵與青海左翼台吉等會合，提督康泰率四川兵與貝勒察干丹津、右翼台吉等會合，兩路協守，策妄喇布坦能大舉來犯耶。又策妄喇布坦由嘉峪關外及布隆吉爾等處以少許兵力尾隨我大軍騷擾，亦未可知，著行文富寧安，不得不防，富寧安處亦有兵，令備兵一千，再者今值多雪之時，知祁里德之兵不出征，策妄喇布坦遣發少許兵力由博貝迤北潛來騷擾，亦未可定，此等情形，著大臣等議奏，欽此。降旨甚是周詳，欽遵上諭，派西安滿洲兵總督督標營兵二千名，交署理西安將軍事務總督額倫特帶往西寧預備，該兵仍照前派兵丁之例，備辦起程，令提督康泰從速乘驛赴其汛地備兵，策妄喇布坦甚爲詭詐，倘由噶斯路大舉進犯青海，欲克西路，則西寧所備兵丁與青海左翼台吉等會合，提督康泰率四川兵與貝勒察干丹津、右翼台吉等會合，策妄喇布坦由嘉峪關外及布隆吉爾等處以少許兵力尾隨我大軍騷擾，亦未可定，布隆吉爾地方皆通噶斯、巴里坤，咨行富寧安，就近派兵一千赴布隆吉爾預備，率此兵丁前往時富寧安簡派人管束，咨行祁禮德、雅木布等好生堅固哨探、堆鋪，簡派賢能者遙望追蹤，策妄喇布坦知今值多雪之時不出征，或由博貝進北以少許兵力潛來驚擾亦未可定，倘若潛來，則令穆賽、祁禮德等即酌情率兵剿之，西安地方距噶斯較近，咨行西寧總兵官王以謙派西安綠旗兵二千名預備，王以謙非諳練征戰之人，應咨行固原提督潘育龍將伊標下副將參將等官員內，有伊稔知諳練軍旅者派出數員，遣往西寧預備妥善，若有行兵之事，則聽尙書富寧安、侍衛阿齊圖等調遣，由副將參將等官率兵前往。至主事巴特瑪熟諳青海事務，則遣巴特瑪與提督康泰同往協助辦事。又駐西寧之郎中常壽亦熟諳青海事務，應咨行郎中常壽，與額倫特會同商議，不時偵探，倘有行兵之事，則繼之酌調貝勒盆蘇克汪扎爾〔註 502〕、達顏台吉、貝子丹准〔註 503〕等兵前往噶斯，護軍參領欽第武既已追去，則欽第武等到後，若求撥接續之兵，則令阿齊圖等即調遣西寧預備二千兵可也，爲此謹奏請旨。

〔註 502〕 《蒙古世系》表三十七作朋素克旺札勒，顧實汗圖魯拜琥第六子多爾濟曾孫，
　　　　　 父額爾克巴勒珠爾，祖策旺喇布坦。
〔註 503〕 《蒙古世系》表三十九作丹忠，顧實汗圖魯拜琥第五子伊勒都齊曾孫，父根
　　　　　 特爾，祖博碩克圖濟農。

議政大臣貝子都統臣蘇努。

議政大臣領侍衛內大臣侯臣巴渾德。

議政大臣領侍衛內大臣公臣額倫特〔註504〕。

議政大臣領侍衛內大臣公臣海金。

大學士臣馬齊。

議政大臣都統臣充固里。

議政大臣都統臣吳格〔註505〕。

議政大臣都統臣郎圖。

議政大臣都統臣宗室延新〔註506〕。

議政大臣戶部尚書臣穆和倫〔註507〕。

議政大臣禮部尚書臣荊山〔註508〕。

議政大臣兵部尚書臣殷特布。

議政大臣刑部尚書臣賴都。

議政大臣工部尚書臣孫渣齊。

兵部左侍郎臣黨阿賴。

右侍郎臣查弼納。

硃批,著依議速行。

[146] 甘肅巡撫綽奇奏請萬安摺(康熙五十五年十月二十四日)[1]-2901

奴才綽奇跪請聖主萬安。

硃批,朕安,氣色亦好,今正在爾處有事之際,惟勤之勉之。

[147] 甘肅巡撫綽奇奏謝恩賜鹿肉條摺(康熙五十五年十月二十四日) [1]-2902

奴才綽奇謹奏,爲叩謝天恩事。

康熙五十五年十月二十二日奴才家人賫到聖主賜奴才鹿肉條三十把,奴才出迎跪領,恭設香案,望闕叩頭謝恩訖,伏念奴才至微至賤,荷蒙擢用以

〔註504〕 《欽定八旗通志》卷三百十八作領侍衛內大臣公鄂倫岱,額倫特爲湖廣總督署西安將軍,第一次清軍入藏戰死,此處翻譯錯誤易致混淆。

〔註505〕 《欽定八旗通志》卷三百二十四作蒙古正白旗都統五格。《欽定八旗通志》卷三百十八作護軍統領五格。

〔註506〕 《平定準噶爾方略》卷六頁十二作都統延信。清太宗皇太極長子豪格後裔。

〔註507〕 《清代職官年表》部院大臣年表作滿戶部尚書穆和倫。

〔註508〕 《清代職官年表》部院大臣年表作滿禮部尚書荊山。

來，因卑職懦弱，過愆甚多，屢蒙聖主恩宥，奴才晝夜畏悚，惟恐有玷聖恩，今又加恩賞賜木蘭之珍饈鹿肉，奴才感激之私，莫可言喻，奴才不勝感激，叩謝天恩，謹奏。

硃批，知道了。

[148] 湖廣總督額倫特奏請萬安摺（康熙五十五年十一月初一日）[1]-2903

奴才額倫特謹奏，爲恭請上安事。

奴才跪請聖主萬安。

湖廣總督奴才額倫特。

硃批，朕安，氣色亦好，今來謁陵乘便出口外放鷹行獵，現有鹿尾二十條，加鹽賜去了。

[149] 湖廣總督額倫特奏謝授其弟托留爲將軍摺（康熙五十五年十一月初一日）[1]-2904

奴才額倫特謹奏，爲恭謝天恩事。

奴才叩謝天恩摺子，頃捧接聖主御批，托留〔註509〕已授黑龍江將軍，著爾時常去信，始終不渝，奮勉効力，欽此。奴才見旨，即恭謝天恩，竊思奴才本身及弟托留均係微賤，至愚極陋，未有報効國家，聖主軫念奴才之父佛尼勒特頒天恩，超拔奴才爲總督，又將托留至將軍，誠僅我一家榮貴之至，今又蒙聖主特頒訓諭，命奴才時常去信，始終不渝，奮勉効力，奴才等縱然捨身効力，粉身碎骨，亦難報答此高厚之恩於萬一，惟奴才寄信我弟托留，銘記聖主訓諭，凡事誠心留意，克盡厥職，爲此謹奏叩謝天恩。

湖廣總督奴才額倫特。

硃批，著爾兄弟勿負朕之擢用。

[150] 湖廣總督額倫特奏報整飭西安官兵軍械馬匹情形摺（康熙五十五年十一月初一日）[1]-2905

奴才額倫特謹奏，爲奏聞奴才抵達西安後置辦馬匹軍械數目事。

竊奴才查得西安原有駐防額定馬甲兵共計七千人，每馬甲兵配備馬各三匹，甲冑一應軍械皆齊備，今奴才抵達之後查得除出征之三千三百披甲外，留守之三千七百披甲，共計欠馬五千一百六十八匹，甚至甲冑軍械等項亦不

〔註509〕《欽定八旗通志》卷三百三十一作黑龍江將軍託留。

齊全，是以奴才會同副都統巴爾布〔註510〕、班岱〔註511〕每日當面嚴加諭令各官員，陸續採買馬匹，馬匹今已補齊，每披甲馬各三匹內餵肥者一匹，三等臕者一匹，其餘羸弱馬匹茲將加緊餵養，大約至來年二月皆可肥壯，至於短缺之甲胄腰刀槍撒袋鳥槍弓箭之數，奴才亦令如數加緊製作，今已全數竣工。又每牛錄增製大銼鋸子鑿子錐子鐵鑱鍬頭雙刃斧子皆各十二，每披甲帳房鍋、皮混盾、鐵鍬鐮刀鐵杓各一，鞍轡鐵絆各三，鐵拘子、尖釘子、帽釘各五，鈴鐺各四，繩各四十根，六尺布袋各二，又增製火鏈大刀、腳齒、箭罩、乾濕箭罩、弓套、箭筒、甲套、斗篷、斜皮靴等項預備外，查出年老病殘披甲，共計裁減三百十四人，所出之缺，均由伊等子弟內揀選年力富強弓馬優嫻者充為披甲，其騎射生疏者由各旗牛錄派遣官員，每日監督教習弓馬，除此之外，若仍有老弱難以教習者，則不時查出裁減。

再查看八旗滿洲蒙古漢軍官員，正紅旗佐領蒙果，鑲藍蒙古旗佐領伊蘭泰，正藍蒙古旗雲騎尉品級章京蘇柱黑，鑲白漢軍旗協領屈振濟〔註512〕，正藍漢軍旗協領李智廉〔註513〕，正白漢軍旗參領龔爾朴，正藍漢軍旗雲騎尉品級章京程濟芳，正黃漢軍旗驍騎校李成龍、俞成明，正紅漢軍旗驍騎校衛軍永，正藍漢軍旗驍騎校倪造保，伊等或耳聾或眼昏，不能行走，或者健忘，似此甚為老弱者，豈可留任，以致誤事，故令陸續呈請辭退，伊等之缺除另選弓馬優嫻，効力宣勞者送部引見外，其年力富強弓馬尚可之員，仍准留任，其年紀未老而弓馬平常者皆載入冊，派員教習弓馬，至來年春季若能學成仍准留任，若無長進則令呈文辭退。又查得正黃旗協領華色〔註514〕，驍騎校雙保，鑲黃旗佐領蘇赫，鑲白旗佐領察木布，鑲紅旗佐領額塞，八品官張泰，正藍蒙古旗佐領巴當，鑲藍旗佐領齊岱，鑲黃漢軍旗參領郭奉等俱弓馬優嫻，且勤勉公事，似此誠心効力者，奴才豈敢不陳奏聖主，為此謹具奏聞。

湖廣總督奴才額倫特。

硃批，是次料理補建、整飭兵馬者，既有理且甚是，真可謂莫玷辱朕之所用，殊屬可嘉。

〔註510〕 《欽定八旗通志》卷三百三十一作西安副都統巴爾布。
〔註511〕 《欽定八旗通志》卷三百三十一作西安副都統班岱。
〔註512〕 《陝西通志》卷二十三頁四十八作漢軍鑲白旗協領屈振基。
〔註513〕 《陝西通志》卷二十三頁四十八作漢軍正藍旗協領李之連。
〔註514〕 《陝西通志》卷二十三頁四十六作滿洲正黃旗協領花色。

[151] 甘肅提督師懿德奏報主事石鍾在軍中狂妄乖張摺（康熙五十五年十一月十五日）[2]-2268

甘肅提督總兵官奴才師懿德謹奏，爲奏聞事。

奴才竊聞軍中首重人和，千萬一心，所向無敵，居則鎮靜嚴肅，內整我軍，外懾敵人，一切妄言軍中最忌，伏思聖訓教以和氣，近奉諭旨一言可以鼓衆之氣，一事可以退人之心，仰見睿謨高深，爲萬世兵法之至要也，今有理藩院主事石鍾〔註515〕者行不端謹，狂妄招搖，出入各營，毫無忌憚，奴才自到巴兒庫兒，於去年即見石鍾行事乖張，於今年五月間石鍾來奴才營盤，向奴才說你在江南做官，古董玩器必多，如今時勢須在京中大人處交往，甚是有益，如你不認得，我替你在大人們處周旋等語。奴才察其意思，欲向奴才要取物件，彼時奴才答以雖在江南做官，從不收人禮物，亦無一件古玩，上荷主子天鑒照臨，下而難免衆人耳目，爲有物件送人，石鍾即默默而去，其在他處索取未必無之，又常言陝西各官自總兵以上至遊守大半皆係伊父席爾達〔註516〕做川陝總督時提拔之人，盡屬門下，奴才竊以擢用官員，皆出主子特簡，何石鍾出此狂言，自負德望，無非使人畏己以遂詐騙之私也，且於營上行走之處，似有使人各不相合之意，不知其心何居，更有狂悖之甚者，如六月廿一日石鍾閱看邸報，內有馬齊補授大學士一件，乃大聲曰馬齊如何起復得，他若復了中堂，我將來就難做官了，奴才聽聞不勝惶悚，竊謂主子爲國家用人，石鍾如此怨嫌，聞者髮指，今軍前各官見石鍾如此行徑，有明白事理，不過知其狂妄，亦有不明道理者，竟懷畏懼之心，無人敢言，奴才一介愚陋，重叨主恩，用至提督，夙夜冰兢，志切圖報，明歲候旨進剿，竊恐妄言有間衆和，不得不謹摺密奏上聞。

康熙伍拾伍年拾壹月拾伍日甘肅提督總兵官奴才師懿德。

硃批，此密摺，所奏甚是，朕即傳回他來京，亦不令人知覺，爾亦密之。

[152] 甘肅提督師懿德奏謝欽賜鮮味珍寶並請調范時捷統領寧夏官兵摺（康熙五十五年十一月十五日）[2]-2269

甘肅提督總兵官奴才師懿德謹奏，爲請旨事。

竊惟奴才謬蒙主恩，無可圖報，時深驚愧，近有家人齎奏到營，復蒙天

〔註515〕兵部吏部禮部尚書席爾達之子。
〔註516〕《清代職官年表》總督年表康熙三十八年至四十年先後以兵部尚書、禮部尚書、吏部尚書署川陝總督。

恩，特賜御佩寶珍，圍場鮮味，奴才自揣何人，屢邀異數，是戴恩愈深，而圖報之愈難也，謹繕奏疏，恭謝天恩外，奴才惟竭駑駘，以盡職分，今軍前眾兵蒙恩賞賜羊隻，所運糧米接濟，人皆精壯，近蒙恩賞大沛，蠲免借項，眾軍鼓舞踴躍，惟候明歲訓旨進剿，無煩聖懷，奴才更有請者，今現在寧夏官兵並在城預備聽調之官兵，奴才愚想以寧夏總兵范時捷統領，則該管平日之操練習熟而於臨事指揮自是得心應手，前征剿噶爾丹寧夏總兵亦曾出兵，今奴才懇討該總兵統領寧夏官兵，不惟於軍大有裨益，即奴才等亦得相資籌謀之善矣，此奴才愚意未敢具題，謹摺奏請，應否如斯，伏候聖裁。

康熙伍拾伍年拾壹月拾伍日甘肅提督總兵官奴才師懿德。

硃批，知道了，寧夏一鎮所關匪輕，況多一支兵，即費一分糧矣。

[153] 山西巡撫蘇克濟奏請預先採買草豆以備軍需摺（康熙五十五年十一月二十一日）[1]-2910

山西巡撫奴才蘇克濟謹奏，為請旨事。

奴才看得大同地方接西去大路，現今用兵之際不可不預先備置草豆，前征討噶爾丹之次，於大同地方辦理軍需，採買運輸豆草時百姓甚為受擾累之處，主子通鑒，今年於大同地方餵養駝隻，恐又擾民，故諭奴才張貼告示，遍加曉諭，倘如往年兵丁前來大同餵馬，所需草豆多，不但一時不能備妥，而於各處採買運輸，百姓受擾累，且錢糧所需亦多，奴才愚以為先動用司庫存銀十萬兩，預先採買草豆預備，則百姓不致受累，事亦不耽延，奴才為軍需地方冒昧奏請，應否預備之處，恭候聖裁，為此具摺謹奏。

奴才蘇克濟親書。

硃批，作速繕本具奏。

[154] 議政大臣蘇努等奏參都統雅木布奏事不敬摺（康熙五十五年十一月二十七日）[1]-2916

議政大臣固山貝子都統臣蘇努等謹奏，為參奏事。

竊都統雅木布頃為兵丁謝恩事，以區區小事勞驛賫奏，而關係大軍營地之草水雪冷熱等要事卻未具奏，請安摺理當與前事一併賫奏，卻又未具奏，今與噶爾弼亡故一事〔註517〕一處混寫賫奏，甚屬不謹，卑微無禮。又軍營官

〔註517〕《欽定八旗通志》卷三百三十一作西安副都統噶爾弼。噶爾弼康熙五十五年未亡故，康熙五十九年尚佩定西將軍印統四川雲南兵首入藏，此處言亡故，待考。

兵亡故之事，俱屬秘密，雖奏聞大員亡故之事，亦應密奏，雅木布將副都統噶爾弼亡故之事，明擬揭帖送部，殊屬不合，欲將此記於冊，待事平息將雅木布從嚴查議，為此謹奏請旨。

　　議政大臣貝子都統臣蘇努。

　　議政大臣領侍衛內大臣公臣鄂倫岱。

　　議政大臣領侍衛內大臣公臣海金。

　　議政大臣領侍衛內大臣公臣馬爾賽。

　　大學士臣馬齊。

　　議政大臣禮部尚書臣荊山。

　　議政大臣工部尚書臣孫渣齊。

　　兵部右侍郎臣查弼納。

　　硃批，依議。

[155] 議政大臣蘇努等奏請補授西安副都統摺（康熙五十五年十一月二十七日）[1]-2917

　　議政大臣固山貝子都統臣蘇努等謹奏，為欽遵上諭事。

　　竊准都統雅木布奏書內稱，奴才昏庸已極，閱歷淺薄不知，是否署理副都統噶爾弼一缺，故具奏請旨，原派西安兵時奉旨，著派副都統一人，欽此。嗣後漢軍副都統楊昌泰〔註518〕奏請軍前効力，遂來軍營，奴才抵達軍營後，令副都統楊昌泰總管滿洲漢軍炮槍，既有副都統楊昌泰，該噶爾弼一缺，不知是否委署，因無經歷，故開列軍營協領等職名，具奏請旨，伏乞皇上睿裁，為此謹奏請旨等因，於康熙五十五年十一月二十七日交付乾清門頭等侍衛喇錫轉奏。當日奉旨，交付議政大臣，欽此欽遵。查得頭等侍衛法鐃〔註519〕今在軍營，侍衛法鐃、協領鄧德里〔註520〕二人內請上指定一人暫任副都統管理事務，噶爾勒弼〔註521〕一缺由兵部速補具奏，俟上補放，從速派往軍營，為此謹奏請旨。

　　議政大臣固山貝子都統臣蘇努。

　　議政大臣領侍衛內大臣公臣鄂倫岱。

〔註518〕《欽定八旗通志》卷三百三十一作西安副都統楊長泰。

〔註519〕《平定準噶爾方略》卷一頁十五作新滿洲侍衛法懰。

〔註520〕《陝西通志》卷二十三頁四十六作滿洲鑲紅旗協領鄧得禮。

〔註521〕《欽定八旗通志》卷三百三十一作西安副都統噶爾弼。

議政大臣領侍衛內大臣公臣海金。

議政大臣領侍衛內大臣公臣馬爾賽。

大學士臣馬齊。

議政大臣禮部尚書臣荊山。

議政大臣工部尚書臣孫渣齊。

兵部右侍郎臣查弼納。

硃批，以法鐃爲京城正副都統〔註522〕暫管西安兵丁，至於西安副都統照議派往西安。

[156] 吏部尚書富寧安奏報貿易及雨水收成情形摺（康熙五十五年十一月二十九日）[1]-2920

奴才富寧安謹奏，爲奏聞事。

先是奴才以肅州商人雲集，兵民樂業，出口貿易者計一百四十夥餘等語具奏，至是各處商人來肅州者亦甚多，且出口沿途直至哈密、巴里坤貿易者計一千夥餘，今自嘉峪關至哈密巴里坤已通數條道路，沿途運米工人、商人絡繹不絕，而今米糧堆積之布隆吉爾以內希喇郭勒商人雲集，已成爲大市，因聚集民人衆多，奴才交付守米官員等，以從嚴管束商人，勿得生事，買賣皆平價等語嚴禁之。又肅州地方，僅得雪兩次各二寸，天晴則甚溫和無風，比歷年甚熱〔註523〕，本年承蒙皇上之福，甘肅地方比往年又大獲豐收，兵民樂業，爲此謹具奏聞。

硃批，知道了。

[157] 吏部尚書富寧安奏請萬安摺（康熙五十五年十一月二十九日）[1]-2921

奴才富寧安跪請聖主萬安。

硃批，朕安，爾既總統軍務，首要應賞罰分明，朕不納他人之物，若爲賞賜爾等，仿漢人而行，則必與我國統兵之舊臣不一樣。

〔註522〕《欽定八旗通志》卷三百二十一滿洲正藍旗副都統作法喇，康熙五十五年十一月任，與此摺核，知《欽定八旗通志》將法鐃誤作法喇。此處京城正副都統即爲京城正藍旗副都統之誤譯。法鐃即《平定準噶爾方略》卷一頁十五之新滿洲侍衛法惱。

〔註523〕原文作比歷年其熱，今改正爲比歷年甚熱。

[158] 兵部尚書殷特布等奏請補授西安副都統員缺摺（康熙五十五年十二月初一日）[1]-2922

經筵講官兵部尚書加八級降二級留任臣殷特布等謹奏，為請旨事。

竊准行在兵部來文內稱，議政大臣等議奏，為都統雅木布、副都統郭爾弼〔註524〕之缺，委署與否之處，請旨等因具奏，奉旨，著交付議政大臣，欽此欽遵。竊查頭等侍衛法鏡今在軍營，由侍衛法鏡、協領登德里〔註525〕二人內，謹請欽定一員，暫署副都統管束等因具奏，奉旨，著以法鏡為京城正副都統〔註526〕，暫管西安兵丁西安副都統一缺照所議派往西安，欽此欽遵前來，竊查法淖〔註527〕係在左翼正白旗人，今授正藍滿洲旗副都統，覺羅阿勒圖〔註528〕為鑲白蒙古旗都統，以法鏡補授該缺，可否之處，伏乞上裁，為此謹奏請旨。

經筵講官兵部尚書加八級降二級留任臣殷特布。

左侍郎加二級降二級留任又降一級臣黨阿賴。

武選清吏司郎中加二級臣明富。

員外郎臣多贊。

硃批，著該缺仍舉薦。

[159] 四川巡撫年羹堯奏報出兵建昌親為剿撫情形摺（康熙五十五年十二月一日）[2]-2282

奏，四川巡撫加六級臣年羹堯謹奏，為備陳賊蠻狂逆，微臣剿撫情形，仰祈睿鑒事。

竊查越巂賊蠻傷官害民，臣知鎮兵不可用，不得不親行剿撫，非敢好事，前經奏明在案，臣捐銀分賞將弁兵丁，並發現銀遣官預買牛米草料，自十月二十日起行為始，每日分給漢土官兵，嚴行約束，經過地方秋毫無犯，但前准鎮臣張友鳳咨稱，賊蠻不滿千人，地方僅數十里，是以臣止帶官兵五百土

〔註524〕《欽定八旗通志》卷三百三十一作西安副都統噶爾弼。
〔註525〕《陝西通志》卷二十三頁四十六作滿洲鑲紅旗協領鄧得禮。
〔註526〕《欽定八旗通志》卷三百二十一滿洲正藍旗副都統作法喇，康熙五十五年十一月任，與此摺核，知《欽定八旗通志》將法鏡誤作法喇。此處京城正副都統即為京城正藍旗副都統之誤譯。法鏡即《平定準噶爾方略》卷一頁十五之新滿洲侍衛法惱。
〔註527〕《平定準噶爾方略》卷一頁十五之新滿洲侍衛法惱。即本文檔前文之侍衛法鏡。
〔註528〕《欽定八旗通志》卷三百二十四作蒙古鑲白旗副都統覺羅阿爾圖。

兵八百，然每疑數百賊蠻何敢抗拒鎮兵數月，臣中途察訪乃知建昌番蠻原有
猓玀、西番兩種，其頭目悉係猓玀，素行強暴，西番之畏猓玀，雖數十西番
不敢與一二猓玀抵鬥也，現今狂逆之阿羊一支，住居紅岩地方，始則肆行偷
搶，近且勾連紅岩南北二十餘寨，綿亙三百餘里，黨聚二千餘人，藐視鎮兵，
故敢如此，臣於十一月初八日至越嶲，訪之土人所言皆合，臣思所帶之兵，
漢土止一千三百名，而賊蠻且兩倍之，若另行調集，恐稽時日，臣乃傳集將
士宣揚聖主豢養之恩，動其忠義之氣，復設重賞，獎誘脩至，漢土官兵莫不
踴躍思奮，勇氣倍加，即建昌鎮屬營兵土兵，凡在調發者一體支糧犒賞，冀
其効命，臣安營越嶲城外，時有士民至臣行營，皆言賊蠻搶奪綁虜為害甚多，
營員之匿不報聞者十之八九，議價贖回者十之三四，亟請進兵，永除民害，
臣皆委諭遣去，念此蠢蠻亦屬聖朝赤子，何忍遽行撲剿，一面遣冕山營所轄
之土百戶二員，先往化誨，傳佈皇上浩蕩洪恩，振古威德，令其縛獻首凶，
餘黨免罪，一面嚴軍令察地利製乾糧，以備不時需用，及閱鎮屬官兵，除寧
越守備一營兵馬強壯，守備俄玉頗有膽略，另行調遣外，鎮標與越嶲營兵器
械不堪，步伍不整，隊目不畏將弁，將弁不畏鎮臣，細訪兵額，十無六七，
似此安能懾服番蠻，又營中積弊，每兵百名內有蠻兵二十，並不操練，若遇
查點，以此充數，餉乾半入營員之腹，又有外委守備名曰管彝，既無部箚，
亦無考成，家間役使，率皆蠻人，父死子受，竟同世襲，惟知串通賊蠻，偷
盜居民，從中分利，間有議贖，亦必烹肥，或兵民追索，則與蠻兵通信，暗
令抗敵，甚至戕害，賊蠻知有管彝而不知有營員，管彝知挾賊蠻以取利而不
知有官法，錮弊為甚，即八九月間鎮兵土兵屯集一千四百名，日久無功，皆
由管彝蠻兵暗通消息，官兵動靜虛實莫不預知之所致，臣於川省彝方經歷過
半，管彝之名在在有之，其弊莫甚於建昌，臣參訪輿論，既悉內奸，遣調官
兵益加慎密，休兵三日，於十一月十二日分南北中三路並進，臣至紅岩地方
下營，原望賊蠻悔罪投首，無如仍敢抗拒，遂飛咨鎮臣暨各路將弁同日齊發，
至十九日寧越守備俄玉自北路攻破巴沾、白石岩等九寨來至臣營，二十日提
標遊擊楊盡信等自中路攻破兩河口、普雄等六寨報到臣營，臣復進至普雄，
於二十二日遣發北路中路之兵南至羅烏寨，與建昌遊擊張玉等合兵搜捕，於
二十四日有原報投入賊黨之土千戶那交攜印自縛到營，訴稱向無罪惡，因阿
羊蠻人犯法，建昌發兵，周管彝教我躲避，誤信伊言，躲避是真，並不敢助
惡抗敵，今見大兵止誅有罪，自行投到，臣將土千戶印收貯，念其自縛投首，

許免其死，押發邛部土司收管，祇因管彝周之旦，鎮臣差遣他往，俟咨提質訊究處，於二十七日所遣將弁攻破羅烏等寨，齊集臣營，三路官兵深入二百餘里，皆從來官兵未到之處，接戰七次，凡強狠對敵者，俱於陣前殺死，得首級二百八十五顆，其棄戈乞命者，仍令各安住牧，毋許再有偷盜，所有陣亡營兵一名，土目土兵五名，臣即每名捐賞銀二十兩，帶傷營兵六名土兵三十名，每名捐賞銀五兩訖，是日接准兵部火牌遞到咨文，奉上諭，著提臣康泰馳驛回川，預備兵馬等因，臣思此間剿撫之局十完八九，除臨陣被殺外，前後投首者已二千餘人，阿羊一支潰避深山，不過數十人，設法窮追，則加巴、貫子不難就獲，但山深雪厚，未免守候需時，而提臣預備兵馬之事較此更為重大，一切兵糧緊要，非臣回省料理，難保無誤，臣乃於二十八日撤營，二十九日回兵越嶲，多製木刻，遍行建昌大小各土司，令其擒獻加巴、貫子兩人，捐給重賞，少遲時日，自當亦弋獲。

臣於十二月初一日率領漢土官兵仍前按站資給旋省，至裁蠻兵革管彝，追繳土千百戶印信兩顆，與清理賊巢，分管責承，並臣捐修越嶲城垣，已於疏內備悉外，臣世受國恩，高深莫報，今剿撫事宜，無非仰奉天威，將士効力，即臣捐運牛米草料，駝載腳價，與夫銀牌緞布一切搞賞之需，計費七千餘兩，亦皆聖恩所賜，非敢言功，凡疏內所不及者，理合奏明，軍營寒冷，繕寫不工，伏乞寬宥，臣不勝惶悚之至。

康熙五十五年十二月初一日具。

硃批，知道了，若總兵得人，兵不少數，此不過小事耳。

[160] 湖廣總督額倫特奏謝賞賜鹿尾摺（康熙五十五年十二月十三日）

[1]-2924

奴才額倫特謹奏，為叩謝天恩事。

康熙五十五年十二日初一日奴才賫摺家人博爾濟乘驛捧到御批摺子並賫到賞賜鹿尾，奴才即恭設香案，望闕叩謝天恩訖，伏念奴才微賤庸愚，躬逢聖主軫念奴才之父格外頒賜天恩，將奴才自武職不次簡用至湖廣總督重任，今又念西安地方緊要，令奴才會同總督鄂海協理米石錢糧事務，署理西安將軍事務，責任綦重，而才識短淺，故到任以來，晝夜惶悚，惟欽遵聖主訓諭而已，纖毫未効，本月九日〔註529〕聖主恩賞鹿肉條，今又賞鹿尾二十條，奴

〔註529〕原文作本年九日，今改正為本月九日。

才何人斯，得邀似此寵恩，惟以益加謹慎爲本，於大小事慮誠留意，統領屬下竭力報效供職，爲此謹奏謝天恩。

湖廣總督奴才額倫特。

硃批，知道了。

[161] 山西巡撫蘇克濟奏所養馬駝皆上膘摺（康熙五十五年十二月十九日）[1]-2927

山西巡撫奴才蘇克濟謹奏，爲奏聞事。

奴才前來大同，查看各牧場餵養之駝隻皆較前上膘，再厄魯特侍衛等騎來之馬匹亦皆上膘，來年使用時斷不至耽延，爲此恭奏以聞。

[162] 甘肅巡撫綽奇請安摺（康熙五十六年正月十二日）[1]-2939

奴才綽奇跪請聖主萬安。

硃批，朕體安，爾今在軍營，何必獻此等物。

[163] 甘肅巡撫綽奇請安並示報效摺（康熙五十六年正月十七日）[1]-2941

奴才綽奇謹奏。

奴才恭請萬安摺內奉旨，朕體安，氣色亦好，今值爾處有事之際，惟勤勉效力等因，恭閱不勝喜悅，奴才已離聖主三年，存思仰之心，實如同赤子懷念父母，奉硃批諭旨，見聖體安，氣色亦好，故心明眼亮，惟念，祝福聖體萬萬歲，永遠施恩惠於萬國衆生，奴才乃末等人，聖主飭付此任，對此大事，奴才惟庸弱，恐負重恩，而日夜惶悚，願効犬馬之勞，盡能圖報，爲此惶恐謹奏。

硃批，知道了。

[164] 甘肅巡撫綽奇奏謝賞鹿尾等物摺（康熙五十六年正月十七日）[1]-2942

奴才綽奇謹奏，爲叩謝天恩事。

正月十五日聖主賞與奴才之鹿尾魚，奴才家人捧至後，奴才跪迎接領，恭設香案望闕謝恩，謹思奴才玷辱省職，不能稍使聖主喜悅，仰副聖心，迭蒙鴻恩，奴才惟捨身盡能効力於主子所付之任，除叩謝之外，亦無言奏述，爲此惶悚謹奏。

硃批，知道了。

[165] 肅州總兵路振聲奏謝欽賜冰魚鹿尾摺（康熙五十六年正月十九日）
　　　[2]-2314

　　陝西肅州總兵官奴才路振聲跪進奏摺，恭謝主子天恩。

　　奴才進摺家人張九如於康熙伍拾陸年正月拾陸日乘騎驛馬，捧到欽賜奴才鹿尾拾枚，各色冰魚貳拾尾，隨於行營恭設香案，望闕叩頭謝恩祗領，並開讀主子硃批旨意，知道了，欽此。據家人口稱蒙主子賞給克食，奴才驚聞恩命，益切悚惶，竊念奴才寸長未著，疊荷隆施，奴才庸常，寧當優異，家人卑賤，並沐恩波，顧聖主之洪慈，恩深罔極，覩天廚之異品，頂感靡涯，除將欽賞奴才鹿尾冰魚分頒寮屬，大小官弁人等共感皇恩外，謹具奏摺，遣家人張九如齎捧恭謝以聞。

　　康熙伍拾陸年正月拾玖日陝西肅州總兵官奴才路振聲。

　　硃批，知道了。

[166] 甘肅提督師懿德奏賀萬壽摺（康熙五十六年正月十九日）[2]-2315

　　甘肅提督總兵官奴才師懿德謹奏，恭請聖安。

　　奴才身在塞外，遠違天顏，恭逢主子聖壽，弗獲隨班嵩祝，奴才戀主之私，時懷切切，惟俟至期率同軍前標屬官弁人等望闕叩頭，恭祝萬壽無疆矣，奴才無任仰瞻歡忭之至，為此謹繕奏摺，差家人甘國祚齎捧恭進以聞。

　　康熙伍拾陸年正月拾玖日甘肅提督總兵官奴才師懿德。

　　硃批，知道了。

[167] 甘肅提督師懿德奏陳令家人錄寫奏摺緣由摺（康熙五十六年正月
　　　十九日）[2]-2316

　　甘肅提督總兵官奴才師懿德謹奏，為欽奉上諭事。

　　奴才接奉部文，欽奉上諭，嗣後滿漢文武大臣請安摺子，俱著親自繕寫封奏，若自己總不能寫者令各人子弟繕寫，其令子弟之所寫者，將伊弟其人伊子其人名字註寫，若有啟奏事件，即於請安摺子內具奏，欽此欽遵。竊奴才初到江南任內，凡屬封奏事件，俱係奴才親自恭繕，後因眼疾，以致左目昏花，其細字不能書寫，惟繕稿後即令家人趙之廉錄寫，無敢使一人知者，前於松江任內曾經奏明，今奴才眼疾未愈，奴才之子尚在年幼，亦未在軍前，是以仍令家人趙之廉謄書，嗣後有啟奏事件，欽遵於請安摺內具奏，為此謹具奏聞。

康熙伍拾陸年正月拾玖日甘肅提督總兵官奴才師懿德。

硃批，知道了。

[168] 松潘總兵路振揚奏賀萬壽並進藏香等物摺（康熙五十六年正月二十一日）[2]-2317

四川松潘總兵官奴才路振揚謹摺奏，爲恭祝萬壽事。

奴才行伍庸材，寸勞未著，蒙聖主洪恩，不次優擢，畀以邊要總兵，視事以來，宣播皇上德威，地方寧謐，但未邀聖訓，日深蚊負，因當西邊用兵，未敢遽請陛見，忻逢萬壽昌期，普天同慶，奴才犬馬之誠，無以自釋，謹遣家人常春代奴才恭祝聖壽兼請萬安，並進藏香壹匣，綠葡萄壹匣，藏棗肆百，藏杏肆百，少展蟻衷，伏乞慈鑒，奴才無任瞻依悚息之至，謹冒昧擅具摺奏以聞。

康熙伍拾陸年正月貳拾壹日四川松潘總兵官奴才路振揚。

硃批，知道了。

[169] 議政大臣巴琿岱等奏為四川備兵摺（康熙五十六年正月二十一日）[1]-2943

議政大臣領侍衛內大臣侯臣巴琿岱〔註530〕等謹奏，爲欽遵上諭事。

據四川提督康泰奏文稱，奴才等欽遵主子之訓旨，於十二月十三日徐行抵達松潘，奴才等前來時途中商議，既然邊地備兵，外者聞之胡亂驚疑不可料定，聖主爲青海之衆籌謀降旨，命將備兵等情由繕寫蒙古文書，預先曉諭貝勒察罕丹津等，差派伊之可靠賢能齋桑一名與我等所差之通事王國棟等同遣之等因，貝勒察罕丹津見書，即將伊之齋桑都喇勒納欽畢達喇〔註531〕與通事等共同差遣來告，我等貝勒察罕丹津云聖主仁鑒我全青海，於西寧松潘等處差派大臣備兵之事，因駐西寧郎中常壽咨文，我等貝勒見後不勝歡忭，因備有聖主此大軍，策妄喇布坦豈敢前來，倘有前來消息，即急速差人來告大臣等，仰賴主子之恩，我等青海並無事無息等語。奴才等遵旨著筆帖式額爾赫圖、領催烏勒哲依圖陪同前來之齋桑畢達喇，將主子之旨、議政所議之處，均譯寫爲蒙古文書，曉諭伊等右翼兵備之事，一有消息，火速來告等情詳訓後，於本月十八日啓程，筆帖式額爾赫圖等抵達貝勒察罕丹津如何覆言之處，

〔註530〕《欽定八旗通志》卷三百十八作領侍衛內大臣侯巴琿岱。
〔註531〕本書第二五三號文檔有齋桑都喇勒，故此處齋桑都喇勒納欽是否應斷作齋桑都喇勒、納欽二人，待考。

前來之時詢明另奏。再奴才等理應照主子訓旨，駐一處辦事，惟觀青海並無事，巡撫年羹堯親又率兵前往建昌，今四川地方無辦軍務大員，軍機要務既與地方事宜關係重大，著奴才康泰、巴特瑪會同松潘總兵官陸振陽〔註532〕，揀派松潘鎮之兵三千立刻準備，奴才巴特瑪駐松潘差派多人往青海探信，倘有用兵處，一旦獲取消息，即會同陸振陽率松潘之軍而行，奴才康泰前往四川酌情遣派提標撫標之軍，立刻準備，以候建昌青海二方之消息，倘有軍情，奴才率此預備兵，急速繼往，則事無耽擱，行軍亦不辛勞等情商定，奴才康泰亦於本月十八日啓程往四川備兵，為此謹奏以聞，於康熙五十六年正月十三日交乾清門三等侍衛喇錫轉奏。奉旨，交議政，欽此欽遵。

　　臣等共同會議得，據提督康泰、主事巴特瑪奏文內稱，奴才等欽遵主子訓旨，於十二月十三日前來松潘，貝勒察罕丹津遣伊之齋桑都喇勒納欽畢達喇〔註533〕來告，我等貝勒察罕丹津云聖主仁鑒我全青海，於西寧松潘等處遣派大臣等備兵之處，因駐西寧郎中常壽咨文，我等貝勒見後不勝喜悅，仰賴聖主此所備大軍，策妄喇布坦斷不〔註534〕敢前來，倘有來信即急速差人來告大臣等，仰賴主子之恩，我等青海並無事等語。奴才等遵旨著筆帖式額爾赫圖、領催烏勒哲依圖陪同前來之齋桑畢達喇，將主子諭旨、議政所議之處均譯寫蒙古文書，曉告右翼備兵之情，一獲消息，火速來告等情詳訓後，於本月十八日啓程，筆帖式額爾赫圖等抵達，貝勒察罕丹津如何覆言之處，俟前來時問明另奏等情，無庸議。奏內又稱，奴才等理應依主子之諭旨駐一處辦事，惟現青海並無事，巡撫年羹堯又親率兵前往建昌，現四川地方既然並無辦理軍務大員，軍機事關係重要，著奴才康泰、巴特瑪會同松潘總兵官陸振陽，揀選松潘鎮之兵三千立刻準備，奴才巴特瑪駐松潘差派多人往青海探取消息，倘有用兵之處，一得消息，即會同陸振陽率松潘之軍而行，奴才康泰前往四川，酌情遣派提標撫標兵丁立刻準備，以候建昌青海二方之消息，倘有軍情，奴才率所備之軍，火速繼往，可不誤事，奴才康泰亦於本月十八日啓程往四川備兵等情，查得提督康泰既為備兵遣派，前往四川，照伊所奏而行，為此謹奏請旨等因，於康熙五十六年正月二十一日交乾清門三等侍衛喇錫轉奏。奉旨，依議，欽此。

〔註532〕《平定準噶爾方略》卷四頁三十七作四川松潘鎮總兵官路振揚。
〔註533〕本書第二五三號文檔有齋桑都喇勒，本文檔前文斷作都喇勒納欽、畢達喇二人，故都喇勒納欽畢達喇是否應斷作都喇勒、納欽、畢達喇三人，待考。
〔註534〕根據上下文意，此處補斷不二字。

議政大臣領侍衛內大臣侯臣巴琿岱。

議政大臣領侍衛內大臣公臣額倫特〔註535〕。

議政大臣領侍衛內大臣公臣海金。

議政大臣領侍衛內大臣公臣馬爾賽。

大學士臣馬齊。

議政大臣都統兼護軍統領臣武格〔註536〕。

議政大臣都統兼前鋒統領臣郎圖。

議政大臣都統臣宗室延信〔註537〕。

議政大臣戶部尚書臣穆和倫。

議政大臣禮部尚書臣荊山。

議政大臣兵部尚書臣殷特布。

議政大臣刑部尚書臣賴都。

議政大臣工部尚書臣孫札齊〔註538〕。

兵部左侍郎臣黨阿賴。

右侍郎臣查弼納。

[170] 吏部尚書富寧安奏報巴里坤等處軍營情形摺（康熙五十六年正月 二十六日）[1]-2944

奴才富寧安謹奏，為奏聞事。

奴才於去年十二月二十九日同欽差侍衛滿泰等由肅州起程，今年正月十九日抵達巴里坤，沿途看得氣候甚暖，無誤運米，由嘉峪關至哈密經商者不斷，營地亦集市，抵達庫舍圖北口之日已降雪二寸餘，因天氣甚暖，降雪即刻融化，看來今年青草生長定較諸年早，詢問法瑠〔註539〕等去多竟不冷，抵達巴里坤看得原營地週圍牧場雖破壞，而在四五十里外放牧滿洲綠營官兵之馬匹處牧場俱甚好，所生青草足以夠食，且看馬匹臕皆肥壯，奴才等抵達巴里坤滿洲綠營官兵蒙古台吉等紛紛向奴才等爭告，惟報答聖主之養育鴻恩，

〔註535〕 《欽定八旗通志》卷三百十八作領侍衛內大臣公鄂倫岱，額倫特爲湖廣總督署西安將軍，第一次清軍入藏戰死，此處翻譯錯誤易致混淆。

〔註536〕 《欽定八旗通志》卷三百二十四作蒙古正白旗都統五格。《欽定八旗通志》卷三百十八作護軍統領五格。

〔註537〕 《平定準噶爾方略》卷六頁十二作都統延信。清太宗皇太極長子豪格後裔。

〔註538〕 《清代職官年表》部院大臣年表作滿工部尚書孫渣齊。

〔註539〕 《平定準噶爾方略》卷七頁三十一作前鋒統領法瑠。

奮力前進等情，呼聲震地，看官兵効力之心意誠篤切。再今運至哈密之米堆積甚多，運至營內積米亦甚多，現食用米及征伐軍士攜隨米諸項絲毫不誤，故此奴才候散秩大臣阿喇納〔註540〕抵至巴里坤，將今年征伐之處共同詳議另奏外，將巴里坤地方氣候暖和牧場甚好，馬匹甚肥，今食用米及征伐攜隨米諸項毫不耽擱之處，謹具奏聞。

硃批，知道了。

[171] 吏部尚書富寧安請安摺（康熙五十六年正月二十六日）[1]-2945

奴才富寧安跪請聖主萬安。

硃批，朕體安，氣色亦好，克西圖〔註541〕等亦知，今爾等行近矣，諸事能指向，相遇處祝好運，朕由此處及時祝願。

[172] 吏部尚書富寧安奏謝頒旨問好摺（康熙五十六年正月二十六日）[1]-2946

奴才富寧安謹奏，為叩謝天恩事。

康熙五十六年正月二十三日接准甘肅巡撫綽奇家人所齎文內稱，康熙五十五年十二月初六日男童太監魏柱傳旨乾清門侍衛喇錫日，諭巡撫綽奇家人，伊自肅州來，富寧安既在肅州，著此人返回曉諭富寧安，朕久未得聞爾之消息，問爾之身體好，將此語務必記之，以轉告富寧安，欽此。奴才跪讀之下格外惶悚，富寧安為末秩下僚，我父子仰蒙皇上高厚之恩至重極深，奴才自幼承蒙皇上撫育，擢至格外之職，復蒙施恩出征，繼之令奴才辦理錢糧事務軍務，自出征以來，奴才未能完成皇上所委大事，而奴才少有疾病，蒙皇上施恩，屢降仁旨，今又降旨朕久未得聞爾之消息，爾之身體可〔註542〕好，奴才實難承受，奴才不配，奴才仰賴皇恩，今已諸病痊癒如初，奴才奉此溫旨，謹以叩首外，莫可言喻，為此謹具叩奏。

硃批，知道了。

[173] 甘肅提督師懿德奏謝欽賜鹿尾鮮魚並報官兵樂戰軍裝整齊摺（康熙五十六年二月初十日）[2]-2332

甘肅提督總兵官奴才師懿德謹奏為恭謝天恩事。

〔註540〕《平定準噶爾方略》卷四頁十四作散秩大臣阿喇納。
〔註541〕《平定準噶爾方略》卷二頁五作藍翎克什圖。
〔註542〕此處補可字。

本年二月初八日奴才家人魏彪齎摺回營，跪讀主子硃批，朕安，氣色飲食起居甚好，十二月二十三日回鑾抵京，臘寒隆冬未嘗添衣，還是先年光景。奴才敬聆之下，歡忻舞蹈，莫知所以，謹拜手仰祝萬壽無疆矣，伏讀訓旨，感激悚惶，欽遵，愼密，荷蒙恩賜鹿尾鮮魚，奴才望闕叩頭，恭謝祗領，竊以敬受珍錯，不敢自私，爰頒滿漢大人及所屬官兵均沾至味，用廣皇仁，又蒙賞賜奴才家人塘站驛馬，愈施格外，奴才屢驚異寵，實難負荷，縱百身不能仰報萬一也，今軍前人馬精壯，器械齊全，糧食充足，官兵人人踴躍歡呼驅効，值此機會一鼓成擒，奴才同總兵率副參遊守弁兵向欽差滿泰跪請主子訓旨早下，以遂官兵樂戰之心。但奴才晝夜思維，惟恐有煩主子天心，念及邊兵，奴才等負罪愈深，今綠旗各營軍裝整齊，悉經滿泰目覩，伏懇聖懷勿以邊兵廑念，在奴才心神亦得少安矣，謹摺恭謝並陳下私，伏乞睿鑒，奴才曷勝歡誠感切禱祝之至，謹差家人魏彪齎捧恭進以聞。

康熙伍拾陸年貳月初拾日甘肅提督總兵官奴才師懿德。

硃批，知道了。

[174] 湖廣總督額倫特請安摺（康熙五十六年二月十四日）[1]-2963

奴才額倫特謹奏，爲恭請聖安事。

奴才跪請聖主萬安。

湖廣總督奴才額倫特。

硃批，朕體安，西寧地方無大事，巴里坤地方今定大軍進征，將議遣爾往此向，大概滿漢提督總兵等俱有不睦之情，此非好事，爾若前往，務使此等和好，宜同心効力，不可忽略。

[175] 湖廣總督額倫特奏為西寧防備馬匹被盜摺（康熙五十六年二月十四日）[1]-2964

奴才額倫特謹奏，爲奏聞事。

奴才查得西安兵士內原出征多年者，大半均遣派巴里坤、噶斯軍中，此番出兵，年少未經事者甚多，故此奴才於去年十二月二十六日啓程，沿途教兵士餵養馬畜，設置哨堆之例，今年正月二十七日抵至西寧，奴才又詳查牧群失馬，蒙古人等盜馬情由，俱因馬畜散放所至，雖然羈絆，亦因皮繩之絆，甚易毀斷，故此行盜之蒙古等即可前來驅馬，奴才熟慮鐵索不足者打製鐵索，將馬匹兩條前腿，如九連環牽住〔註543〕，馬則不能任意奔去，且蒙古等來盜

〔註543〕原文作牽往，今改正爲牽住。

亦不能一時撐解，即雖能打毀一二馬索，此間在我等牧場之官兵，可有暇靠近斬殺，伊如何能驅趕等因思之，抵至西寧即通諭滿綠營官兵，爲每匹馬打製鐵索以備，途中倒斃之馬迅速補購，瘦馬速使養肥等因，故著兵丁妥善備辦外。詢邊外消息觀之今並無事，衆台吉之兵照常有備，奴才現同郎中常壽共商，不時探聽消息，有應奏聞之事，會同常壽奏聞，爲此遣千總劉世昌、奴才家人郭勒泰謹具奏聞。

湖廣總督奴才額倫特。

硃批，爾之此奏是，但何處之蒙古盜我等之馬未奏報。

[176] 山西巡撫蘇克濟奏運米之馬駝啟程日期摺（康熙五十六年二月二十九日）[1]-2972

山西巡撫奴才蘇克濟謹奏，爲奏聞事。

奴才來大同查看運米之馬駝均已上臕，鞍駱駝雁筐子口袋等物皆整修完竣，毫無耽擱之處，三月初陸續啓程至胡坦和碩交付完竣後，另行奏報，奴才恭摺奏聞。

奴才蘇克濟親書。

硃批，知道了。

[177] 康熙帝上諭（康熙五十六年三月二十三日）[1]-2976

康熙五十六年三月二十三日奏議政事務時，命議政大臣、侍衛滿泰、朗泰〔註544〕、科西圖、保柱〔註545〕入內奉旨，此事依議，倘大軍挺進攻取吐魯番，此乃是也，茲我等所議之兵爲最輕裝進征而預備者，若以武力攻取吐魯番，或使降順，則吐魯番即如哈密爲我屬地矣，若業已攻克而不能常保之，可乎，僅以此兵力，似乎薄弱，凡事不可沒有預見，策妄喇布坦若[大](盡)力來援吐魯番，或吐魯番人等復變，彼時不能守，棄之而回，則關係大矣，此事軍前之臣若詳細籌畫仍猶疑不定，則仍照原議征後返回爲好，至兵征之事，須相機而行，面對征剿大軍，若策妄喇布坦兵營自亂，紛紛[潰散](潰敗相戰)，頻頻來降，攻取甚易，又豈可奏請候旨，身爲將軍凡事宜果斷而行，不可優柔寡斷，朕久理軍務，統領大兵，經歷甚多，故知之焉，朕親統中路兵馬進剿時人人稱畏，朕決意以行，故事成也，倘聽

〔註544〕《平定準噶爾方略》卷四頁八作侍衛郎泰。
〔註545〕《平定準噶爾方略》卷二頁五作原任員外郎保住。

人言事將如何呢，行至克魯倫河之拖諾山，事成返回時運米到後，皆欲領取此米，朕諭派內大臣明珠，命其三隊經此前往西路軍，第四隊之米，計算返回之日，准領取十八天米，將御營之米運送西路軍，故事成米續，得以全軍返回，倘不遣此米，不如此擅權而行，則西路兵將如何呢，統兵之臣凡事應同心同德，彼此照應，爲帝業虔誠効力，切不可內存私意，各自爭功，況且昔日收復雲南，貝子彰泰〔註546〕統兵自中路進征而未至，將軍賴塔自福建繞道廣東廣西（貴州）到達成功，我大軍於雲南城七十里外圍城達十月之久，後趙良棟〔註547〕至，立營遠矣，議應取得勝橋，遂克得勝橋，十日內即收復雲南矣，攻橋時唯趙良棟兵戰之，滿洲綠營眾兵殿後而已，並未參戰，那次征戰，爾等臣中亦有去者，彼時雖[小]（品級小），亦曾趕上[見之也]（親眼目睹矣），我滿洲之臣若交給一支兵馬，朕確信可以破敵致勝，但能共承大業，果斷行事，深謀遠慮，謀勇雙全者則鮮也，譬如科西圖〔註548〕欲於各處衝鋒陷陣，此一人[何妨]（何足惜），但關係（名聲者）大，這一科西圖朕尚愛惜，更何況不愛惜眾兵乎。再廢員自力前往軍前効力者多，伊等皆爲小人，若捏造謠言，必致煽動人心，一旦出事，伊等能承擔者乎，勢必畏縮於後，緘口不語，故此等之人多宜禁用，總兵官李堯〔註549〕停調穆塞〔註550〕處，派往肅州，李堯頗具才幹，屢經戰事，其兵馬亦強，倘有用武之地，著富寧安酌情調用，巴里坤一路以富寧安爲將軍，（硃批，授以靖逆將軍印），阿勒泰路以公傅爾丹爲將軍，（硃批，授以振武將軍印），祁里德依〔註551〕爲副將軍，率阿勒泰路三千兵馬出卡倫，於三路要衝駐紮備援，命都統穆塞前往，巴里坤一路停止自京遣臣，以朕之意進剿時兩路之臣約定日期，路遠者先行起程，路近者隨後起程，俱於七月以前起程，適秋返回，以便馬匹過多，朗泰、滿泰、科西圖、保杜爾等記明此旨，傳諭兩路臣等知之，常觀保〔註552〕宜與博濟貝同遣之，欽此。

〔註546〕《平定準噶爾方略》卷七頁十三作貝子章泰。
〔註547〕《平定準噶爾方略》卷七頁十三作趙良棟。
〔註548〕《平定準噶爾方略》卷二頁五作藍翎克什圖。
〔註549〕《平定準噶爾方略》卷三頁二十八作總兵官李耀。
〔註550〕《欽定八旗通志》卷三百二十四作蒙古正藍旗都統穆賽。
〔註551〕《平定準噶爾方略》卷七頁十八作征西將軍祁里德。
〔註552〕《蒙古回部王公表傳》第一輯頁四三七有副都統常關保。

[178] **山西巡撫蘇克濟奏報辦理騎乘馬匹事摺**（康熙五十六年四月初六日）[1]-2984

　　山西巡撫奴才蘇克濟謹奏，爲奏聞事。

　　奴才看得運米之駝鞍雁口袋等物及與隨駝跟役之蒙古人騎乘之馬，部諭由去年聖主賞與奴才之二千匹馬內辦理一千二百匹騎乘等因，奴才棟選一千二百匹肥壯之馬，遣官並攜駝送往胡坦和碩，自三月二十二日均逐次交付運米之大臣等，謹此奏聞。

　　硃批，好。

[179] **傳爾丹爲授振武將軍謝恩摺**（康熙五十六年四月初十日）[1]-2987

　　奴才傳爾丹謹奏，爲恭謝天恩事。

　　據四月初九日收到兵部咨文，奉皇上諭旨，命公傳爾丹爲振武將軍，欽此欽遵。奴才遙謝聖恩，伏思奴才祖父父親世代蒙受聖主隆恩，將奴才自幼教養，陸續薦用爲不相稱之大任，奴才原係皇上之近隨，俱按聖主之指教遵行，並未經大事，今總督大軍事務，擢用爲將軍，奴才聞之而怔，不知如何是好，謹思軍機事務關係甚重大，奴才年少愚鈍，爲恐不能勝任，玷辱職責而不勝恐懼，奴才叩謝聖主擢用之恩，恭請皇上訓諭，爲此謹奏請旨。

　　硃批，知道了。

[180] **祈立德爲授副將軍謝恩摺**（康熙五十六年四月初十日）[1]-2988

　　奴才祈立德謹奏，爲謝恩事。

　　據兵部咨行奴才文書奉旨，命公傳爾丹爲振武將軍，祈立德爲副將軍，欽此欽遵前來，奴才遙謝聖恩，三跪九叩，奴才荷聖主之重任，駐紮邊界二年，毫無効力之處，正恐貽誤軍機，玷辱聖主之任用，聖主又逾格施恩，授奴才爲副將軍，奴才益加不勝感激聖恩，恐玷辱任職，無任惶悚，僅以奴才之愚弱，勤奮報答聖主之隆恩，爲此謹奏。

　　硃批，知道了。

[181] **吏部尚書富寧安奏爲授靖逆將軍謝恩摺**（康熙五十六年四月十七日）[1]-2992

　　奴才富寧安謹奏，爲叩謝天恩事。

　　奴才我父子蒙受聖主深恩厚澤，互古無有，奴才數之不盡，奴才自幼蒙聖主仁愛教養，陸續任用爲不相稱之文武首席大臣二職，仰副聖主鴻恩，奴才如何効力，亦不能仰報於萬一，奴才此次出征以來，聖主所交付之重要事務尚未完成，又因軍機攸關，爲不成事，每思之無不晝夜憂愁，今兵部來文內奉旨，命巴里坤路尚書富寧安爲將軍，頒發靖逆將軍印信，欽此。見論旨奴才不勝惶恐，軍機事務甚要，將軍責任慕重，奴才係何等人，何以能勝將軍任，實不能勝任，奴才若陳不能勝任情由，奏請皇上，軍機之際豈敢具奏，謹思聖主妙算，指示周全，仰賴天威，所倚各處無不能成，現在軍中之大臣官員兵丁俱蒙聖主鴻恩，既然各自誠心効力，奴才雖庸弱，將皇上訓諭銘記肺腑，與滿洲綠營大臣同心一體，各自勉勵官兵，誠心効力，將聖主交付之事，務圖成功，奴才謹將望闕叩謝天恩之處謹奏。

硃批，知道了，征戰之軍關係甚大，策妄喇布坦失敗，此事明顯，宜甚惦記追擊敗逃，深入進攻。

[182] 理藩院奏派圖理琛送俄羅斯大夫噶爾芬回國摺(康熙五十六年四月十九日) [1]-2995

理藩院謹奏，爲請旨事。

康熙五十六年四月十九日乾清門侍衛喇錫、武英殿總裁員外郎伊都里、牛錄章京張常柱、總裁李國屏奉旨，降諭西洋大夫噶爾芬，朕因謂察罕汗遣好內科外科大夫，察罕汗差遣爾，令爾前來，朕並未視同外國人，即如同朕之人仁愛，內外藥房諸處爾俱知，爾之醫術甚好，想留爾於此處，爾屢哀求，稱地方水土不服，思念母親，爲合爾意遣爾歸返，爾行醫道之人聲譽爲重，抵達爾處，稱爾爲好大夫，故遣派之，若詢問爲何即遣返之情，爾將此情俱告，雖口告亦無證，人難相信，聞見爲好，故賞爾銀綢遣之，再爾想用之物亦索要之，賞與爾等情告之，此賞賜之事爾等會同理藩院，共同議奏，原迎接伊等時郎中圖理琛 〔註553〕 前往，圖理琛既然對伊等熟識，仍令圖理琛送往，欽此欽遵。奴才等曉諭噶爾芬後，噶爾芬告稱聖主乃總理天下之大主，自我前來，並未將我作爲外國人看待，重恩施賞，內則照西洋人品秩而行，甚爲尊貴，今我奏請欲歸返後，大皇上仁愛遣我歸返，復恩賞降旨，我歡忻而莫可言喻，我承蒙主子之恩甚重，豈敢奏請索求主子之物等語。查得大夫噶爾芬等係俄羅斯察罕汗遵聖主諭旨遣派之人，並非商人，既由外國而來之人，主子若施恩賞差遣，抵達伊處，因施恩乃甚爲榮耀，既然如此，賞賜西洋大夫噶爾芬御用錦十疋、金二十兩、銀百兩，同伊前來之郎格，察罕汗專爲送

〔註553〕《平定準噶爾方略》卷二頁七作內閣侍讀品級圖禮琛，即出使土爾扈特部著《異域錄》者。

大夫遣派之人，賞賜郎格御用錦六疋、金十二兩、銀八十兩，賞賜伊等之人披甲六人銀各十兩、翠藍布各二十疋，跟役五人銀各五兩、翠藍布各十四。原迎接伊等時郎中圖理琛前往，圖理琛既然熟識伊等，送伊等時仍遣郎中圖理琛，伊等乘驛，送至楚庫柏姓，圖理琛將伊等送至楚庫柏姓，由伊所識人詳細探明策妄喇布坦、俄羅斯諸消息而回，諭旨到後由該處領取賞物賞之可也，為此謹奏請旨。

右侍郎特古忒〔註554〕。

兼理部事務頭等侍衛兼班主臣色稜〔註555〕。

乾清門三等侍衛臣喇錫。

武英殿總裁員外郎臣伊都里。

武英殿總裁牛錄章京張常住〔註556〕。

武英殿總裁臣李國屏。

硃批，由理藩院覆文加加林。

[183] 理藩院奏為侍讀學士禪里琿請往軍中効力摺（康熙五十六年五月十六日）[1]-3001

理藩院謹奏，為請旨事。

據効力西寧備軍侍讀學士禪里琿奏文稱，康熙五十三年三月奴才照管原青海郡王達賴戴青之妻福晉額林臣汪布等前來，駐於青海地方，五十五年二月侍衛阿齊圖等攜呼畢勒罕〔註557〕前往，都統雅木布等稱率兵前往之時〔註558〕，奴才具奏欲往軍前効力，經議政議，阿齊圖等前往和解呼畢勒罕之事，雅木布等暫止率兵前往，所謂禪里琿往軍前効力之處，無庸議，查得福晉額林臣汪布將伊之孫貝勒盆蘇克汪札勒〔註559〕養大矣，同台吉達彥和睦生活等情具奏在案，本應撤退禪里琿，現值西邊有事之際，暫在西寧協助所駐探信官探信，呼畢勒罕事定之時撤回，後著呼畢勒罕進入，駐塔爾寺後，奴才復奏於巴里坤、噶斯等處効力等因，正值青海眾人和睦會盟，旨諭奴才有事，未准

〔註554〕《清代職官年表》滿缺侍郎年表作理藩院右侍郎特古忒。

〔註555〕《平定準噶爾方略》卷二頁二十二作一等侍衛色楞。

〔註556〕本文檔前文作張常柱。

〔註557〕指七世達賴喇嘛羅布藏噶勒藏佳木磋。

〔註558〕原文作前往之事，今改為前往之時。

〔註559〕《蒙古世系》表三十七作朋素克旺札勒，顧實汗圖魯拜琥第六子多爾濟曾孫，父額爾克巴勒珠爾，祖策旺喇布坦。

出軍營，本年十一月於西寧備軍中奴才又以本身現無承擔之事，既然已在西寧，於此備軍中効力等情具奏請旨後，經議政議，准奴才我於軍中効力，會同總督額倫特駐西寧，今議政議奏總督額倫特駐於西寧，既無多事，遣額倫特往富寧安處商議辦事，在西寧之西安滿洲綠營兵著交總兵官王以謙、章京常壽督管等情，奴才世代蒙受聖主教養之恩，未報微末，聖主復施鴻恩，將奴才由牛錄章京擢用為侍讀學士，今既以二路發兵，奴才請往軍前，以効犬馬之勞，仰報聖主覆載深恩於萬一，為此謹奏請旨，於康熙五十六年五月初三日交與乾清門侍門喇錫轉奏。奉旨，交部議奏，欽此欽遵。

臣等議得，効力於西寧備軍侍讀學士襌里琿奏稱，奴才世代蒙受聖主教養之恩，聖主又施殊恩，將奴才由牛錄章京擢用為侍讀學士，今既以兩路發兵，奴才請前往軍前，以効犬馬之勞等語。查得先著侍讀學士襌里琿於青海貝勒盆蘇克汪札勒處駐護，後盆蘇克汪札勒之祖母福晉額林臣汪布以伊孫長成，已為章京，請停止看護等情具奏後，遂停止襌里琿看護，協助駐西寧章京探取消息，去年侍續學士襌里琿復奏欲往西寧所備軍前効力，經議政議著襌里琿往西寧所備軍中効力等情具奏准行，俱在案，現遣往巴里坤等二路征發兵，所遣派者，聖主俱編隊遣派，且將西寧所備之軍交總兵官王義前〔註560〕、郎中長壽〔註561〕督管，襌里琿欲前往征發軍中効力之處，無庸議，現襌里琿既無辦理之事，歸來可也，為此謹奏請旨。

尚書加四級赫壽〔註562〕。

右侍郎臣特古忒。

兼理部事務頭等侍衛兼班主臣色稜。

侍讀學士臣額赫訥。

員外郎臣亨德。

員外郎臣鍾佛保〔註563〕。

主事臣世忠〔註564〕。

硃批，襌里琿現既在彼處，仍留之共同探信，倘另有用處再指示。

〔註560〕《平定準噶爾方略》卷三頁三十七作西寧總兵王以謙。

〔註561〕《平定準噶爾方略》卷三頁二十二作郎中長受。

〔註562〕《清代職官年表》部院大臣年表作滿理藩院尚書赫壽。

〔註563〕《平定準噶爾方略》卷一頁十一作主事眾佛保。

〔註564〕《康熙朝漢文硃批奏摺彙編》第二二六八號文檔《甘肅提督師懿德奏報主事石鍾在軍中狂妄乖張摺》於此人寫作石鍾，兵部吏部禮部尚書席爾達之子。

[184] 肅州總兵路振聲奏進匾掛麵摺（康熙五十六年六月初一日）
[2]-2437

陝西肅州總兵官奴才路振聲跪進奏摺，恭請主子萬安。

奴才備兵口外，未著寸勞，清夜捫心惟思圖報，竊幸奉旨襲擊，指日前進，奴才將兵馬器仗預備整齊，除俟至期另摺奏報外，今遣家人張九如代奴才恭進肅州匾掛麵肆箱，稍伸犬馬微忱，伏乞聖恩慈鑒，奴才無任仰瞻依戀之至，謹具奏摺以聞。

康熙伍拾陸年陸月初壹日陝西肅州總兵官奴才路振聲。

硃批，朕安。

[185] 副都統法瑙奏為授前鋒統領謝恩摺（康熙五十六年六月初二日）
[1]-3019

奴才法瑙〔註565〕謹奏，為叩謝天恩事。

法瑙乃一末等奴才，毫未効力於皇上，而聖主施殊恩，任用奴才為副都統，今聖主又委奴才為前鋒統領，仰賴聖主鴻恩，奴才惟勤奮効力外，俱無言奏述，奴才謹將望闕謝恩之處，恭謹具奏聞。

硃批，知道了。

[186] 吏部尚書富寧安奏聞哈密巴里坤官兵士氣摺（康熙五十六年六月初二日）[1]-3020

奴才富寧安謹奏，為奏聞事。

現運貯哈密、巴里坤之米甚多，陸續運送之米又抵至哈密、巴里坤無誤，再前來營中來貿易之蒙古漢人絡繹不絕，甚有益於官兵，今年巴里坤地方相隔五六日落雨一次，仰賴皇上之福，上天應運，雨水甚調，巴里坤等處水草生長普遍暢茂，氣候不甚熱，甚為涼爽，馬畜俱肥。再滿洲綠營官兵士氣亦甚盛，據聞令今年進攻諭旨到達以來，官兵惟報効聖主仁養之鴻恩，各自無不奮發，奴才父子承蒙聖主無疆殊恩，凡人不可相比，現正值奴才効力之際，奴才惟將皇上訓諭謹記肺腑，會同滿洲綠營大臣一心一體，各勉官兵，堅固營房，嚴守堆哨，儉省米糧，慎養馬畜，勤勉効力，現軍士進入，官兵士氣高昂，水草昌茂，馬畜俱肥壯，諸物不誤之處，謹具奏聞。

硃批，知道了。

〔註565〕《平定準噶爾方略》卷七頁三十一作前鋒統領法瑙，此處授為副都統。

[187] 吏部尚書富寧安奏為賞戴花翎謝恩摺（康熙五十六年六月初二日）

[1]-3021

奴才富寧安謹奏，為叩謝天恩事。

奴才自幼蒙聖主教養，陸續任用為大臣，奴才出兵以來毫未効力，聖主賜與奴才不配之任，授奴才為將軍，今又施恩賞戴花翎，奴才欣喜不知如何是好，蒙此隆重之恩，奴才惟叩謝外，不得奏語，為此謹奏。

硃批，知道了。

[188] 湖廣總督額倫特奏報起程日期摺（康熙五十六年六月初二日）

[1]-3022

奴才額倫特謹奏，為奏報抵達日期事。

奴才於四月二十一日於莊浪所接部文，欽命奴才免來京城，前往汛地，欽此欽遵，本日奴才自莊浪啓程，五月二十一日抵達巴里坤，奴才因患眼病，著西安將軍協辦文書之領催富培書之，為此一併謹具奏聞。

湖廣總督奴才額倫特。

硃批，知道了。

[189] 阿拉那奏聞迎軍未失馬駝等事摺（康熙五十六年六月初二日）

[1]-3023

奴才阿拉那〔註566〕恭謹奏聞。

奴才親由巴里坤迎會察哈爾軍於喀爾喀伊克奧拉處，依聖主之訓示，餵養馬畜慢行，未失一馬一駝，均安抵巴里坤，再聖主命大臣等凡事應一體一心効力等情，慈訓如同日月，聖主軫念〔註567〕奴才祖父，擢用奴才為大臣，且又於萬世不得相遇之遠處効力，奴才甚弱，惟謹記聖主訓諭報効，為此謹奏。

硃批，知道了，謹慎努力。

[190] 山西巡撫蘇克濟請安摺（康熙五十六年六月初九日）[1]-3032

山西巡撫奴才蘇克濟謹奏。

奴才望闕謝恩，跪請聖主安，為此謹奏。

硃批，朕體安，爾甚効力於公務，朕甚嘉許，將朕佩帶精小製作數件，賞賚於爾，勿使漢人鑒賞之。

〔註566〕《平定準噶爾方略》卷四頁十四作散秩大臣阿喇衲。
〔註567〕原文作轉念，今改為軫念。

[191] 甘肅巡撫綽奇請安摺（康熙五十六年六月十七日）[1]-3038

奴才綽奇跪請聖主萬安。

硃批，朕體安，將軍餉糧項辦理清楚為好，否則後日差錯甚多。

[192] 甘肅巡撫綽奇奏報雨水調勻摺（康熙五十六年六月十七日）
　　　[1]-3039

奴才綽奇謹奏，為奏聞事。

奴才查得甘肅所屬地方平涼慶陽臨洮鞏昌等四府，甘州涼州肅州西寧寧夏等五道所轄地方仰賴聖主恩福，今年又雨水調勻，田禾長勢抽穗甚好，為此謹具奏聞。

硃批，知道了。

[193] 肅州總兵路振聲奏報軍前兵丁情形摺（康熙五十六年六月二十六
　　　日）[2]-2461

陝西肅州總兵官奴才路振聲跪進奏摺，恭請主子萬安。

奴才進摺叩謝聖恩家人張九如於康熙伍拾陸年伍月初貳日到營，蒙主子硃筆密諭，奴才何人，荷蒙天語提撕，周詳指示，跪捧密閱之下，感激涕零，惟有鏤骨銘心，愈加敬慎，以副聖主洪慈，茲軍前滿漢蒙古以及綠旗官兵銳意襲擊，人思報効，裏帶豐足，□垣烏合之衆，不難殄滅也，伏乞主子天懷寬慰，奴才欽奉上諭，督撫提鎮等請安奏摺或遣千把微員或親信好兵派出壹名，兼伊等家人壹名，令其馳驛前來，欽此。今奴才官兵現在隨征襲擊，是以遣差家人黃煥自肅州乘騎驛馬齎捧奏摺以聞。

康熙伍拾陸年陸月貳拾陸日陝西肅州總兵官奴才路振聲。

硃批，朕安，所奏知道了。

[194] 理藩院奏報班禪達賴奏請班兵並貢物摺（康熙五十六年七月初一
　　　日）[1]-3048

理藩院謹奏，為請旨事。

據班禪額爾德尼奏文稱，忠心具奏天人首飾文殊師利大皇帝陛下，贊布提布之噶勒巴喇哇斯之身體力行，超越衆生，英明引導，法衆安樂，威信崇高，皇天文殊師利大皇帝之威力勝十萬太陽〔註568〕之芒，用五獅以舉獻，金龍朝服金剛寶座，永遠牢固，統掌金甌，普度天地衆生，仁愛世界，不斷降

〔註568〕原文作威力始十萬太陽，今改為威力勝萬太陽。

恩，心甚喜悅，如服靈丹妙藥，居於雪域講經祈福，我亦同喇嘛共祝大皇帝
所慮之事成功，勤以念經，今所奏將先前征伐策妄喇布坦之軍，請仁鑒撤返
之諭旨，甚要，普通達賴喇嘛，本地汗具文遣使，使臣歸來，依大皇帝旨意，
由部咨送諭旨內開，策妄喇布坦作亂，阻止往返使臣，禁止貿易，理應治罪，
故皇上明其情由，復降諭旨，今不可班兵，先年大皇帝曾諭，爾不可肇戰端，
遵行恩主諭旨為要，故照所遣使臣之語，出以情理，復遣一使，對策妄喇布
坦曉以情理，雖至今未復歸，祈文殊師利大皇帝深仁厚澤，大慈大悲，弘揚
佛教，眾生太平安逸，不可捨棄善事，再祈永息戰端，照普通達賴喇嘛，呼
畢勒罕奏文，我亦忠懇禱奏，奏請將大軍撤返，降寬仁諭旨，為眾生安逸，
伏請大皇帝宏恩永鑒，奏獻禮物，釋迦牟尼佛舍利三個，連同釋迦牟尼佛，
琥珀素珠，由經院喇錫魯木布進貢之等語。

　　據六世達賴喇嘛〔註569〕奏文內開，慈母般養育眾生神聖文殊師利大皇帝
陛下如蓮花一樣聖明萬分忠懇親近跪奏，今如二世善聚上天之雨露，不可勝
數，多世塵埃多積善行，龍體清明，如須彌山永不動搖，造福眾生，名垂青
史，嘉誠無間，四面八方，流水不絕，聲名顯赫，巋然不動，權力鉅大，福
份無比，我等此處亦善意導引眾寺廟喇嘛現在將來永遠安好，誠心為皇上勤
誦經，今謹奏，班禪額爾德尼，本地汗因兵連禍結，共同請求罷兵，伏乞聖
鑒等因具奏，文殊師利大皇帝實為導引中原眾生安樂之菩薩，而仰賴教養，
策妄喇布坦滅亡之時施以慈悲恩養之大恩，伊反而生叛心，侵掠哈密地方，
伊若悔前罪，懷敬畏之心，不違悖皇上旨意，彼時皇上鑒察之際，不承受伊
之罪過，班禪、達賴喇嘛、本地汗知也，如部院教誨之諭旨到來，此處班禪
額爾德尼、汗，共於乙未年八月內曾遣使準噶爾稱不可肇啓兵端等因，因未
回覆，其情況雖不必具奏，但戰爭之項，人畜身心俱辛勞不盡，壞處甚多，
且恐不符大皇帝利濟眾生如父母仁愛之至意，故此依班禪額爾德尼、本地汗
二人所奏，我亦懇請降班師之恩旨等情謹奏，伏乞、忠懇祈禱積善之仁旨，
所進獻禮物哈達、佛舍利、西天利瑪文殊師利佛、琥珀珊瑚素珠一併於三月
初七日由西地福佛之位賚捧呈奏之二文，於康熙五十六年六月二十四日交給
乾清門侍衛喇錫具奏。奉旨，侍衛喇錫會同理藩院議奏，欽此欽遵。

　　臣等會議，據班禪額爾德尼奏稱，伏祈文殊師利大皇帝容深闊大慈，弘
揚佛法，仁鑒眾生安樂，再祈鑒永無息戰爭之項，照達賴喇嘛之呼畢勒罕所

〔註569〕指為拉藏汗所奉並為清廷所封之第六輩達賴喇嘛阿旺伊西佳木磋。

奏我亦忠懇祈奏，陛下寬大爲懷，大軍班師等情。據六世達賴喇嘛奏稱，班禪額爾德尼、本地汗爲兵連禍結，請求罷兵之處伏乞睿鑒等情具奏，文殊師利大皇帝實爲導引中原眾生安樂之菩薩，仰賴教養，策妄喇布坦滅亡之時施以慈悲恩養之鴻恩，伊反而生叛心，侵佔哈密地方，本地班禪額爾德尼、汗共於乙未年八月內曾遣使準噶爾稱不可肇啓兵端等因，因未回復，其情況雖不必奏，但戰爭之項，人畜身心俱辛勞不盡，壞處多，且恐不符大皇帝利濟眾生如父母仁愛之至意，故此依班禪額爾德尼、本地汗二人所奏，我亦伏乞降班師之諭旨等情。查得班禪、達賴喇嘛爲眾生靈乞求撤軍之奏請，雖甚是，但策妄喇布坦元氣殆盡之時聖主仁愛，陸續遣使施恩，以此策妄喇布坦理應報恩，反吐狂言，禁止通使貿易，前年無故來侵哈密後，我王大臣全蒙古諾彥等具奏天下甚太平，內外俱歸順聖主教化，共如一家，各處以禮安樂而生，惟策妄喇布坦無故侵我邊界，務致天討，宜剿滅之等因數番具奏，聖主本好生，謂軍旅非善事，一旦施以軍事，則生靈塗炭，故將三路大軍止於界地，遣使詢問情由，策妄喇布坦並未呈奏認錯，且肆意藉故具奏，聖主寬容其不明智，復特遣使，策妄喇布坦反不容使，無禮發遣，且暗差人盜取駐守噶斯之軍馬，此諸種惡行，前往軍中之王諾彥將軍大臣等甚怒，聖主屢加寬處，策妄喇布坦竟然不睬，我等遣少量軍力，近靠伊界，故一面奏聞，陳明其由，一面令軍啓程，聖主聞之，急速遣之，諸罪俱策妄喇布坦自作自受，與屬眾無涉，若進兵必致邊民眾生靈塗炭，故暫勿進兵而停遣，此番發兵，獲策妄喇布坦地方實情，或策妄喇布坦若特遣人，呈奏認錯，聖主自有應否撤兵之裁奪，現既諸事皆尚未明，斷不可班師，(硃批，雖班師，策妄喇布坦斷不罷兵，策妄喇布坦因禁伊等人而加歧視，不予遣返，且仍爲策妄喇布坦具奏，不知其意何在）特此俱行文知照班禪額爾德尼、達賴喇嘛，班禪額爾德尼、達賴喇嘛既然上奏獻禮，接受貢物交付該處，爲此謹奏請旨。

　　尚書臣赫壽。

　　右侍郎臣特古忒。

　　兼理部務頭等侍衛兼班主臣色楞〔註570〕。

　　乾清門三等侍衛臣喇錫。

　　郎中臣法三。

　　員外郎臣亨德。

〔註570〕《平定準噶爾方略》卷二頁二十二作一等侍衛色楞，授爲副都統。

員外郎臣鍾佛保。

主事臣世忠。

[195] 四川松潘總兵路振揚遵旨預備兵馬隨時出口効力摺（康熙五十六年七月初六日）[2]-2474

四川松潘總兵官奴才路振揚謹奏，為恭請聖安事。

奴才卒伍微賤，叨蒙聖恩，拔厠邊疆，本年叁月忻逢萬壽昌期，冒昧具摺進賀，奉御批知道了，奴才欽承，歡忭感激難名，宵寐晨興，心馳瞻戀，敢再具摺恭請聖安，伏乞睿鑒。再照松潘山谷地冷，番漢人民俱種青稞蠶豆，入夏雨水調均，霜電不下，現俱吐穗結實，定慶豐收。又提督康泰欽奉諭旨預備兵馬，奴才鎮屬兵馬於去年拾貳月內即已預備叁千伺候，本年伍月准提督題明先調貳千，親統駐箚黃勝關內栢木橋，奴才遵照遣發，但奴才身任松潘總兵，邊內邊外皆所專責，遇有行走之處，理應奴才率先行走，今提督統兵伍千下營，軍威已振，而松潘貼近邊口，可以一呼立應，是以與提督商明，奴才不另領兵下營，然於一切軍裝事宜，俱已早有預備，倘有行走，奴才即便疾馳出口，率先効力也，蟻束惶懼，敢並奏聞，為此拜遣親信家人常春齎摺謹奏。

康熙伍拾陸年柒月初陸日四川松潘總兵官奴才路振揚。

硃批，知道了。

[196] 甘肅巡撫綽奇奏報送瓜啟程日期摺（康熙五十六年七月十八日）[1]-3055

奴才綽奇謹奏。

奴才欽遵聖主諭旨，今年未於哈密處取瓜，觀金塔寺處所種之瓜方始熟，奴才親視熟者謹逐一揀選，編為四駄，共交付奴才標營之凌奇、高君崇及奴才家人，於七月十八日自金塔寺地方啟程送往，續將宮內用瓜送往，為此具摺謹奏。

硃批，知道了。

[197] 直隸總督趙弘燮奏賀拏獲澤旺阿喇蒲坦摺（康熙五十六年七月二十八日）[2]-2492

總督管理直隸巡撫事務兵部右侍郎兼都察院右副都御史加拾級臣趙弘燮謹奏，為聖主決勝如神，邊境永清在即，普天共悅，謹奏，犬馬忻慶微忱事。

切臣受恩深重，自澤旺阿喇蒲坦無知犯順以來，臣雖不能荷戈執戟，効力邊陲，而顒望捷音之心未嘗一刻忘也，茲臣閱邸報，見吏部尚書富寧安奏報進襲之兵拏獲澤旺阿喇蒲坦喀倫厄魯特貳名，奉旨朕因年高氣色漸減，反覆躊躇以至於今，若值朕少壯時此事早已成功矣，然以朕老年之籌畫調遣，恰合機宜，此乃軍機之吉兆也，始兆既吉，終必俱吉，將此事宣示廷臣，亦着阿哥們觀看，抄錄壹張隨本報發往京城，欽此。又見振武將軍公傅爾丹奏報俘戮賊眾，兵部傳集文武大臣宣讀等因，犬馬微忱，忻慶無比，伏惟皇上聖武性成，昔年親總六師征討噶爾丹時所定機宜無不洞若觀火，事事悉如聖主預籌，今澤旺阿喇蒲坦妄逞奸狡，而靖逆將軍所獲之間諜與振武將軍所擒之賊首及所殺之餘賊皆由我皇上聖謨指示在先，故能動無不合，有此軍機吉兆，將見釜底游黿，掃除奏凱，邊境永安，當在指顧，此固普天臣民之所共喜，而臣籍隸朔方，叨沐敉寧之福，歡忭尤深，所有微臣犬馬忻慶愚忱，臣謹繕摺具奏，仰祈睿鑒。

康熙伍拾陸年柒月貳拾捌日總督管理直隸巡撫事務兵部右侍郎兼都察院右副都御史加拾級臣趙弘燮。

硃批，知道了。

[198] 吏部尚書富寧安請安摺（康熙五十六年八月初二日）[1]-3066

奴才富寧安跪請聖主萬安。

硃批，現出往木蘭圍場，朕體安，爾等請安摺折內並無異，已降旨了。

[199] 湖廣總督額倫特請安摺（康熙五十六年八月初二日）[1]-3067

奴才額倫特謹奏，為恭請聖安事。

奴才跪請聖主萬安。

湖廣總督奴才額倫特。

硃批，朕體安，將爾指派西寧，近於無事，倘有事所關非易，如此重要，遣派朕處差熟悉之大臣侍衛，爾等共商，多加謹慎。

[200] 甘肅巡撫綽奇奏為賫送哈密瓜摺（康熙五十六年八月初二日）[1]-3068

奴才綽奇謹奏。

宮內所需哈密瓜向由奴才衙署差員，向於哈密地方領取賫送，今年欽遵諭旨，未於哈密地方取瓜，於金塔寺處仿種之哈密瓜，奴才親恭選五百，交奴才標下右營千總李有明於八月初二日自金塔寺啓程，爲此繕摺謹奏。

硃批，此係何等要物，嗣後不用兵時再送，若送則百個即足。

[201] 四川松潘總兵路振揚奏報提標兵丁鼓譟及安撫情形摺（康熙五十六年八月十三日）[2]-2502

四川松潘總兵官路振揚爲奏聞事。

照得提督康泰統領全川調撥兵馬在於松潘栢木橋下營，近奉諭旨各鎭協兵馬已於捌月初貳等日陸續撤退回營訖，止有提督親標兵馬壹千貳百名仍舊駐箚，忽於本年捌月初拾日辰時據塘哨兵丁報稱，大營兵馬於昨夜二更時分鼓譟，鳴炮放鎗，弓上弦刀出鞘，將提督子營布牆斫開，傷中營汪守備〔註571〕家丁貳名，人俱上山躲避，至四更時馬步兵丁盡數離營等情，奴才聞信即刻單騎疾馳前赴安撫，已刻行至虹橋關地方，見提標兵丁蟻擁而來，一見奴才即環匝呼號，聲言我們出兵預借馬兵陸兩，步兵叁兩餉銀，止實得銀貳錢，這幾箇月磨水喫也不穀，饑餓難忍，止得散了等語。奴才委曲解諭，再至再三，衆兵群譟不肯復回大營，奴才因見群情難壓，遂即善言撫恤，收羅屯集，購買炒麵壹馱，每名散給壹碗喫畢親自領到松潘，衆兵又不肯進城，奴才又重復開誠曉諭，始就城內居民家分插安頓，遣撥將備千把旗隊管給飯食，至戌亥時分甫得寧定，提督康泰亦遣提標呂遊擊朱遊擊麥守備汪守備及千把貳員齎帶盤費銀兩到來，收取各兵管領回省，至拾壹日清晨衆兵又俱齊集教場，奴才隨即率同提標將備出城安撫，將盤纏銀兩分給，馬兵壹兩伍錢，步兵壹兩，衆兵又以路險難行嫌少，又不願提標將備管領回省，要奴才差官管送，又要奴才保管無事，奴才乃將巡撫臣年羹堯寄貯預備大兵出口買羊銀借動壹千兩，墊湊馬兵添至叁兩，步兵添至貳兩，又於巡撫臣年羹堯預備大兵出口糧內借支稻米伍拾石，散作回兵裹帶，又捐備牛羊一百隻犒賞，甫得衆情貼服，乃令提標將備重整隊伍，於拾叁日管領撤回成都去訖，奴才更慮沿途番漢百姓訛傳煽惑，驚慌躲避，又出示曉諭慰安外，其借支米伍拾石，奴才自認捐補，至欽差主事巴忒馬〔註572〕已出口公幹，事關駐箚邊境兵丁鼓譟撤退，相應據實具摺奏聞，伏乞皇上睿鑒，爲此具摺差親信親丁李裕齎進，謹奏。

康熙伍拾陸年捌月拾叁日四川松潘總兵官奴才路振揚。

硃批，這奏摺甚是，朕自有旨意。

〔註571〕其人名汪文藻。
〔註572〕《平定準噶爾方略》卷三頁二十二作主事巴特瑪。

[202] 山西巡撫蘇克濟奏報運送軍糧摺（康熙五十六年八月十六日） [1]-3077

山西巡撫奴才蘇克濟謹奏，爲運米事。

奴才看得，軍糧關係甚要，不可預先無備，去年運至胡坦和碩大有倉之二萬石米，今年全部送往汛地，查得在胡坦和碩先餘之米，惟有一萬石餘，明年既不足運，奴才率司府之官員，願以己之力將大有倉之米揚二三萬石，秋收以後租車運至胡坦和碩以備二年軍糧，奴才親往查大同之駝，順便往胡坦和碩查看，明白交付歸化城都統，事竣之時另行奏報，謹此奏聞。

奴才蘇克濟親書。

硃批，甚好，繕本具題。

[203] 議政大臣額倫岱等奏報征伐策妄喇布坦情形摺（康熙五十六年八月十七日）[1]-3079

議政大臣領侍衛內大臣公臣額倫岱等謹奏，爲欽奉上諭事。

康熙五十六年八月十五日乾清門三等侍衛喇錫傳旨，三路征進之兵，俱依朕指揮成事，妥善返歸，將軍蒙古王貝勒貝子公台吉等，武大臣官員以下兵士以上俱抵至盡頭處，大抵地方之遠近，水草道路之優劣，敵人駐紮情形俱知，今彼處眾人如何，凡事繕明奏聞，再現兵士如何，將軍蒙古王貝勒貝子公台吉，武大臣官員以下軍士以上，將各自見聞心情，亦繕明條陳，將此行文將軍富寧安、傅爾丹等，再三路軍俱已返回，今敵哨所有執拏竊掠之事，均不可料定，我等哨所堆子甚應嚴防，此等情由，經議政大臣等詳議，咨行二路將軍，欽此欽遵。

臣等共同議得，自逆賊策妄喇布坦肇事以來，諸軍務聖主均預先詳加謀定，策妄喇布坦騷擾邊界地方，降旨指揮將軍大臣等，遣派三路征兵，將策妄喇布坦下之厄魯特、回子劫掠甚多，大獲馬駝牛羊等畜，踏平其耕田，伊等不能承受我軍鋒銳，甚爲恐懼，潰散逃遁，三路軍俱事成返回，均聖主運籌帷幄，料事如神，今又有三路征伐之兵，俱事成返回，將策妄喇布坦地方之遠近、水草、道路之優劣，駐紮情形俱知，彼處眾人如何，凡事繕明奏聞，軍旅如何之處，將軍蒙古王貝勒貝子公台吉大臣官員以下軍士以上，各自見聞心情議陳，繕明陳奏等因，欽遵諭旨，咨行兩路將軍，時策妄喇布坦及彼處眾人情形，予以奏聞。再將我軍如何之處，將軍蒙古王貝勒貝子公台吉大臣官員以下軍士以上，各自見聞心情議陳，經將軍閱後轉奏。又三路軍俱已返歸，敵哨所有執拏竊掠之事，均不可料定，宜甚加嚴防我等堆哨等因奉旨甚詳，策妄喇布坦乃甚奸詐之人，因我軍返回，遇多雪之際派人竊我軍士之馬畜，侵襲哨堆，不可料定，既然如此，咨行二路將軍，雖多季無軍務，絲毫不可懈怠，營壘益加堅固，哨堆甚嚴，經常跟蹤遠方，妥加防範，我軍之銳氣，策妄喇布坦邊民震驚甚懼潰敗逃散，以此伊等內訌，必陸續來歸，即收納歸降者，將彼處地方之情景問明速奏聞。再今年七月二十一日奉旨，征伐兵將班師，於阿勒泰路有三四萬兵，其內鄂爾多斯兵、右衛等軍內將落伍者爲一隊撤退，以利糧餉，來年遇大軍進攻，再增發兵亦可也，現此事尙未成，將此論議政大臣等銘記，欽此，欽遵在案。今征伐之三路兵，既然俱已返回，咨行將軍富寧安、傅爾丹等，伊等標下鄂爾多斯之兵士，右衛西安綠營兵內，揀選落伍者，宜編隊遣返原處，速先奏聞，其缺應遣何處之兵，再具奏請旨，奉旨後火速咨行兩路將軍，爲此謹奏請旨。

議政大臣領侍衛內大臣公臣額倫岱。

議政大臣領侍衛內大臣公臣海金。

議政大臣領侍衛內大臣公臣馬爾賽。

大學士臣馬齊。

議政大臣工部尚書臣孫札齊。

議政大臣理藩院尚書臣赫壽。

議政大臣都察院監察御史臣徐元夢。

兵部右侍郎臣查弼納〔註573〕。

理藩院右侍郎臣特古特〔註574〕。

兼理部務頭等侍衛兼班主臣色楞。

硃批，依議。

[204] 四川巡撫年羹堯奏報提標兵丁在黃勝關鼓譟事摺（康熙五十六年八月十九日）[2]-2506

奏，四川巡撫革職留任効力臣年羹堯爲奏聞事。

竊照今歲鄉試，臣忝監臨，於八月十六日闈中忽聞提標兵丁在黃勝關之栢木橋鼓譟，省城播傳其事，臣於闈中即遣人探聽，於十七日申刻准松潘鎮臣路振揚專人馳遞公文，臣親拆閱，則係咨報提標兵丁一千二百名鼓譟回省

〔註573〕 《清代職官年表》部院滿侍郎年表作兵部右侍郎查弼納。
〔註574〕 《清代職官年表》滿缺侍郎年表作理藩院右侍郎特古忒。

一事，臣思提臣帶兵駐箚邊地，原以彈壓外彝，今本標兵馬先已皷譟，則威令之所失已多，其報文內據稱兵丁饑餓難忍，止得散歸等語，查各標兵馬之赴松者，俱已預支秋餉，又步兵一名另借銀三兩，馬兵一名另借銀六兩，臣亦曾捐銀買米一百五十石、黃牛五十隻於彼犒賞，又恐兵馬出口米糧難以裹帶，捐銀二千兩買運茶包赴松，以備臨時換易牛羊之用，今因未有出口之信，外來貿易者多，茶商之茶俱已賣完，臣即將茶包賣與番客，不許久住內地，除歸本銀外，臣不敢乘機謀利，將所餘茶包計值銀一千三百餘兩委官送至行營犒賞各兵，計兵馬到松未及三月，當亦不至饑餓思歸至此，謹將鎮臣原報附呈御覽，俟提標兵馬至省臣當相機安輯，必不致有意外之虞，亦不致有損國威也。但提臣康泰素失兵心，臣亦每為面勸，不意自上年陛見回川後比前加甚，且聞預支秋餉與所借銀兩，每兵得領用者僅二兩有餘，又臣所犒賞茶包未曾散給，與歷年不足於衆心之事，至此莫遏，致有此等舉動，然此亦屬傳聞，其因何皷譟實情，容臣確查另奏外，至各標撤回與在省各兵俱屬安帖，而松潘一帶則有鎮臣預備之兵二千名，足資彈壓，無煩聖慮，臣僅遣家人嚴坪、臣標左營馬兵李成隆賚奏以聞。

康熙五十六年八月十九日。

硃批，已有旨了。

[205] 甘肅巡撫綽奇為奉硃批謝恩摺（康熙五十六年八月二十一日）[1]-3082

奴才綽奇謹奏，為恭謝天恩事。

康熙五十六年六月十七日奴才請聖主萬安摺內奉硃批諭旨，朕體安，將軍餉糧項辦理清楚為好，否則後日差錯甚多，欽此。奴才跪閱，不勝感謝聖主隆恩，奴才乃一末等庸弱之人，自幼仰承聖恩，迭蒙舉用，補為巡撫重要之職，到任不久即遇軍機大事，諸事俱仰賴聖主仁教之恩成全，今又為糧餉勞苦聖心，奴才奉訓批，實不勝感激，不敢擔戴，奴才欽遵訓諭，盡犬馬之勞，以求盡力勤奮明辦糧餉等事，為此伏跪謝奏。

硃批，知道了。

[206] 議政大臣海金等奏報策妄喇布坦消息並請調駐軍摺（康熙五十六年八月二十六日）[1]-3088

議政大臣領侍衛內大臣公臣海金等謹奏，為請旨事。

　　據駐西寧侍讀學士禪里渾、郎中常壽奏開，康熙五十六年八月十二日據青海盟長多羅貝勒達彥、多羅貝勒色布騰札勒合遣伊等之希達爾哈希哈送來鈐印文書內稱，咨行侍讀、扎爾固齊等，由西招拉藏汗致我等文書內開，致書車臣台吉〔註575〕、達彥台吉、博碩克圖戴青〔註576〕、盆蘇克汪札勒等緣由，策妄喇布坦軍來劫掠我邊界之納克產一部落之衆，言稱車凌棟羅布〔註577〕萬人自他路各千人前來征伐，攻取爾等，故告於被拏獲之人，我等備征之軍立刻準備，況且來征我等，前往爾等，不可料定，勤愼方妥，衆兄弟已聞，爾等知之，此事情形之善惡，或如何，得暇後我等相互致通消息等語。詢問來使，答稱拏獲之人乃噶爾丹希勒圖〔註578〕之求佈施喇嘛，因告稱噶爾丹希勒圖，若係噶爾丹希勒圖之人則不緝拏，言之釋放而前來，詢問納克產地方遠近，稱日夜急行四日抵達等語。告稱策妄喇布坦親來軍中未見，衆軍爲首之人乃阿喇木札木巴吹木伯勒〔註579〕、車凌棟羅布、托布齊、喀喇沁都噶爾〔註580〕、薩音查克〔註581〕，此五人我認識，該使自達木地方於七月十三日啓程，於此八月初七日抵達我杜蘭高勒，既然拉藏汗亦致書爾等，請將此等情形如何予以詳查，咨覆我等，將思慮之處，著希達爾哈希哈面告等情，希達爾哈希哈告稱，奉命告於我貝勒，大臣之語如下，我之愚見，親王羅卜藏丹津〔註582〕、貝勒察罕丹津等與拉藏汗甚惡，先前察罕丹津將其青克圖爾克依與策妄喇布坦之使臣達克巴喇嘛，往返差遣，後達克巴喇嘛、青克圖爾克依共同來青海後，察罕丹津匿留，給馬駝虜餼而遣返，觀之彼此不可無謀，今策妄喇布坦來征伐拉藏汗者，察罕丹津差遣達克巴喇嘛於策妄喇布坦處誹

〔註575〕 《蒙古世系》表四十三作色布騰札勒，準噶爾部巴圖爾渾台吉孫，其父卓特巴巴特爾。

〔註576〕 貝勒博碩克圖戴青阿喇布坦鄂木布，顧實汗圖魯拜琥長子達顏鄂齊爾汗孫，《蒙古世系》表三十八失載。《如意寶樹史》頁七九〇後表一載其父羅布藏彭措貝勒，其名博碩特拉布坦旺波。

〔註577〕 《平定準噶爾方略》卷四頁十八作策零敦多卜。《蒙古世系》表四十三作策凌端多布，其父布木。此人爲大策凌端多布，以區別於小策凌端多布。

〔註578〕 當爲第五十任甘丹赤巴根敦平措。

〔註579〕 《平定準噶爾方略》卷六頁二十一作左哨頭目春丕勒。

〔註580〕 原文作喀喇沁、都噶爾，本文檔均改作喀喇沁都噶爾，《平定準噶爾方略》卷四頁十八作都噶爾。

〔註581〕 《平定準噶爾方略》卷四頁十八作三都克。

〔註582〕 《蒙古世系》表三十七作羅卜藏丹津，顧實汗圖魯拜琥幼子即第十子達什巴圖爾之子。

謗，由此遣兵攪亂，察罕丹津、羅卜藏丹津等自青海地方肇事端，將衆攪亂，不可料定，而策妄喇布坦甚奸宄之人，從異路發兵，來侵我青海亦不可料定，既然如此，請遣派西寧松潘之大軍，出邊設營駐紮，仰賴聖主天威，雖有欲攪亂之人，豈敢肇事，即刻而止，策妄喇布坦軍聽聞亦不敢來青海方面矣，祈大臣等將我之此愚見一併具奏等情。拉藏汗使臣達爾漢之齋桑托喬，與我同出，由此致書阿喇布坦鄂木布〔註583〕，據稱一二日即抵達，八月十四日拉藏汗所遣使托喬前來，譯閱拉藏汗咨行我等鈐印蒙古文書，內稱護佑西地法度恭順汗咨行欽差駐西寧扎爾固齊，七月初四日策妄喇布坦軍前來，劫掠我納克產邊界博木保一部落之衆，故由納克產前來之我方人告稱，其兵士對由我納克產所捕之人稱，車凌棟羅布萬人，由他路各來千兵等情，前奉主子諭旨，與朕爲敵之人亦爾之敵，與爾爲敵之人亦朕之敵等因，因與皇上大主子爲敵，今令我等爲與主子一致而來兵，故此我等以備我兵相征戰，既然前來我處，亦往青海發兵矣，今將此情，仰賴皇上大主明鑒，祈速奏聞，再此事之善惡，如此爲之，及早遣人，盡力成功，陸續具奏，爲此行文知照。訊問來送文書之使者達爾漢寨桑托喬，台吉蘇爾雜〔註584〕何時抵達，此軍之消息何人來告、名誰，來兵幾多，由何路而來，強弱如何，現抵達何處，距爾招地有幾日路程，爾等往策妄喇布坦處陸續遣使來乎，聞噶爾丹丹津〔註585〕之消息，魯克巴〔註586〕之消息如何，爾等汗現在何處，兵備幾多，遣哨兵往看，爾汗親率兵往迎否，或坐而接收乎等情。告稱我台吉蘇爾雜於六月二十二日抵達薩音之達木，會見我汗，七月初四日前往納克產地方貿易，據我侍衛莽古特來告，我前往納克產地方貿易，六月二十九日觀之，西北方塵埃飛揚，見有衆駝之狀，竊思唐古特無駝，必是策妄喇布坦之軍前來，我晝夜急行，經四日來告後，我汗即差遣都喇勒台吉、衛寨桑、達爾漢諾彥、巴圖爾寨桑，配備百兵前來核實等情，七月初八日都喇勒台吉、衛寨桑等來告，我等於七月初二日抵達滕格里池，我二人率五十兵士過往滕格里湖南，巴圖爾寨桑率五十兵士經滕格里湖北，前往驗實，我等自身由西爾罕羅色地方抵達半日路

〔註583〕顧實汗圖魯拜琥長子達顏鄂齊爾汗孫，《蒙古世系》表三十八失載。《如意寶樹史》頁七九○後表一載其父羅布藏彭措貝勒，其名博碩特拉布坦旺波。
〔註584〕《平定準噶爾方略》卷三頁五作台吉蘇爾扎，拉藏汗次子。
〔註585〕拉藏汗長子，《蒙古世系》表三十八作噶爾丹丹忠。
〔註586〕應爲布魯克巴，即今布丹，因拉藏汗曾征服布魯克巴未果。

程地方，差派札瑪准查布等七人，向內收束其週圍我方牧群，札瑪准查布等往，驅牽四十餘馬，中途見二百餘兵駐紮，急忙逃出，其二百人內四十餘人追趕時馬匹漸疲，傍晚二十餘人追至後，札瑪准查布之同夥內佩撒袋之二人驅馬而出，有鳥槍之五人放槍時不曉中敵軍人馬，聞一高聲呼喊渾台吉之薩奇古勒孫，自此黎明，故敵軍未追及而逃出，我等由西爾罕羅色那邊，抵納克產這邊，會見我噶爾丹希勒圖喇嘛之徒喇木札木巴，詢問消息，告稱我向納克產處尋找佈施，遇策妄喇布坦之軍執我，奪取我所獲之物，解至率兵前來之喇木札木巴吹木伯勒前，押行數日，後以我爲噶爾丹希勒圖之人屬實，稱不可取爾之物，故將我之物均退給，言稱因拉藏汗與阿穆呼朗汗〔註587〕爲一統，我台吉撥給我等萬軍征討，由納克產路遣之，其他各路所遣衆兵，共二萬五千兵前來，我等惟征伐拉藏汗而已，無侵爾衆唐古特之處等因，言後釋放，我於伊等兵內所行觀之，二百餘兵設前哨，衆兵編二營駐紮，觀察形勢，有兵三四千，無萬兵，聞伊等所告，軍旅前來，因地方遙遠雪大，馬駝倒斃損失者多，廩餼盡，人食犬肉，俟抵納克產地方，方獲小畜食之等語。大軍初抵達納克產地方後，聲揚噶爾丹丹津前來，收廩餼之畜，先收五百頭牛，又收二千隻羊，續又收千隻羊，告我稱策妄喇布坦親來，我未見。再噶爾丹丹津本人、屬衆亦一人未見，見爲首率兵行者，係阿喇木札巴吹木伯勒〔註588〕、車凌棟羅布、托布齊、喀喇沁都喀爾〔註589〕、薩音查克此五人，故都喇勒台吉、衛寨桑親見敵交戰，押解札瑪准查布等七人，一體稟告我汗、台吉蘇爾雜，將都喇勒台吉率領之軍留於騰格里湖週圍設哨，稟告消息之喇木札木巴然後前來，往騰格里湖北之達爾漢諾彥、巴圖爾寨桑仍尙未來，札瑪准查布等見敵軍之處，距我汗所居之達木地方有二日路程，距敵之大營有三日路程，我汗、台吉蘇爾雜，現於達木地方備厄魯特兵二千餘，唐古特兵七千餘，共備有萬兵，又所調他處兵陸續抵達，我汗欲先遣派二千兵前往迎戰，衆議以全力交戰則妥，初次觀察而被抓獲，勿怒而先發兵，惟固守則事成，我來時兵仍在達木地方，敵軍抵達處，距達木地方有三日路程，不甚遙遠，我於七月十三日由此啓程前來，仍未至，觀之或候北路軍前來，或知我

〔註587〕蒙古人於清聖祖之稱。
〔註588〕《平定準噶爾方略》卷六頁二十一作左哨頭目春丕勒。
〔註589〕原文作喀喇沁、都喀爾，今改爲喀喇沁都喀爾。《平定準噶爾方略》卷四頁十八作都噶爾。

等有備而止步不前，我汗、台吉蘇爾雜言，告知大臣等，策妄喇布坦之軍確實有二萬五千人馬前來，兵力雖衆，我等盡力奮戰，倘依喇木札木巴所告有三四千名，我等以逸待勞將此遠方而來疲憊之師，易於擊敗之，此間事如何，我等陸續探訊，我之所差達爾漢寨桑托喬若遣往京城具奏，日久費時，請將此事情由，經所駐驛站先行奏聞，將所差我之人急速遣返，我來時魯克巴地方仍照常安寧。再先遣往策妄喇布坦之使臣等仍尚未來，因自噶爾丹丹津處無人來，故無消息等情。據多羅貝勒阿喇布坦鄂木布與拉藏汗之使臣共同差遣伊之寨桑和紹齊來告，拉藏汗遣使致書來告我軍情，臣等訊問其由具奏，若對我有見教處，請教誨前往之使臣而遣，故將拉藏汗之鈐印文書一併解送，拆閱文書，按致貝勒達彥文書之語同樣書之，此前七月二十四日親王羅卜藏丹津屬下輝特之台吉三齊克前來告奴才我等，公納木札勒色布騰〔註590〕稟告我王，聞我往西地歸來之人所告，策妄喇布坦將噶爾丹丹津所帶之奴僕交付伊等人分散管理，將隨行之大寨桑均斬殺，噶爾丹丹津率四十人敗歸時二百兵來追，經交戰二次擊退，抵至阿里克地方附近，衆兵趕至，噶爾丹丹津本人屬下人等俱陣亡，惟一名回子負傷逃出來告，拉藏汗、唐古特衆聞後，懷異心不可料定，故而隱匿等情來告，竊思小人之語不可當眞，對所有來奴才處較大之使臣，拉藏汗前來之使臣等，以語導詢，俱因不曉而未奏，頃據靖逆將軍富寧安行文知照奴才內稱，拏獲之回子阿都呼里〔註591〕告稱，策妄喇布坦著伊之寨桑都哈爾〔註592〕、三都克〔註593〕、車凌敦多布〔註594〕、托布齊率近萬兵，於去年十一月從阿里克路遣往西地，或征伐拉藏或往援拉藏之處，未得明曉等語。現此等情形，策妄喇布坦往拉藏汗處遣兵者似屬實，惟來援拉藏或來征，既未明曉，奴才等應得之消息內，獲取切實之訊，另行奏聞外，對拉藏汗所遣之達爾漢寨桑托喬言，爾歸告爾汗，爾之行文，使者所告之消息，俱經驛站奏聞聖主，策妄喇布坦與爾汗既爲親戚，彼之兵額大抵自明，今哈薩克、布魯特、俄羅斯、回子等俱屬伊之敵，各處所備，恰被我

〔註590〕原文作公納木札勒色希騰，今改爲公納木札勒色布騰，待考。
〔註591〕《平定準噶爾方略》卷四頁二十作阿都瑚里。
〔註592〕《平定準噶爾方略》卷四頁十八作都噶爾。
〔註593〕《平定準噶爾方略》卷四頁十八作三都克。
〔註594〕《平定準噶爾方略》卷四頁十八作策零敦多卜。《蒙古世系》表四十三作策凌端多布，其父布木。此人爲大策凌端多布，以區別於小策凌端多布。

二路進伐之兵所殺，所拏者多，俘獲之人畜亦多，駐邊之衆聞聲並無回音，俱夜半敗逃，此間伊等內心驚亂，倘或肇事尚不可料定，伊又豈以二萬五千兵征伐爾等，將頗羅鼐〔註595〕所遣二三千疲憊之軍，以爾等兵力擊之，易於成功，於此甚加懲殺，拏獲爲首者，遣人呈解聖主，則嘉許爾汗亦加榮耀，竊思爾等抵達前，事既然成，諸消息火速送至等情遣之。對貝勒達彥、阿喇布坦鄂木布等之使者希達爾哈希哈、寨桑和紹齊等云，爾等往告爾貝勒等，聖主反復教誨，將爾等俱視爲固始汗之子孫，停止相互猜疑，一心一意相互援助，和睦相處等情，適纔爾等親往京城，又盡心教誨以遣，今敵來之前，爾等內部先相互猜疑，甚屬不合，況我等所駐西寧及松潘地方數萬軍士，立刻準備，無人不曉，孰敢亂生事端，現尚未有確訊，見敵情之前不可冒然發兵，驚擾衆人，爾等青海地方此大軍久駐既然無水草，不必將兵駐於邊外，先爾等衆台吉遵我等行文，將各軍均已立刻備妥等情來告，既奏聞聖主，停止爾等相互猜疑，將各自立刻備軍，於應獲之消息處探取消息速告我等，果到應行之機，我等自然有辦理之處。再將拉藏來告之消息，今即告爾等衆兄弟，或告所獲實訊時爾等貝勒等酌情定奪等語遣之，將此等情由俱行文知照靖逆將軍富寧安、總督額倫特、班主阿齊圖、提督康泰等外，將拉藏汗、貝勒達彥等致奴才我等鈐印蒙古文書，一併謹具奏聞，祈聖主明鑒，奴才我等奉訓諭後，奴才我等遵行，爲此謹奏，乃於康熙五十六年八月二十五日給乾清門三等侍衛喇錫轉奏。奉旨，交議政大臣等議奏，欽此欽遵。

臣等會議，駐西寧侍讀學士禪里渾、郎中常壽奏文內稱，八月十二日貝勒達彥、色布騰札勒合遣伊等希達爾哈希哈送來鈐印文書內稱，咨行侍讀學士、扎爾固齊等，拉藏汗致我等書稱，策妄喇布坦軍來劫掠我邊界之納克產一部落之衆，對拏獲之人言稱，車凌棟羅布萬人由他路各千人來征，攻取爾等等因，我等備征之軍立刻準備，既然來征我等，往征爾等不可料定，謹愼方妥等語。詢問來使，答稱拏獲之人係噶爾丹希勒圖之求佈施喇嘛，若係噶爾丹希勒圖之人則不絟拏，言後釋放等情前來，詢問納克產地方遠近，稱若晝夜速行四日抵達，告稱策妄喇布坦親來軍中未見，衆軍爲首之人乃阿喇木札木巴吹木伯勒、車凌棟羅布、托布齊、喀喇沁都噶爾、薩音查克，此五人住而識之，該使臣自達木地方於七月十三日啓程，此八月初七日抵達我杜蘭

〔註595〕此處作頗羅鼐，疑誤，頗羅鼐爲拉藏汗所屬，據上下文意當爲策妄阿喇布坦。

高勒，既拉藏汗亦咨文爾等，請將此等情形如何予以詳查，咨覆我等等語。希達爾哈希哈告稱奉命稟告我等貝勒大臣之言如下，我之愚見親王羅卜藏丹津、貝勒察罕丹津等與拉藏汗甚惡，先察罕丹津將伊之青克圖爾克依與策妄喇布坦之使臣達克巴喇嘛，共同往返遣派，後達克巴喇嘛、青克圖爾克依同來青海後，察罕丹津匿留，撥給馬駝廩餼而遣返，觀之彼此不可無謀，今策妄喇布坦來征伐拉藏汗者，察罕丹津遣達克巴喇嘛攪亂，察罕丹津、羅卜藏丹津等由青海肇啓事端，攪亂眾人，不可料定，且策妄喇布坦乃甚奸詐之人，從異路發兵來侵我青海亦不可料定，既然如此，請遣西寧松潘之大軍出邊駐紮，仰賴聖主天威，雖有欲攪亂之人，不敢肇事，即刻而止，策妄喇布坦之軍聽聞亦不敢來青海方面矣，祈大臣等將我之此愚見一併具奏等語。八月初四日拉藏汗所差之使臣托喬抵達，閱拉藏汗行文，護佑西地法度恭順汗咨行欽差駐西寧扎爾固齊，七月初四日策妄喇布坦軍前來，劫掠我納克產邊界博木保一部落之眾，由納克產前來之我方人告稱，其兵士對由我納克產拏捕之人云車凌棟羅布萬人，自他路各來千兵等情，前奉主子諭旨，與朕為敵之人亦爾之敵，與爾為敵之人亦朕之敵等因，因與皇上大主子為敵，今令我等向主子歸一，故來兵，故此我等竊思，正備我軍以相征，既來我處，亦遣兵青海矣，今將此情由速奏聞皇上大主子明鑒，再將此事之善惡如何為之，及早遣人，盡力成功，則陸續具奏等語。訊問托喬，告稱我台吉蘇爾雜於六月二十二日安抵至達木，會見我汗，據七月初四日往納克產地方貿易之我等侍衛莽古特來告，我往納克產地方貿易，六月二十九日觀之見西北方向塵土飛揚，似有眾駝，想唐古特無駝，必係策妄喇布坦兵至，故我晝夜急行，行四日來告後，我汗即差遣都喇勒台吉、衛寨桑、達爾漢諾彥、巴圖爾寨桑配備百兵打探實訊而來，七月初八日都喇勒台吉、衛寨桑等前來告稱，我等於七月初二日抵達騰格里湖，我二人抵納克產這邊，會見我噶爾貝丹希勒圖喇嘛之徒喇木札木巴，問之，告稱我遇策妄喇布坦之軍，執我言稱因拉藏汗與阿穆呼朗汗為一統，我台吉撥我等萬軍征伐，由此納克產路遣之，其他各路差遣眾兵，共二萬五千兵前來，我等惟征拉藏汗而已，並無侵爾眾唐古特之處，言後釋放，我觀伊等兵內之所行，二百餘兵在前放哨，所有兵編二營駐紮，觀其形勢有三四千兵，無有萬兵，聞伊等所告，兵來時因地遙遠雪大，馬畜倒斃棄者多，廩餼盡，人食犬肉，抵納克產地方後，方獲小畜食之，稱策妄喇布坦親來，而我未見，同樣來告我汗、台吉蘇爾雜，札瑪准查布等見敵軍之處距我汗所駐之達木地方有二日路程，距敵大營有三日路程，我汗、台吉蘇爾雜於達木地方有厄魯特兵二千餘，唐古特兵七千餘，共萬名兵丁已備，又調他處兵丁陸續抵達，我來時兵仍在達木地方，敵兵抵達之地距達木地方有三日路程，不甚遙遠，我於七月十三日啓程前來，仍未抵達，觀之或候北路軍前來，或見我等有備而止，我汗、台吉蘇爾雜言，稟告大臣等策妄喇布坦之軍，若實來二萬五千，力量雖衆，我等盡力奮戰，倘照喇木札木巴所告，若有三四千兵馬，我等休整之軍，將其遠方而來疲憊之軍易可擊敗等情，此間事如何，我等陸續遞送消息，將此事之情由，祈請奏聞等語。貝勒阿喇布坦鄂木布、拉藏汗使臣同遣伊之寨桑和紹齊來告稱，拉藏汗遣使致書來告我軍情，臣等訊問情由具奏，若對我有教誨處，請教誨前往之使臣而遣，故將拉藏汗致伊之鈐印文書，一併解送，此前七月二十四日親王羅卜藏丹津屬下輝特台吉三齊克前來稟告奴才我等，公納木札勒色布騰稟告我王，聞我往西地而來之人所告，策妄喇布坦將噶爾丹丹津所攜之奴僕交付伊等人分散管理，將隨往之大齋桑俱斬殺，噶爾丹丹津率四十人敗歸時二百兵來追，經交戰二次擊退，抵達阿里克地方附近衆兵趕來，噶爾丹丹津本人屬衆俱陣亡，惟一名回子受傷逃出，來告時拉藏汗，唐古特衆聞後，持有異心不可料定，故而隱匿等情來告，小民言，不可當眞，對所有來奴才處大人使臣及拉藏汗來之使臣，以言誘問，俱稱不曉而未奏，頃接靖逆將軍富寧安致奴才我等咨文內稱，據拏獲之回子阿都呼里告稱，策妄喇布坦著伊之寨桑都哈爾三都克、車凌棟羅布、托布齊率萬兵，去年十一月經阿里克路遣往西地，或征拉藏或援拉藏之處，未得明知等語。由此等情形看來，策妄喇布坦往拉藏汗遣兵屬實，奴才等應獲之消息，探取確實，另行奏聞外，將此等情形，俱行文知照將軍富寧安、總督額倫特、侍衛阿齊圖、提督康泰等情。

　　查得先議政大臣等奉旨，策妄喇布坦遣往阿里克六千兵援助拉藏之事，雖不知眞僞，朕謀慮甚爲討厭，策妄喇布坦先曾與哲布尊丹巴呼圖克圖使臣云，拉藏汗反復無常，醉鬼，不是人，收拉藏之子留後，停止遣達賴喇嘛、班禪之使臣，原有此意乎，此軍征拉藏取西地，否則援拉藏以侵青海，不出此二意，策妄喇布坦之軍去年十一月前往，若爲取拉藏而往今終反目，我軍雖欲援拉藏，而地方遙遠不可援，策妄喇布坦之軍倘援拉藏，若同拉藏征青海民衆，則我軍爲護佑青海民衆備戰，與青海民衆共同迎殺，能不剿滅乎，凡事不可不預先議定準備，現在巴里坤軍中有富寧安、阿喇納等，知曉一切

軍務，行動亦易矣，命額倫特撤出，仍駐西寧，我軍與青海民衆理應備戰，
欽此欽遵，議政處議之，咨行額倫特等，速往西寧，統辦軍務糧餉事務，西
寧松潘既然皆備兵，西寧之總兵官王義乾〔註596〕，侍讀學士禪里渾，郎中常
壽，提督康泰，主事巴特瑪等備軍，屢次遣人往青海密探消息，額倫特等倘
獲實信，一面急速奏聞一面相互曉告，各自不失時機而行，駐噶斯之班主阿
齊圖、郝尚等，伊等所駐地所有應守衛處，謹慎固守，追蹤駐防等情具奏施
行在案，又查得先噶斯之軍馬被盜，奉旨，策妄喇布坦係甚奸詐，熟悉軍旅
之人，知我軍鎮守巴里坤、阿勒泰嚴厲，聞噶斯方面我軍力薄，以大兵力從
噶斯前來征伐青海，欲謀取西面不可料定，我等不可不預先籌備等因，奉旨，
西安四川之軍各自準備，今觀策妄喇布坦遣兵，劫掠拉藏之邊界納克產地方
部落，俱乃聖主洞鑒，預先有備，深謀遠慮，貝勒達彥等奏請，竊思策妄喇
布坦來征拉藏汗者，察罕丹津等自青海處肇一事，攪亂衆民，不可料定，且
策妄喇布坦自異路發兵，來侵我青海亦不可料定，請令西寧松潘之內大軍出
邊，立營駐紮，仰賴聖主天威之力，雖有攪亂之人，豈敢肇事，自然而止，
策妄喇布坦軍聞之亦不來這邊矣等情，既然奏請，我軍不可不備，相應速行
文四川提督康泰、主事巴特瑪等，自原備於松潘之軍內暫遣派三千兵，由康
泰、巴特瑪率領出松潘界，於阿爾布阿地方牢扎營房，立刻準備，常探消息
以防，復有調兵之事酌情調配。速咨行額倫特由西寧軍內遣派二千，總督額
倫特、侍讀學士禪里渾率領，出邊於青海阿爾布阿地方，牢固扎營，立刻準
備，倘有調軍之事額倫特酌情調撥蘭州撫標之軍、固原之軍，將遣派此軍情
由，著額倫特行文曉諭青海台吉等，行文內書，爾等俱係固始汗之孫，聖主
優待〔註597〕爾等，今策妄喇布坦來侵拉藏汗，聖主聞之特遣我等保衛爾等，
爾等各曉諭屬下衆人，照常駐於牧場，恐亂張揚，仰賴聖主威福，斷無妨礙
等語繕書遣之，青海台吉等若各自備軍，亦立刻準備，此間若有行動，額倫
特、康泰等相互遞信，一面見機行動一面奏聞。西寧地方重要，且有小活佛
〔註598〕，著總兵官王義乾、郎中常壽仍在西寧準備，探取消息，現既然額倫
特已率兵出邊，辦理糧餉之事，甘肅巡撫綽奇妥善遣派司道等大員辦理，松
潘軍營四川巡撫年羹堯妥善差司道等官員辦理糧餉，現我等備軍之情遣人曉

〔註596〕《平定準噶爾方略》卷三頁三十七作西寧總兵王以謙。
〔註597〕原文作原待，今改為優待。
〔註598〕指七世達賴喇嘛羅布藏噶勒藏佳木磋。

論貝勒達彥、拉藏等，倘此間策妄喇布坦軍敗事畢，我等西寧松潘之軍俱停止出邊，諭旨到後俱速咨文額倫特、康泰、巴特瑪、駐西寧官員、巡撫綽奇、年羹堯，俱行文知照將軍富寧安、傅爾丹、侍衛阿齊圖等，為此謹奏請旨。

議政大臣領侍衛內大臣公臣海金。

議政大臣領侍衛內大臣公臣馬爾賽。

大學士臣馬齊。

議政大臣工部尚書臣孫札齊。

議政大臣理藩院尚書臣赫壽。

議政大臣都察院左都御史臣徐元夢。

兵部右侍郎臣查弼納。

理藩院右侍郎臣特古忒。

兼理部務頭等侍衛兼班主臣色楞。

硃批，依議，顧念地方遙遠，消息到後方調兵則不及，應將荊州之軍調二千往成都，應將太原之滿洲調五百增派西安。

[207] 議政大臣海金等奏噶斯口至察罕烏蘇地勢並設防情形摺（康熙五十六年八月二十六日）[1]-3089

議政大臣領侍衛內大臣公臣海金等謹奏，為欽奉上諭事。

據班主阿齊圖、郝尚等奏文內稱，前據奴才等奏稱，休整察罕烏蘇之牧場，阿齊圖暫率兵駐德布特爾處，奴才郝尚、員外郎蘇金泰率新滿洲侍衛等前來查看察罕烏蘇地方水草、噶斯口水草，及地方情形時應於何處過冬，何處設卡倫之處，另行奏聞等因，奴才郝尚我等自德布特爾至噶斯口沿途查看水草，宜駐軍處，未經去年駐軍察罕烏蘇之地，察罕烏蘇至噶斯招哈，有二邊角戈壁，從二戈壁間水草觀之惟有少許馬畜牧草，噶斯附近之察罕得里蘇地方有一塊牧場，不足大量馬畜一月所食，且蚊虻甚多，察罕烏蘇地方牧草雖佳，週圍俱係邊角戈壁，有牧草之地東西間五十餘里，南北間三十里餘，馬不可進入其間，泥濘地多，且草少葦多，觀之至冬季草枯黃，葦葉凋謝，此二千軍馬恰足三月飼草，由駐哨情形觀之，於噶斯口地方若多遣駐兵士，則牧草不足，且二戈壁相隔，若少遣兵士駐哨更班，則往返經戈壁馬畜疲勞，兵士所駐察罕烏蘇與噶斯口，此間相隔足五百里，倘有事難以遞傳消息，甚可憂慮，察罕烏蘇地方，原行遊牧，向貝勒達彥所屬台吉蒙古人等商詢問，此察罕烏蘇地方越冬到春季如何，再我等親自往來噶斯時沿途蚊虻甚多，每年如此乎，伊等告稱察罕烏蘇地方俱係鹼地，到春季地融有牧草地方俱出水泥濘，馬畜竟不可進入，每年夏季蚊虻甚多，今此次之兵既然較前次之兵多，察罕烏蘇牧場爾等此軍馬畜久駐則牧草不足等語。故此奴才我等共商議，仍進駐去年駐軍之察罕烏蘇於戈壁端界之噶順地方，設一哨所，於軍士駐紮察罕烏蘇地方正北方博羅海惠地方設一哨所，此二哨處，以新滿洲侍衛等為首，滿洲綠營兵俱設各二百放哨，再自兵部行文內稱，據貝勒達彥具奏，自噶斯口沿西山，二三千兵可行走等因，故此奴才我等詢問貝勒達彥，爾等所奏係何路，達彥告稱，我所奏者即爾等去年從設哨之察罕托惠前來之路等因，此路從噶斯口通西招，去年以侍衛阿喇納〔註 599〕為首在察罕托惠地方設一哨所，今年仍以新滿洲侍衛等為首酌情多些兵士駐哨所，奴才等愚意察罕烏蘇之牧場惟足軍馬畜飼食三月，且為泥濘城地，到春季有牧草之地，俱出水泥濘，馬畜竟不能進入，夏季既然又蚊虻甚多，今年牧駐察罕烏蘇地方之牧場，至冬季牧草食盡，平安養畜，遷駐柴達木等處有好牧場之地，俟來年更遣兵抵達，奴才等率進德布特爾地方，察罕烏蘇地方休整牧場，進入秋季蚊虻止時仍照此進駐，如此益於馬畜，更班之軍士亦不甚辛勞等情。再貝勒達彥奏請，立秋後多率軍士來噶斯路效力等情由，俟聖主諭旨到，奴才等謹遵行，故此奴才等率軍於八月十二日自德布特爾地方啟程，將奴才等所見水草地方情形謹奏，聖主睿鑒，恭閱訓諭，奴才等謹遵行，為此謹奏請旨等因，於康熙五十六年八月二十三日交乾清門三等侍衛喇錫轉奏。奉旨，著議政處閱之，欽此欽遵。

臣等會議得，據侍衛阿齊圖、郝尚等奏稱，奴才等前經具奏休整察罕烏蘇之牧場，阿齊圖暫率兵駐於德布特爾處，奴才郝尚、員外郎蘇金泰率新滿洲侍衛等查看察罕烏蘇地方水草、噶斯口之水草與地方情形到來時，駐於何處過多，何處宜設哨所之處，另行奏聞等因，奴才郝尚等自德布特爾至噶斯口之水草與地方情形到來時，駐於何處過多，何處宜設哨所之處，另行奏聞等因，奴才郝尚等自德布特爾至噶斯口，查看沿途水草，宜駐軍情形，察罕烏蘇至噶斯招哈二戈壁間惟有經過者少許馬畜飼草，察罕得里蘇地方水草不足大多量馬畜一月之食，且蚊虻甚多，察罕烏蘇地方牧場雖佳，東西相距五十里餘，南北相距三十里餘，泥濘地多且草少葦多，到冬季草枯黃葦葉凋謝，二千軍馬畜恰足食三月，噶斯口地方若多遣兵駐紮則牧草不足，且二戈壁相隔，若少遣兵輪班則馬畜疲憊，此間相隔足有五百里，倘有事則難遞消息，

〔註 599〕《平定準噶爾方略》卷四頁十四作散秩大臣阿喇衲，時為侍衛。

甚堪憂慮，向原遊牧貝勒達彥所屬蒙古人等詢問，告稱察罕烏蘇地方俱屬城地，春季地融牧場處處泥濘，馬畜竟不可進入，夏季蚊虻甚多，今此次兵既然較前次兵多，察罕烏蘇之牧場因爾等久駐牧草不足等語。故此奴才等共同商議，仍駐紮去年駐軍之察罕烏蘇地方，噶順處設一哨所，博羅海牙處設一哨所，此二處以新滿洲侍衛等爲首，俱各設滿洲綠營兵二百名放哨。再准兵部咨，據貝勒達彥奏稱，從噶斯口沿西山可行走二三千軍士等因，故此奴才等訊問貝勒達彥，爾所奏係何路，達彥告稱我所奏者即爾等去年設哨自察罕托惠前來之路也等情，此路自噶斯口通往西招，去年以侍衛阿喇納爲首於察罕托惠處設一哨所，今年仍以新滿洲侍衛爲首酌情多駐軍放哨，奴才等愚意今年於休整之察罕烏蘇牧場牧駐，冬季牧草竭盡，平安養畜，移駐柴達木等地優良牧草處，至來年更派軍士時奴才等率領進入德布特爾地方，休整察罕烏蘇地方牧場，入秋後仍照此進駐，如此益於馬畜，且二班輪換兵丁不甚勞苦等因。再貝勒達彥多率兵欲前來噶斯路効力等因奏請之處，俟聖主諭旨到時奴才等謹遵施行，故此奴才等於八月十二日自德布特爾地方啓程，將奴才所知水草及地方情形謹奏，聖主睿鑒，降訓諭，奴才等遵行等因。查得前據貝勒達彥奏稱伊親多率兵士，俟秋後鎮守噶斯路，以益於事等情，經議政處議之照貝勒達彥所請，由伊等兵內酌情遣派，由貝勒達彥親率前往阿齊圖、郝尙等處，何地宜駐，共行商議等情議奏，准行在案，適纔我等三路征伐之軍前往，征伐策妄喇布坦邊界之衆，斬者斬俘者俘降者降，伊等衆人極驚亂，策妄喇布坦屬衆俱由各處聚來之人，以此驚亂，仰賴聖主慈恩，倘有來歸降者，侍衛阿齊圖等接收，詳詢諸消息奏聞。再策妄喇布坦甚奸詐，密遣人往噶斯地方探取消息，不可料定，將此行文侍衛阿齊圖等，妥護營壘哨堆，勤加防備，今策妄喇布坦往西地遣兵，既然侵掠土伯特邊界納克產部衆，策妄喇布坦之軍自西地遣往青海，自他路來侵駐噶斯之軍，來盜馬畜，均不可料定，侍衛阿齊圖等遣遠人往形勢要地，設哨所，經常瞭望探消息，軍隊宜駐守何處，宜於何處過多，宜設哨所之處，會同貝勒達彥盡商議定奏聞，奉旨後，俱行文侍衛阿齊圖、貝勒達彥等，爲此謹奏請旨。

議政大臣領侍衛內大臣公臣海金。
議政大臣領侍衛內大臣公臣馬爾賽。
大學士臣馬齊。
議政大臣工部尙書臣孫札齊。

議政大臣理藩院尚書臣赫壽。

議政大臣都察院左都御史臣徐元夢。

兵部右侍郎臣查弼納。

理藩院右侍郎臣特古式。

兼理部務頭等侍衛兼班主臣色楞。

硃批，依議。

[208] 四川巡撫年羹堯奏為曉諭鼓譟兵丁情形摺（康熙五十六年八月二十六日）[2]-2508

奏，四川巡撫革職留任効力臣年羹堯為再奏提標兵丁回省情由，仰祈睿照事。

竊查提標兵馬於八月初九日在黃勝關之栢木橋鼓譟而回，臣在闈中准松潘鎮臣路振揚咨報，即經摺奏在案，今於八月二十二三等日馬步兵丁一千一百名俱已陸續到省，前後雜遝，全無步伍，蓋明知鼓譟與離汛均有應得之罪，既已懷疑，狀甚惶恐，又不能保提臣之終於不加罪責，萬一鼓惑在省之兵，致生他釁，所關匪細，臣念封疆為重，不得不先慰眾心，於揭曉後二十四日率同在省文武各官至貢院寬敞處所傳集提標散回兵丁，宣布皇上豢養之恩，莫不感激垂涕，臣復開誠曉諭，皆知俯首認罪，詰其所以鼓譟之由，總言提臣不恤下情，積怨已久，本次儹兵委左營遊擊沈力學為各營總統，用中營守備汪文藻為內外傳宣，百事苛剋，借端圖利，並呈遞歷年款單，眾口同聲，詞頗激切，臣再三慰諭，遣令歸伍，又臣深知提標中軍參將楊盡信平日敢於直諫提督之行事，兵甚愛戴，委令安輯，眾心帖然，謹將兵丁原呈附進御覽，臣思川省地在邊方，兵馬關係重大，若不因此整飭，國家之法令不伸，則管兵之將帥止知利己，遂忘眾怒之難犯，營伍之陋弊不除，則兵丁之苦累得有藉口，恐將効尤而難制，至於鼓譟事非美名，西邊現在儹兵，恐疑遠近訛傳，謹繕密摺，再奏以聞。

康熙五十六年八月二十六日具。

硃批，這奏摺甚是，已有旨了。

[209] 議政大臣海金等奏報借支俸餉以補置馬畜及軍械摺（康熙五十六年九月初六日）[1]-3099

議政大臣領侍衛內大臣公牙海金等謹奏，為欽奉上諭事。

　　靖逆將軍富寧安等奏稱，據署理西安將軍事務湖廣總督額倫特咨文稱，據八旗滿洲漢軍營長額爾赫圖等呈稱，查得我官兵鞍轡兵器等項毀朽者甚多，且馬畜亦減，既然來年征伐，我等共商情願各捐俸餉〔註600〕，借取官員等各一年俸祿，兵士各銀四十兩，炮手等各銀二十兩，補設虧減馬畜兵器等項，俟事平定將我等應得之俸餉照數扣還等情，查得八旗官員等共借取俸祿銀一萬一千六百六十三兩，領催披甲二千八百人，伊等每人各借取銀四十兩，共借取銀十一萬二千兩，炮兵三十九人伊等每人各借取銀二十兩，共借取銀七百八十兩，官兵炮手〔註601〕等借取俸餉銀共十二萬四千四百四十三兩，自將軍處查閱，照數得之等情。又據甘肅提督師懿德、總兵官路振聲、張洪印〔註602〕等呈稱，查得我等標下眾綠營兵士鞍轡軍械等項毀朽者多，且馬匹亦減，既然來年進伐，借〔註603〕兵丁錢糧，馬兵各借取銀二十兩，步兵各借取銀十兩，補設虧減馬畜兵器等項，俟事平定將兵士錢糧照數扣還，查得肅州馬兵九百步兵三百，總督標下馬兵一千五百，固原馬兵七百八十步兵一百二十，寧夏馬兵五百步兵四百，甘州馬兵一千六百步兵二百，涼州馬兵五百步兵四百，炮手共九十，川陝總督標下兵丁、固原甘肅寧夏等各處馬兵五千八百七十，共借取銀十一萬七千四百兩，步軍一千四百二十借取銀一萬四千二百兩，馬步軍炮手等共借取銀十三萬一千六百兩，請將軍查閱，照數收得等情，查得滿洲官兵及綠營兵共借取銀二十五萬六千四十三兩，署理西安將軍事務湖廣總督額倫特、提督師懿德、總兵官路振聲等官兵鞍轡軍械等項毀朽者多，馬畜亦減，既然來年進伐，借取俸餉銀俱補設虧減馬畜軍械等項，俟事平定將官兵俸餉照數扣還，相應行文甘肅巡撫綽奇，照數借給，將官兵借取〔註604〕之清冊解送總督鄂海、陝西巡撫噶什圖、甘肅巡撫綽奇，轉交西安、鞏昌之布政使〔註605〕，俟事平定由各該處照例扣取官兵俸餉，仍交署理西安將軍事務之湖廣總督額倫特、提督師懿德、總兵官路振聲、張洪印等，添補官兵減損之馬匹，全修軍械諸項等語，為此謹奏請旨等因，於康熙五十六年八月二十七日交給乾清門三等侍衛喇錫轉奏。奉旨，飭議政處議奏，欽此欽遵。

〔註600〕原文作各指俸餉，今改正為各捐俸餉。
〔註601〕原文作官後炮手，今改正為官兵炮手。
〔註602〕《平定準噶爾方略》卷三頁十八作總兵張弘印，時其為貴州大定總兵。
〔註603〕原文作指，今改為借。
〔註604〕原文作官後借取，今改正為官兵借取。
〔註605〕《清代職官年表》布政使年表此時陝西甘肅布政使分別為薩睦哈、折爾金。

　　臣等會議得，據將軍富寧安等奏稱，據總督額倫特咨稱，據八旗滿洲漢軍營長額爾赫圖等呈稱，我官兵鞍轡軍械等項毀朽者甚多，各指捧餉，借取官員各一年俸，兵士各銀四十兩，炮手等各二十兩，共銀十二萬四千四百四十三兩等情，提督師懿德等呈稱我等標下各綠營兵士借〔註606〕錢糧，借取銀馬兵各二十兩，步兵各銀十兩，共銀十三萬一千三百兩等情，查得總督額倫特、提督師懿德等既然稱官兵之鞍轡軍械等項毀朽者多，指俸餉銀，共借取銀二十五萬六千四十三兩補置，相應行文巡撫綽奇，照數借給，將官兵借取之清冊解送總督鄂海、巡撫噶什圖、綽奇，俟事平定由各該處照例扣取俸餉等情，既然如此，照將軍富寧安等奏支付，巡撫綽奇，照數借給，將此借給之銀繕寫清冊，仍解送總督鄂海、巡撫噶什圖、綽奇，俟事定由各該處照例扣取官兵俸餉可也，為此謹奏請旨。

　　議政大臣領侍衛內大臣公臣海金。

　　議政大臣領侍衛內大臣公臣馬爾賽。

　　大學士臣馬齊。

　　議政大臣工部尚書臣孫札齊。

　　議政大臣理藩院尚書臣赫壽。

　　議政大臣都察院左都御史臣徐元夢。

　　兵部右侍郎臣查弼納。

　　硃批，此次軍雖大戰，尚未克取地方，官兵一心一意効力，甚可嘉，將此二十五萬六千四十三兩銀，由朕內庫捐出，置備馬匹器械，惟地方遙遠，既然不能即刻抵至，視何地就近，由戶部速辦錢糧，事成完結，此銀不扣俸餉，俱作為朕所賞數額，並無行走之事，若徒返各處，照議政所議扣除，現速飭戶部，照此數將內庫銀速解送陝西，此一項錢糧既為特恩，另立冊明白辦理。

[210] 署理湖廣總督滿丕奏報辦理兵丁啟程事宜摺（康熙五十六年九月二十七日）[1]-3111

　　滿丕〔註607〕謹奏，為奏聞事。

　　今年九月十五日准兵部咨，遣荊州兵二千往成都駐防，著奴才前往荊州會同將軍等商辦啟程事，遵此旨奴才當即啟程，急速前來，九月十九日抵達

〔註606〕原文作指，今改為借。
〔註607〕《清代職官年表》總督年表作湖廣總督滿丕。

荊州，會同將軍等商議，官員兵丁匠人等均各賜二月錢糧，再所遣兵丁除原有三馬外，留下兵丁辦給馬二匹，此辦之馬因不可空缺，每匹馬各徵銀十二兩，共銀四萬八千兩，解送將軍，火速採購，以補原額等情，奴才蒙聖主鴻恩，有地方之責，豈敢辜負體恤兵丁之至意，故此火速編制啟程等情，奴才等對兵丁每人分給銀十兩，共二萬兩，對官員匠役等共賜銀三千二百六十兩，九月二十七日副都統寧古利〔註608〕率官兵啟程，賜與兵丁之錢糧馬款及奴才所借道庫之銀，另摺具奏外，為此繕摺，著奴才標下左營千總祁仁傑、家丁劉二賫捧，謹恭具奏聞。

硃批，此所辦啟行事甚妥，知道了。

[211] 兵部尚書遜柱等奏報赴西安等處軍啟程日期摺（康熙五十六年九月二十八日）[1]-3112

兵部尚書臣遜柱〔註609〕等謹奏，為欽奉上諭事。

據議政大臣議得，前往西安之馬兵，十月二十日前查看，先行啟程，前往巴里坤之軍，十一月初一日以內查看啟程，等因具奏，奉旨，依議，欽此欽遵。當即咨行欽天監衙門，覆文內稱，交該科查閱，今年十月二十四甲辰日巳時前往西安之軍啟程為妥，本月二十九日酉日卯時前往巴里坤之軍啟程為妥等情，為此謹具奏聞。

兵部尚書臣遜柱。

左侍郎加一級降二級留任臣黨阿賴。

郎中加一級臣窩赫。

郎中加三級臣納齊喀。

員外郎加一級臣阿金泰。

員外郎加一級臣黨和托。

硃批，好。

[212] 和碩簡親王雅爾江阿奏為宗室覺羅報効謝恩摺（康熙五十六年十月初二日）[1]-3117

宗人府衙門和碩簡親王臣雅爾江阿等謹奏，據原鑲藍旗閒散宗室色乎之子拉哈利呈稱，我之曾祖名洪闊岱〔註610〕原為固山貝子，卯年所生之長子，

〔註608〕《欽定八旗通志》卷三百三十一作荊州副都統寧古禮。
〔註609〕《清代職官年表》部院大臣年表作滿兵部尚書遜柱。
〔註610〕《欽定八旗通志》頁五一六三卷二百七十三作宏科泰，貝勒阿敏子。

我之親祖父，名色勒伯〔註611〕曾爲輔國將軍，父親之名色乎，三世絕嗣，聖主施鴻恩，命拉哈利我與骨肉團圓，賞以紅帶子，子孫入黃檔子，拉哈利我受聖主隆恩，雖我之祖父父親三代無嗣，得嗣即亡，九泉之下亦可瞑目，拉哈利我晝夜思念，雖肝腦塗地，不能仰酬聖主鴻恩，今既然遣兵，拉哈利我懇請親往騎兵營，以圖報効聖主鴻恩。據正黃旗覺羅吳金泰牛錄原三等侍衛覺羅巴彥圖之子閒散覺羅鄂壘呈稱，鄂壘我之祖父父親世代蒙受聖主隆恩，奴才懇請親往騎兵營，以圖報効聖主鴻恩等因，爲此謹奏請旨。

和碩簡親王臣雅爾江阿。

左翼鎮國公臣屯柱〔註612〕。

右翼鎮國公臣額勒圖。

右司郎中兼加一級臣溫察。

主事臣察喇。

硃批，去吧。

[213] 山西巡撫蘇克濟奏報駐防兵增賜馬匹銀兩摺（康熙五十六年十月初七日）[1]-3120

山西巡撫奴才蘇克濟謹奏，爲奏聞事。

部命遣太原之兵三百往西安駐防，每人各辦五匹馬起程等情，文到之後奴才即咨行城守尉，據回稟所遣三百兵內拴三匹馬者惟十人，其餘均各拴一馬，共應增給一千一百八十匹馬等語。奴才竊思增給之馬數甚多，倘皆採購耗費錢糧，一時不得肥壯之馬，去年聖主賞奴才二千匹馬，已辦一千二百匹賜與牽駝之土默特兵丁外，尚餘八百匹馬，將此馬賜與兵丁，不足之三百八十匹馬，動用正項錢糧採購增賜，奴才又出己銀賜予兵丁每人四兩，兵丁野營鐵鍋〔註613〕不足，奴才賜與二百一十二口鍋，於十月初四日啓程，謹此奏聞。

奴才蘇克濟親書。

硃批，知道了。

[214] 議政大臣巴渾德等奏遣往甘州巴里坤之軍備撥糧草摺（康熙五十六年十月二十二日）[1]-3126

議政大臣領侍衛內大臣侯臣巴渾德等謹奏，爲欽奉上諭事。

〔註611〕《欽定八旗通志》頁五一六三卷二百七十三作輔國將軍塞勒伯，貝勒阿敏孫。
〔註612〕《清代職官年表》部院大臣年表作滿禮部尚書宗室鎮國公吞珠。
〔註613〕原文作取鍋，今改爲鐵鍋。

康熙五十六年十月二十一日乾清門三等侍衛喇錫傳旨，今既然不知西地事務如何，我等不可不予為籌備，將今遣派之一千護軍，與其寒冷之際經蒙古塔拉遣往巴里坤，不若沿朕行走之邊關經寧夏路遣往甘州，察哈爾一千兵照常安養馬畜，由邊外前往巴里坤將軍富寧安處，遣往西安之每牛錄三披甲內將一披甲同一千護軍說前往甘州，駐甘州養馬畜，來年大軍進攻前，春季得青草，亦可前往巴里坤，西安方面倘有事前行亦可，每牛錄二披甲照常前往西安，如此則於事有補，且易於調轉等因，降旨英明，俱欽遵諭旨施行，遣派巴里坤之一千護軍沿邊關經寧夏路遣往甘州，察哈爾之一千兵照常由邊外安養馬畜，前往巴里坤。遣往西安之每牛錄各三名披甲內每牛錄各一名鳥槍披甲及所遣鳥槍營之每旗章京各一名，驍騎校各一名，交護軍統領胡希圖〔註614〕與護軍一同率往甘州，辦給此往鳥槍營之章京每人馬八匹駝一峰，驍騎校每人馬六匹駝一峰，給前往之護軍等各馬六匹，每二人合給駝一峰，現有之駝均已辦理，無餘駝，停給前往之鳥槍披甲駝隻，每人亦各給馬匹六匹，將此六匹馬照護軍例各給四馬，給二匹馬價銀各二十兩，查得披甲等祇給五月行糧，護軍等俱給十月行糧，則此前往之章京驍騎校鳥槍披甲亦定為十月，增給五月行糧，此往之一千護軍及每牛錄各一鳥槍披甲沿邊前往甘州，以此遣派戶部大臣一名章京一名，每站核撥草秣，於大同攜帶四十日米，寧夏攜帶四十日米，抵達甘州後，巡撫綽奇照例撥給官兵口糧，馬匹草米銀，以養馬駝，由十月行糧完結之月，續給行糧，來年大軍進攻前，按諭旨如何指示啟程，前往指示地點，其餘每牛錄各二名披甲，大臣官〔註615〕員等照常前往西安可也，為此謹奏請旨，於康熙五十六年十月二十二日交給乾清門三等侍衛喇錫轉奏。本日奉旨，依議，欽此。

議政大臣領侍衛內大臣侯臣巴渾德。

議政大臣領侍衛內大臣公臣鄂倫岱。

議政大臣領事侍衛內大臣公臣海金。

議政大臣領侍衛內大臣公臣馬爾賽。

大學士臣馬齊。

大學士臣嵩祝。

大學士臣蕭永藻。

〔註614〕《欽定八旗通志》卷三百十八作護軍統領胡錫圖。

〔註615〕此處補官字。

議政大臣都統兼護軍統領臣武格。

議政大臣都統臣宗室延信。

議政大臣戶部尚書臣穆和倫。

議政大臣兵部尚書臣遜柱。

議政大臣刑部尚書賴都。

議政大臣工部尚書臣孫札齊。

議政大臣理藩院尚書臣赫壽。

議政大臣都察院左都御史臣徐元夢。

兵部左侍郎臣黨阿賴。

右侍郎臣查弼納。

理藩院左侍郎臣拉都渾。

右侍郎特古忒。

[215] 甘肅巡撫綽奇請安摺（康熙五十六年十月二十四日）[1]-3128

奴才綽奇跪〔註616〕請聖主萬安。

硃批，朕體安，見爾致喇錫書信，甚暢快，惟行動凡事勿忘記主子，牢記於心効力，勿被同僚譏笑，今策妄喇布坦滅亡已在旦夕，自西寧方向所報之文爾處就近俱聞之矣，惟奮力建樹効力世襲官。

[216] 議政大臣巴渾德等奏報策妄喇布坦侵掠拉藏汗情形摺（康熙五十六年十月二十五日）[1]-3129

議政大臣領侍衛內大臣侯臣巴渾德等謹奏，為請旨事。

據公策旺諾爾布等奏稱，十月十五日青海親王羅卜藏丹津差伊之車臣和紹齊吹來告，今年八月於會盟處拉藏汗差遣托喬齋桑，來告駐西寧之大臣及我等眾人，策妄喇布坦軍已前來西地等因，爾等俱固始汗之子孫，應念爾之祖父所創道統，依聖主之訓諭，各自備兵，於較遠處設哨所，差人往拉藏汗處探訊，我等眾人俱贊同共議，我車臣和紹齊吹率四人於九月十九日啟程，差往探訊，今吹於十月初七日到來，擬將消息稟告大臣等。吹本人、伊所攜台吉蘇爾雜屬下台吉阿齊羅卜藏所轄索諾木並遣之，吹告稱我九月十九日啟程，盡力連夜行，二十六日抵達木魯烏蘇地方，會見索諾木達西〔註617〕所獲

〔註616〕原文作跑，今改正為跪。

〔註617〕《蒙古世系》表三十七作索諾木達什，顧實汗圖魯拜琥第九子桑噶爾札之孫，其父塔薩博羅特。

之莫爾根貝勒盆蘇克旺札勒〔註 618〕屬下希保齊詢問，因無確訊，速行，二十八日抵達圖古勒托羅海地方，會我原識台吉蘇爾雜所轄屬阿齊羅卜藏屬下名索諾木者，經詢訊告稱，我同台吉阿齊羅卜藏隨台吉蘇爾雜於七月初一日抵至達木地方，會拉藏汗，初三日前往納克產之商民稟告策妄喇布坦之軍前來後，拉藏汗集備遠近蒙古、唐古特之軍差遣，都喇勒台吉、勞巴圖爾齋桑往查，我台吉阿齊羅卜藏啓示，汗今既以策妄喇布坦軍自遠處來勞頓至極，遣派二三千兵，或於庫蘭河或於騰格里池迎戰，可易擊敗等語，未予採納，復稱迎戰於拉爾金嶺彼方亦不可，汗於拉爾金嶺此方空曠處砌城迎戰時，阿齊羅卜藏又於我等山高處砌城迎戰，向下投石可中人頭，從下往上投石需力，謂恰中人腿亦不可，七月十九日策妄喇布坦之軍越拉爾金嶺前來時，汗遣五百兵相互施放鳥槍，交戰雙方無大死亡，敵軍奪路侵掠在西山中班禪之昆堆喇嘛，即於彼處砌城垛與汗之營壘對峙，七月二十五日拉藏汗、台吉蘇爾雜、阿齊羅卜藏率蒙古兵一千五百名，唐古特兵萬餘，分三路攻戰，因地方堅固未能克，二十七日交戰一次，二十八日交戰一次，八月二十五日班禪親來，就近以駐，將多爾濟金巴札賽里木布車、薩木布、齊木布、噶布丹希勒圖〔註 619〕、來龍諾門汗之薩布龍、果莽喇嘛〔註 620〕等六呼圖克圖遣於兩翼，勸〔註 621〕說停戰，敵軍頭目車凌棟羅布等稱，我等豈敢不聽取班禪之言，惟策妄喇布坦既差我等攻取拉藏，我等若聽取班禪之言，和好返歸則殺我等，倘欲降，不能當拉藏之奴僕，戰敗亦亡，爲亡命之身，班禪何必勞身留此而不可，八月十九日又交戰一次，此四次交戰我台吉阿齊羅卜藏、察罕拜達爾漢寨桑、克訥克，連同諾雅漢唐古特之二名代本，陣亡百餘人，汗之達瓦齋桑哈希哈自敵軍中抓獲十餘人，經刑訊供稱，敵兵五六十人陣亡，訊策妄喇

〔註 618〕《蒙古世系》表三十七作朋素克旺札勒，顧實汗圖魯拜琥第六子多爾濟曾孫，父額爾克巴勒珠爾，祖策旺喇布坦。
〔註 619〕當爲第五十任甘丹赤巴根敦平措。
〔註 620〕此喇嘛爲哲蚌寺郭莽札倉之堪布喇嘛，非青海廣惠寺之敏珠爾呼圖克圖，亦非察罕丹津所奉祀之郭莽喇嘛甘肅拉卜楞寺第一世嘉木樣活佛阿旺宗哲。《東噶藏學大辭典 歷史人物類》上冊頁七〇言此郭莽喇嘛爲巴圖爾洪台吉第七子，然年歲相差太大，應非此人。《如意寶樹史》頁七八五後表一載噶爾丹有一子名郭莽洛卜藏朋素克，然當噶爾丹之敗，噶爾丹之女尚爲清聖祖強索至京，噶爾丹之子似不可存於西藏，《康熙朝滿文硃批奏摺彙編》第三二三九號文檔《理藩院寄密旨與署理將軍事務額倫特之咨文》清聖祖言西地果莽喇嘛乃準噶爾人，爲車凌敦多布兄，當以此說爲確。
〔註 621〕原文作雖，今改正爲勸。

布坦來西地返去者，稱拉藏汗之蒙古兵甚少，大半俱患腫疾，蘇爾雜又在青海，唐古特衆心不服謂易取之，因往征俄羅斯敗來，將車凌棟羅布、阿喇木札木巴吹木伯勒〔註622〕，喀喇沁之都喀爾〔註623〕、托巴齊〔註624〕、薩音齊克〔註625〕等治罪，撥給伊等兵三千務取拉藏汗，故於去年十月啓程，因路遙雪寒畜亡糧盡，人食犬肉，到達納克產地方，誆稱解來噶爾丹丹津，故收取牲畜食之，二千四五百兵抵至交戰，五百兵極憊滯後不能抵至，此軍來時復備二隊兵，不知遣往何方。策妄喇布坦與噶爾丹丹津言，爾父拉藏汗因與阿穆呼朗汗一致，故我遣兵征伐等語，噶爾丹丹津云止伐既然在爾，有何問我之處而回之，據聞此番來之敵軍厄魯特兵少烏梁海兵多，由交戰時射大箭多而觀之，想是烏梁海兵來多者是實，自此班禪雖屢稱止戰，因準噶爾人不可，九月初一日返歸喇錫魯木布，啓程之前日台吉蘇爾雜親率在軍中蒙古唐古特衆，各捧獻禮物往叩班禪時敵兵出，將往叩者所乘之馬、班禪處所焚木、遣派灑水衆丁之畜俱奪驅趕，將所駄班禪家資之商上駱駝三匹一併取之，已派人退給，不曉給否，班禪於九月初一日啓程前往喇錫魯木布，初四日晨敵軍出原守營，從養馬津路經桑托羅海、濟爾噶朗拜桑向招地前往，拉藏汗向衆商議爲保衛招地，於初四日晚率軍越哈瑪爾嶺，出小達木河下奔托河口由小路向招地啓程，詢問棄敵營而往之負傷者，據稱初三日夜遣百兵堵截拉藏汗所出之奔托河口，不知眞僞，索諾木我主人台吉阿齊羅卜藏陣亡，我父母俱同台吉蘇爾雜所留之奴僕在青海，拉藏汗向招地啓程，初四日晚我率一跟役乘一頭騾三匹馬，爲往會我父母啓程前來，初五日觀之在拉藏汗處唐古特之二千餘兵向達木河上行，各自向家散去，九月十四日到達諾莫渾嶺，會見拉藏汗派往西寧來告消息歸返之托喬達爾漢寨桑〔註626〕，伊向我詢問消息時我以實處相告而不信，肆意咒罵我，向〔註627〕汗而去，我於九月二十七日到達圖古勒托羅海地方駐紮，當晚托喬達爾漢寨桑返來會我告稱，距諾莫渾一日路程之沙克地方居住之商上人等，由我方班第達爾漢寨桑督管，我欲往尋班

〔註622〕原文作阿喇木札木巴、吹木伯勒，今改爲阿喇木札木巴吹木伯勒。《平定準噶爾方略》卷六頁二十一作左哨頭目春盃勒。
〔註623〕《平定準噶爾方略》卷四頁十八作都噶爾。
〔註624〕《平定準噶爾方略》卷四頁十八作托卜齊。
〔註625〕《平定準噶爾方略》卷四頁十八作三都克。
〔註626〕此處補桑字。
〔註627〕此處補向字。

第達爾漢寨桑，曾差派同我前來之班第達爾漢齋桑部舒楞額者，舒楞額夜抵達，會伊之兄弟，迎來我告稱，敵軍前來，斬班第達爾漢齋桑，俘獲商上人等，執拏拉藏汗遣往京城歸來之使者巴圖爾侍衛阿瑤，拉藏汗妥善抵招地，追及敵軍之尾，殺數人，爾稱不可前往，我不信，翌日擬前往探實，敵軍派四五十人包圍我，追趕我一日未拏獲而逃出，我不能通達，今往尋貝勒達彥等語。我詢問托喬，爾前往時有十餘人，今爲何僅來五人，他人前往何處，答稱他人因馬疲憊而落後，言後而往，不知其確因馬疲憊或在敵陣中陣亡，謂告我等王大臣，聖主以我等青海之衆民俱固始汗之孫極端仁愛，迭降訓諭，兄弟之間和好而行，勿啓事端，撫育我等安居樂業，策妄喇布坦乃極好惡之人，做惡黃教，侵害爾等青海衆，不可料定，爾等須善加預防等情，由策妄喇布坦來侵西地觀之，俱符聖主預先睿鑒，拉藏汗亦固始汗之孫，策妄喇布坦來征拉藏者，特奪我等祖父固汗所創之道統，欲伐取我等衆人，故此將此來告之信往告我等衆兄弟，商議應如何行事，各自差人，我等青海之衆，既然均仰賴聖主生計，祈大臣等速轉奏聞，欽奉訓諭，盡能効力，此間宜如何而行，請大臣等指教等語。奴才等召車臣哈希哈吹，詳訊索諾木西地之信，俱照車臣和紹齊吹所告而言，故此奴才等交付親王羅卜藏丹津所差之人吹，著爾等王於十一月初一日內來察罕托羅海會盟處，共同議定如何往援之處等情，差遣外。再奴才策旺諾爾布、色楞、布達里〔註628〕我等前經奏，貝勒達彥、色卜騰札勒〔註629〕漸次稟報之事，先後所言不符，羅卜藏丹津差人並無來告之處，難曉眞僞，十一月初青海王貝勒貝子公台吉等會盟，共同議定，倘有應行之處，一面行一面具奏，等情具奏在案，今由親王羅卜藏丹津所差車臣和紹齊吹，蘇爾雜之人索諾木稟告之語觀之，事似屬實，奴才等速往駐軍之察罕托羅海地方，與青海王貝勒貝子公台吉等會盟，詳宣主子所頒訓諭，使伊等相互不疑，同心一致，議定如何往援之處，倘應行，一面行一面奏聞聖主外，謹此奏聞，於康熙五十六年十月二十四日交乾清門三等侍衛喇錫轉奏。奉旨，今日青海親王羅卜藏丹津奏報拉藏處甚明，將前日貝勒達彥等所奏，朕謂謬者，乃此也，現拉藏向策妄喇布坦軍交戰二三次，並無失敗受傷，不能支撐之處，惟前往固守招地爲要，招地達賴喇嘛商上糧餉豐足，武器亦

〔註628〕 《平定準噶爾方略》卷三頁二十二作侍衛布達理。
〔註629〕 《蒙古世系》表四十三作色布騰札勒，準噶爾部巴圖爾渾台吉孫，其父卓特巴巴特爾。

俱有，然而土伯特民衆宗教原由固始汗所創載數世矣，並無劣處，無故策妄喇布坦遣兵，毀教侵民，圖伯特部民雖庸懦，有棄固始汗〔註630〕之子孫拉藏汗、棄青海之衆台吉而被策妄喇布坦所佔之理乎〔註631〕，再來統管策妄喇布坦軍之車凌棟羅布等率三千兵自遠處整年而行，人食犬肉，極為困迫到來，前來交戰時死亡被殺被拏，又因地高致病，將此計算，如無困難，不過千餘兵，僅憑此力，拉藏固守城堡，又豈能易取乎，班禪親來和議時車凌棟羅布語，我等係與俄羅斯交戰獲罪之人，策妄喇布坦率我等戰拉藏，克取招，我等今復歸亦死，倘不能克死即死已，豈可歸降拉藏為奴乎，故將班禪之駝俱奪之，亦將拉藏今年夏季差奏之使巴圖爾侍衛阿瑤執拏，我等以三路軍進攻，奪佔策妄喇布坦之地，拏斬俘等情，伊等必自阿瑤得知，以此車凌棟羅布等知必死無生路，故駐守，不能易取拉藏，又無接續之力，倘青海之軍來援，徒然死之，走歸原路又不能抵達，故擬於達木掠取馬畜，渡木魯烏蘇，奮勇通過，突入噶斯路，倘不能尚歸降我等不可料定，詳思此事尚在好轉，今若自噶斯路前來，即來矣，何以得知，無論如何預先稟報議政大臣議奏，亦告阿哥等，欽此欽遵。

　　臣等會議得，王羅卜藏丹津伊之人自西地前來，同拉藏、策妄喇布坦交戰，觀情來告，我等如何辦理之處具奏聖主，祈聖裁，奉旨，今日青海親王羅卜藏丹津奏報拉藏之事甚明，前日貝勒達彥等所奏之事，朕稱謬者即此者也，現拉藏向策妄喇布坦之軍交戰二三次，並無稱敗受傷不能支撐之處，惟以招地為要，前往固守，招地之達賴喇嘛商上糧餉豐裕，武器亦俱有，然而圖伯特之民其法度原固始汗創立數世矣，並無劣處，無故策妄喇布坦遣軍，毀法紀，侵佔民人，圖伯特部〔註632〕民雖庸懦，豈有背離固始汗之子孫拉藏汗及青海台吉等而被策妄喇布坦佔領之理乎，再將策妄喇布坦軍為首前來之車凌棟羅布等率三千兵自遠處整年行，人食犬肉，精疲力竭到達，抵達交戰，死亡被殺被俘，又因地高患病，核計此等情形，祇不過千餘兵，僅此之力，拉藏固守城池之人，不能輕取乎，班禪親來和議時車凌棟羅布語，我等係與俄羅斯交戰獲罪之人，策妄喇布坦率我等攻取拉藏汗，克取招地，我等今若返回亦死，倘不能取死即死矣，豈可降拉藏為奴乎，故俱奪班禪之駝，亦執

〔註630〕原文作固汗，今改正為固始汗。
〔註631〕原文作之禮乎，今改正為之理乎。
〔註632〕原文作圖伯部，今改正為圖伯特部。

拏拉藏今奏使巴圖爾阿瑤等語，我等三路兵進征，奪掠策妄喇布坦之地及拏獲殺俘等情形，伊等必自阿瑤處得知，以此車凌棟羅布等心知死無生路，固駐守而不能輕取拉藏，又無接濟之力，倘青海兵來援徒死，若原路歸去又不能抵達，掠取在達木之馬畜，渡木魯烏蘇，奮勇通過，突入噶斯路，若不能則歸降我等，不可料定，詳思此事尚有好轉之象，今若自噶斯路前來，即前來矣，何以得知，無論如何預先稟告議政大臣等議奏等因，奉旨甚是，將此咨行額倫特、公策旺諾爾布等，集青海之台吉等開誠曉諭，黃教、圖伯特民俱固始汗所創者，斷不可被他人佔領，爾等俱固始汗之子孫，理應各自速往援助，爾等若往，既然我等大軍俱陳邊外，專守衛爾等牧場，爾等毫不必爲牧場妻孥掛念等情，伊等若進兵，額倫特等陳於青海勢要之地，不斷往遠處差人探信，倘有應援之處，乘機而行，再車凌棟羅布等俱係準噶爾人，乃極爲奸詐之徒，不能克取拉藏，且知青海兵來援，必慌亂尋路敗逃，敗則不能從伊等原來之阿里克前往，欲衝奪噶斯路通過而來不可料定，既然如此，咨行內大臣策旺諾爾布、將軍額倫特、侍衛阿齊圖等，伊等軍隊應如何駐守形勢之地，各自設哨固守要隘，差人往遠處要地不斷探信，倘有自噶斯前來之信，阿齊圖等當即截剿之，再令松潘之軍亦駐要地，以展遠哨探信，倘有應援之地亦乘機而行，接旨後，俱行文內大臣策旺諾爾布、將軍額倫特、侍衛阿齊圖、總兵官盧振揚〔註633〕、主事巴特瑪等，亦速行文知照將軍富寧安等可也，爲此謹奏請旨。

議政大臣領侍衛內大臣臣巴渾德。

議政大臣領侍衛內大臣公臣鄂倫岱。

議政大臣領侍衛內大臣公臣海金。

議政大臣領侍衛內大臣公臣馬爾賽。

大學士臣馬齊。

大學士臣嵩祝。

大學士臣蕭永藻。

議政大臣都統臣武格。

議政大臣都統臣宗室延信。

議政大臣戶部尙書臣穆和倫。

議政大臣兵部尙書臣遜柱。

〔註633〕《平定準噶爾方略》卷四頁三十七作四川松潘鎮總兵官路振揚。

議政大臣刑部尙書臣賴都。

議政大臣工部尙書臣孫札齊。

議政大臣都察院左都御史臣徐元夢。

議政大臣理藩院尙書臣赫壽。

左侍郎臣拉都渾。

右侍郎特古忒〔註634〕。

[217] 兵部尚書遜柱等奏署理阿喇納印務摺（康熙五十六年十月二十八日）[1]-3133

兵部尙書臣遜柱等謹奏，爲請旨事。

據掌左翼都統印務鑲黃滿洲旗都統阿喇納〔註635〕來文稱，職於本月二十九日率京城之軍前往西安，爲署印務事請爾部轉奏等情，故此開具宜署理大臣等職名，由聖上指定一名，爲此謹奏請旨。正白蒙古旗都統兼鑲黃旗護軍統領武格。正藍滿洲旗都統宗室延信。

具奏者兵部尙書臣遜柱。

左侍郎加一級降二級留任黨阿賴。

經筵講官右侍郎臣查弼納。

掌武選清吏司印務郎中加五級臣法爾薩。

大理寺少卿兼理司務臣古爾泰。

郎中加一級臣官圖保。

主事加一級臣三定。

硃批，命弘曙〔註636〕署理。

[218] 湖廣總督額倫特奏為賞乾鹿肉謝恩摺（康熙五十六年十月二十九日）[1]-3134

奴才額倫特謹奏，爲恭謝天恩事。

康熙五十六年十月二十八日攜奴才奏摺之把總李興、家丁博爾齊〔註637〕賚捧聖主賞賜乾鹿肉三十二束，送抵博羅和紹後，奴才謹跪望闕謝恩接領，

〔註634〕原文作苫特古忒，今改爲特古忒。《清代職官年表》滿缺侍郎年表作理藩院右侍郎特古忒。

〔註635〕《欽定八旗通志》卷三百二十一作滿洲鑲黃旗都統阿勒納，此處翻譯異寫易與散秩大臣阿喇衲相混淆。

〔註636〕《平定準噶爾方略》卷七頁十九作前鋒統領弘曙，清聖祖第七子胤祐之子。

〔註637〕第一六〇號文檔作博爾濟。

竊思奴才乃一末等人，仰蒙聖主覆載深恩，毫無効力之處，且今出邊外，聖主又加恩賞送乾鹿肉者，實奴才雖如何捨身効力，何能報答於萬一，以此惟謹遵聖主之訓諭，懷忠誠之心勤奮効力，奴才除將聖主所賞鹿肉攜回軍營，均施所來官兵品嘗外，叩謝天恩，謹具奏聞。

湖廣總督奴才額倫特。

硃批，此等請安謝恩摺，應乘飛報之便夾奏，倘專差人，徒勞驛站。

[219] 奏謝賞荷包等物摺（康熙五十六年十一月十日）[3]-17

四川巡撫臣革職留任効力臣年羹堯謹奏，為恭謝天恩事。

竊臣猥以菲材，荷蒙超擢，撫川八載，尤過日增，乃皇上以如天之仁曲賜矜全，臣雖夙夜祗懼，竭其駑駘，實不足以仰報高深，前遣臣家人翟四等賫摺恭進，今於十一月初八日回川，捧來聖諭一封，御佩荷包一對，內裝鼻煙瓶一件，火鐮盒一件，並鹿尾鹿肉魚乾等物，頒賜到臣，臣隨躬迎進署，恭設香案，望闕叩頭祗領，伏思天廚之味，種種悉屬珍饈，已非臣分所當得，而御佩法物，瑤光璀璨，彩照几筵，此非特外吏不敢希冀，即內廷大臣亦未可易得，況於臣又蒙遠頒聖諭，天語褒嘉逾於常格，跪讀之頃，惶悚難安，不覺通身汗流至於淚下，撫躬自問，臣係何人，受此非分之寵榮，益切將來之圖報，惟竭盡心力撫綏地方，料理軍務，以少慰聖主之憂勤而已，除已繕疏奏謝外，所有感刻之私，未能自己，合再具摺恭謝，但臣材識短淺，即晝夜殫思竭慮，萬難事事合宜，伏望聖主時加訓教，俾得有所遵循，以免隕越，臣固藉此以保始終，並可無負聖主用人之明矣，臣不勝感激悚惶之至。

康熙五十六年十一月初十日具。

[220] 直隸總督趙弘燮奏報宣化縣民胡正誼狂悖具呈獻討滅澤旺阿喇蒲坦之策摺（康熙五十六年十一月十一日）[2]-2561

總督管理直隸巡撫事務兵部右侍郎兼都察院右副都御史加拾級臣趙弘燮謹奏，為奏聞事。

欽惟我皇上神文聖武，遠逾堯舜，功德巍巍，無不大中至正，動出萬全，今因澤旺阿喇蒲坦負恩犯順，罪干天討，理應剿滅，聖謨弘遠，指示精詳，實除暴安民之至計，豈臣下所能管窺蠡測者，不意有宣化縣民胡正誼自名杖國老人，具呈獻策，臣初因料理保定兵丁起程，繼而赴口外迎鑾，昨臣回署辦理軍政之後，將伊所呈之策細看，悉係狂悖之言，其人已年老似帶瘋狂之疾，策內之言無知荒穢，臣不敢遽呈御覽，然臣受恩深重，又不敢不據實奏聞，應否將該犯從重責懲，發回原籍拘禁，抑或將伊原策封呈御覽，並將該犯解部治罪，臣謹繕摺具奏，仰祈聖裁批示遵行。

康熙伍拾陸年拾壹月拾壹日總督管理直隸巡撫事務兵部右侍郎兼都察院右副都御史加拾級臣趙弘燮。

硃批，是，原策不必進呈。

[221] 山西巡撫蘇克濟奏報至大同查視駝隻摺（康熙五十六年十一月二十一日）[1]-3146

山西巡撫奴才蘇克濟謹奏，為奏聞事。

運米大臣等將三千一百四十五隻駝攜至大同後，奴才因值考試武舉人，遣官驗收，今奴才來大同查視駝隻均始肥壯，來年用時斷然無誤，再大軍於十一月十五日抵至大同，領取口糧，十八日啓程，為此一併奏聞。

奴才蘇克濟親書。

硃批，好，知道了。

[222] 山西巡撫蘇克濟奏謝御賞乾鹿肉事摺（康熙五十六年十一月二十一日）[1]-3147

山西巡撫奴才蘇克濟謹奏，為叩謝天恩事。

攜奴才摺子往奏之家丁三小將御賞之乾鹿肉賫捧送至後，奴才出迎關廂跪接攜至衙門，恭設香案，望闕謝恩，省城之文武官員接領即望闕謝恩，奴才何等之人，屢蒙皇上施以殊恩，實不能擔戴，奴才惟盡犬馬之勞，以不負皇恩於萬一，捨身報効，為此叩謝天恩具奏。

奴才蘇克濟親書。

硃批，知道了。

[223] 四川巡撫年羹堯奏謝獎勵過於常格摺（康熙五十六年十一月二十四日）[2]-2572

奏，四川巡撫革職留任効力臣年羹堯謹奏，為恭謝天恩事。

竊臣猥以菲材，荷蒙超擢，地方諸事悉奉訓旨，不敢稍存臆見，今川省備兵，軍務機宜每遵循聖主方略，要期不失官民士卒之心，然封疆重任，時深隄越之憂，惴惴自勵，毋敢怠忽，茲副都統法蠟〔註638〕奉命至川料理軍務，將欽奉諭旨宣示微臣，臣敬聽之下，始而驚喜，繼則感愧，不覺淚與汗之交下也，夫以臣之愚昧，自問多尤，乃蒙天語獎勵過於常格，並頒賜全川輿圖，使臣得曉然於形勢險易，雖竭畢生之心力，難報聖主之高深，幸副都統法蠟老成慎重，足副皇上委任之意，臣惟協力同心料理軍務，冀免愆尤，仰報萬一。緣奉諭旨，自宜嚴密，不敢具疏，所有感激之私，謹繕摺遣臣家人嚴坪、臣標右營馬兵李成剛奏謝以聞。

康熙五十六年十一月二十四日具。

[224] 議政大臣蘇努等奏為松潘等處調軍及軍需摺（康熙五十六年十一月二十八日）[1]-3150

議政大臣固山貝子都統臣蘇努等謹奏，為欽奉上諭事。

據四川巡撫年羹堯奏稱，竊臣看得出邊之軍異於內地之軍，且今又逢冬季，既不比夏秋，不可緩慢辦理，前於四月提督康泰行文，率往松潘之馬步兵借給庫銀以備行馱，九月提督率兵出邊關，所給駝馬由軍需銀內動撥購買之處，先後奏明在案，今松潘總兵官盧振揚為補給而商議行文，臣查得軍士於邊外扎營，凡軍中所需物資不可不完備，前議辦理駝馬數實有不足，臣遣派提督標下軍士稔知此事，再借給庫銀惟足夏秋季之需，今既逢冬季，邊外極寒不比內地，故此總兵官咨文相商，擬引陝西省之例以補給，又查得提督率兵出邊關，並無致書曉諭臣之處，臣屢經訪查方曉重慶川北此二總兵官調派永寧夔州遵義此三副將標下兵丁一千，其內既重慶川北永寧尚距松潘鄰近，臣即行文將原調之官兵速遣往松潘外，夔州遵義此二副將駐地均距松潘三千里，二副將所屬十八營若由該訊地辦理五百兵交外營官員，則難於統轄，臣稔知此弊端，故停止行文調遣，惟停調五百兵丁不足邊外所遣三千兵額，臣愚意松潘地方近距邊界，俱熟悉邊外情形，調此軍遣往邊外人地相宜，現前往邊外提督標下兵丁五百松潘之軍一千，又調松潘之軍一千，連同續遣之提督標下五百軍士既足三千兵額，重慶川北永寧之軍留於松潘援防，臣非悔改者，利與不利之處極顯然，雖一兵亦有用處，惟不可以滿額為要，再總兵

〔註638〕據《欽定八旗通志》卷三百二十四法喇原為蒙古正白旗副都統，康熙五十六年十月任蒙古鑲白旗都統，此摺雖為康熙五十六年十一月所奏，疑法喇任都統之職由於程途遙遠，年羹堯不知之，故於摺中作副都統。《平定準噶爾方略》卷四頁三十八作都統法喇。

官商議行文，索馱馬增借給銀者，符合事機，故此臣遣往布政使，先動撥庫銀三萬兩，增借給馬兵銀亦各滿十兩，步兵亦各滿八兩，復購置肥壯大馬以備馱運，二馬兵給馬五匹，二步兵給馬三匹，此臣行文，依營馬匹之例，每馬各給銀十二兩，松潘地方距該汛〔註639〕地二千里，遣派援防軍士，治備馱捆既需銀兩，借給馬兵各銀五兩，步兵各銀四兩，俟班兵時將出邊軍士借取之銀一併扣取償還，伊等所食米由松潘捐出之米內每兵每日給米一升，以米折銀扣存，以做軍餉，臣又率兵急速差往前往之副將參將等官處，總督〔註640〕署理提督之調遣，勿擅自行，以上諸事關係甚要，均行文辦理外，他事俟副都統法喇來至四川後相互商辦，臣往松潘查看，復出邊會同署理提督商議軍務，理宜將此一併奏明，臣往商謹奏，伏請敕部查看施行，臣等非敢擅便，謹奏請旨等因，於康熙五十六年十一月二十二日遣批本長壽等，交值班內閣學士錫額特〔註641〕傳旨，交議政大臣議奏，欽此欽遵。

臣等會議得，據四川巡撫年羹堯奏文稱，為引陝西省之例補給松潘總兵官出邊軍士銀兩而咨商事，查得提督率兵出邊關，重慶川北此二總兵官調遣永寧夔州遵義此三副將標下軍士一千，重慶川北永寧距松潘近，除致書將原調官兵速遣松潘外，夔州遵義此二副將駐地均距松潘三千里，由二副將所屬十八營汛地辦理五百兵士因難於交付外營官員統轄，故停止行文調遣，再松潘地方鄰近邊界，俱熟悉邊外情形，調此軍遣邊外人地相宜，現前往邊外提督標下兵五百，松潘之軍一千，復調松潘之兵一千，連同續遣提督標下五百兵丁計算，既足三千兵額，將重慶川北永寧之軍留於松潘協防，再總兵官索馱馬增借給銀之處，臣遣往布政使，動撥庫銀三萬兩，供給每馬兵各銀十兩步兵各銀八兩，復購肥壯馬匹以備馱運，給二馬兵各五馬，二步兵各三馬，以此照營馬之例〔註642〕，每馬各給銀十二兩，遣派協防軍士，既需修整銀兩，借給馬兵各銀五兩步兵各銀四兩，俟班兵之時將出邊軍士借取之銀一併扣取償還，伊等食米由松潘協捐米內，每兵每日給米一升，以米折銀扣存，做為軍餉，俱行文令辦，無庸議。復奏文稱，他事俟副都統法喇來至後相商辦理，臣前往松潘查視，復同出邊署理提督商議軍務等語，查得據總兵官盧振揚奏稱率一千五百兵出邊等因，經議政議，既然現青海台吉等會盟，會盟若無事，

〔註639〕原文作訊，今改為汛。
〔註640〕原文作監督，今改為總督。
〔註641〕《清代職官年表》學士年表康熙五十五年有內閣學士星峨泰，疑為此人。
〔註642〕原文作營馬之便，今改正為營馬之例。

－226－

酌情留松潘之軍數百，餘兵按行文撤回，故於額倫特稟報〔註643〕事內議遣在案，青海台吉等會盟事竣，俟額倫特等具奏，倘無事則撤松潘之軍之處，總兵官盧振揚具奏事內議奏，奉旨後，行文知照巡撫年羹堯、總兵官盧振揚〔註644〕等可也，為此謹奏請旨，於康熙五十六年十一月二十七日議政大臣等面奏，奉旨，既然盧振揚率兵業已出邊，完結之，他處兵相距遙遠，既尚未抵達停止調遣，再駐成都之荊州兵內，視能隨朕於圍場盛京行圍耐勞之好漢揀選二百，副都統一名率領遣往盧振揚、巴特瑪前，以做威勢，此二百兵士交付巡撫年羹堯動撥正項錢糧，盡力辦理馬匹廩餼等物啓程，行文盧振揚、巴特瑪，宣揚西安兵二千荊州兵二千，二路兵俱啓程且夕前來，將咨行法喇、年羹堯之文照常遣送，將咨行盧振揚等之文直接遣送，欽此欽遵。

臣等會議，巡撫年羹堯於松潘出邊之軍中辦理之處奏聞一事，經議政大臣等面奏，奉旨，盧振揚既已率兵出邊，完結之，他處軍相距遙遠，既尚未抵達，停止調遣，由現駐成都之荊州之軍內視能隨朕於圍場盛京行圍時耐勞之好漢揀選二百，副都統一名率領遣往盧振揚、巴特瑪前，以做施威勢，此百二兵士交付巡撫年羹堯動撥正項錢糧盡力辦理馬匹廩餼等物啓程，行文盧振揚、巴特瑪，宣揚西安軍二千荊州軍二千，二路軍俱啓程，且夕前來，將咨行法喇、年羹堯之文照常遣送，將咨行盧振揚等之文直接遣送等因奉旨甚詳，俱欽遵諭旨施行，查得總兵官盧振揚率兵一千五百既出邊界，暫在邊外，青海會盟竣，若無事，俟額倫特奏後酌情留數百，撤退餘兵之處再議奏，尚未調至之他處兵俱停遣，以此由駐成都之荊州滿兵內視能隨主子往圍場，赴盛京行圍耐勞之好漢揀選二百，由副都統寧古里〔註645〕率領，前往盧振揚、巴特瑪前，倘有所行之處副都統寧古里會同總兵官盧振揚等商議，乘機而行，此遣派之二百兵士所需馬匹廩餼等物由巡撫年羹堯動撥正項錢糧盡力辦理啓程，所餘荊州之軍由都統法喇督管，致書總兵官盧振揚、主事巴特瑪，發牌文宣揚有西安之軍二千荊州之軍二千分二路啓程，且夕前來，咨致盧振揚、巴特瑪之文書，直接遣送，咨致法喇、年羹務之文書仍由驛發送可也，為此謹奏請旨。

議政大臣固山貝子都統臣蘇努。

〔註643〕原文作秉報，今改正為稟報。
〔註644〕原文作盧振場，今改為盧振揚。《平定準噶爾方略》卷四頁三十七作四川松潘鎮總兵官路振揚。
〔註645〕《欽定八旗通志》卷三百三十一作荊州副都統寧古禮。

議政大臣鎮國公禮部尙書臣吞珠〔註646〕。

議政大臣領侍衛內大臣侯巴渾德。

議政大臣領侍衛內大臣公臣額倫岱。

議政大臣領侍衛內大臣公臣海金。

議政大臣領侍衛內大臣公臣馬爾賽。

大學士臣馬齊。

大學士臣嵩祝。

大學士臣蕭永藻。

議政大臣都統兼護軍統領臣武格。

議政大臣都統臣宗室延信。

議政大臣戶部尙書臣穆和倫。

議政大臣兵部尙書孫柱〔註647〕。

議政大臣工部尙書臣孫札齊。

議政大臣理藩院尙書臣赫壽。

議政大臣都察院左都御史臣徐元夢。

兵部左侍郎臣黨阿賴。

右侍郎臣查弼納。

硃批，依議速行，年羹堯不可自省城輕舉妄動。

[225] 將軍拜音布奏報揀選兵馬情形摺（康熙五十六年）[1]-3155

將軍奴才拜音布〔註648〕謹跪奏聞。

康熙五十六年九月十一日接旨，奴才即將八旗官員平分，揀選兵丁二千，官兵均紛紛爭往軍中奮發効力，以報聖主撫育之恩等因，奴才自來觀之，兵丁諸武器俱全，侍郎滿丕〔註649〕於康熙五十六年九月十九日夜至荊州，二十日相會於衙門，所遣二千兵丁，於現有二千匹軍馬內，視膘壯者揀選四千，前往之兵丁每人各辦給二匹馬，奴才如數急速購補，侍郎滿丕對前往官兵均予以周濟，副都統寧古利、奴才亦嚴督官兵養馬，速至聖主指示之地等情，於康熙五十六年九月二十七日啓程，爲此恭摺奏聞聖主。

硃批，好，知道了。

〔註646〕 《清代職官年表》部院大臣年表作滿禮部尙書宗室鎮國公吞珠。
〔註647〕 《清代職官年表》部院大臣年表作滿兵部尙書遜柱。
〔註648〕 《欽定八旗通志》卷三百三十一作荊州將軍拜音布。
〔註649〕 《清代職官年表》部院滿侍郎年表作工部右侍郎滿丕，署湖廣總督。

[226] 四川巡撫年羹堯奏爲代進副都統寧古禮奏摺事摺（康熙五十七年二月初三日）[2]-2587

奏，四川巡撫革職留任効力臣年羹堯爲代齎奏摺事。

欽惟我皇上睿謨廣運，遠照萬里，方略所及，莫不合宜，前奉俞旨，挑選荊州滿兵二百名令副都統臣寧古禮〔註650〕帶領前往松潘口外助威，先聲所至，自足以震懾遐方，臣等已將起程日期題報在案，今於康熙五十七年正月十九日已抵阿西地方，與鎮臣路振揚、主事臣巴㐪嗎〔註651〕相擇形勝犄角安營，兵威遠振，備勝於前，茲准副都統臣寧古禮齎送奏摺並將出口安營日期咨明到臣，謹將奏摺專遣家人存吉、臣標右營馬兵李成剛齎捧進呈，所有代齎緣由理合奏聞。

康熙五十七年二月初三日具。

[227] 料理四川軍務法蠟等奏請出兵捉拏傷官馬之川康邊民事摺（康熙五十七年三月初四日）[2]-2588

奏，料理四川軍務都統臣法蠟，四川巡撫革職留任効力臣年羹堯爲奏明事。

欽惟我皇上威德如天，無遠弗屆，松潘備兵實爲西海助威，是以口外諸王貝勒莫不懷德畏威也，查貝勒插漢丹進〔註652〕管下鐵布生番，前鄰川省漳臘營所屬之祈命三寨，後通陝西洮岷所屬之楊土司〔註653〕，延長不過四五百里，族類不過千有餘，恃其地險山高，慣行偷竊，附近番族無不惡其擾害，欲得而甘心者已非一日，然僅肆惡於伊等種類，而往來商旅，奉差兵丁，不敢無禮，自上年黃勝關鼓噪之後，賊番遂有輕視內地兵馬之意，聞自安營阿西以來，乘夜屢盜馬匹，鎮臣路振揚派撥官兵每夜看守，於康熙五十六年十二月二十三日夜間，賊番仍來盜馬，官兵趕逐殺死一番，我兵被其箭傷者三人，千總孫倫左手亦被刀傷，又撥什庫苟子奉差從西海回營，於五十七年正月初十日至獨那沖庫地方，亦被鐵布生番劫奪衣被行李盤費馬匹等因，接准

〔註650〕《欽定八旗通志》卷三百三十一作荊州副都統寧古禮。
〔註651〕《平定準噶爾方略》卷三頁二十二作主事巴特瑪。
〔註652〕《蒙古世系》表三十九作察罕丹津，顧實汗圖魯拜琥第五子伊勒都齊之孫，其父博碩克濟農。《欽定西域同文志》卷十七頁五作戴青和碩齊察罕丹津，戴青和碩齊爲其號，察罕丹津爲其名，史籍有以名稱者，有以號稱者，或號與名全稱者，實爲一人。
〔註653〕《平定準噶爾方略》卷四頁四十六作楊如松。

鎮臣咨報，隨經咨移鎮臣與主事臣巴忒嗎，令致書於插漢丹進，使追吐前物，擒獻賊番，以正其罪，尚無回覆。今准鎮臣咨報，千總孫倫傷後受風於二月初三日身故，是孫倫之死，雖已越四十日，然實因原傷所致，則賊番非僅偷劫，而且傷及兵丁制員，不加懲創，無以示遠，況聖主加恩於西海，方略所施，動合機宜，領兵諸臣，每事欽遵，可無遲誤，而必日夜防茲小醜，殊損國威，若令插漢丹進擒獻首凶，又恐猝未能得，則威聲所暨，關係甚大，臣等愚昧，再四籌酌，邊地既需駐兵，理應亟爲整飭，請於本年四五月間草盛馬肥，舉動舒展之時敕下鎮臣調集附近土兵，再以漢兵助威，直搗其前，令西寧鎮檄行楊土司撥兵截其後，務得首惡，從正典刑，其餘凶類，固當仰體皇上好生之德，未便剿滅，亦宜遷徙其人，而令祈命三寨素守恭順之番民充實其地，將來大兵出入，可無肘腋之虞，蓋內安而後外攘，理所必然，且今西海所屬諸番知天朝之不可犯，而軍威所震，遠可以攝賊旺喇布坦〔註654〕之奸宄，近可以安西海各部落之心志矣，臣等未敢擅便，理合奏明，統祈聖主睿鑒批示遵行。

康熙五十七年三月初四日具。

硃批，此係些須小事，現因路振揚奏聞，正在此議，自有旨意。

[228] 四川巡撫年羹堯奏爲代進護軍統領溫普奏摺事摺（康熙五十七年三月初四日）[2]-2589

奏，四川巡撫革職留任効力臣年羹堯謹奏，爲代齎奏摺事。

前准部咨，奉旨令挑選荊州滿兵五百名，着護軍統領臣溫普〔註655〕帶領前進赴打箭爐駐扎等因，欽遵，隨於康熙五十七年二月初八日自成都起程，已經會疏題報在案，於二月二十六日官兵俱已抵爐，今准護軍統領臣溫普咨送奏摺前來，理合代齎進呈，謹遣家人魏之輝，臣標下右營馬兵曹朋齎奏以聞。

康熙五十七年三月初四日具。

硃批，是。

[229] 料理四川軍務都統法蠟等奏報川省軍務積弊摺（康熙五十七年四月初三日）[2]-2594

奏，料理四川軍務都統臣法蠟，四川巡撫革職留任効力臣年羹堯爲奏明事。

〔註654〕《平定準噶爾方略》卷一頁一作策妄阿喇布坦。
〔註655〕《欽定八旗通志》卷三百十八作護軍統領溫普。

　　竊臣法蠟以庸陋之資，荷蒙聖恩超擢，奉命至川，同臣羹堯料理軍務，惟有矢公矢愼，同心協贊，期無負聖主委任而已，除事關軍務者隨時商酌題奏外，通省大小武職，或以公事赴省，或檄調前來，公同考驗，其中有人材弓馬不堪者，俟考畢之日彙疏題參，考驗之內，如遇將備缺出，果有材技兼優者，照例題補，倘或人地不相宜，未免懸缺以待，目下正值用人之際，伏祈皇上賜發漢侍衛十員，俸滿千總十員速赴成都，庶便隨材補用，惟是通省營伍各有積弊，提標五營爲全川大標，其弊更甚，且見武職習氣漸染已深，上下一局，若不亟爲整頓，何所底止，查四川提督衙門例有親丁坐糧八十分，坐馬二十四，此係達部之項，無非皇上隆恩豢養武臣之典，而營中每年添補軍資，一切公事原有公費糧一百分，向係馬糧三十名，步糧七十名，收貯公所，各營公支公用，提督不過年終總核其數，前提臣康泰增改馬糧七十六分，步糧四十八分，總爲提督衙門私用，而公費另派，各員又於親丁坐糧之外，有家人馬步糧六十二分，及陛見回川，復有馬兵空糧三十分，經制額兵未便空懸如許，致使鎭協效尤，祇以去年冬季錢糧早經支領，無從更正，署提督印務鎭臣路振揚遠在松潘，不克赴省清查，臣等既知此等情由，所當急爲料理，惟公費一項，在所必需，應照歷來舊例仍留一百分，改爲馬三步七，公支公用，其餘馬步空糧一百一十六分俱於本年開印後陸續召募，如數頂補，以實營伍，清釐積弊當自提標爲始，而繼及外鎭，則外鎭協營有無額外空糧，節禮陋規，容臣等確訪另奏，其提督坐糧銀兩，坐馬草乾兩項，臣法蠟於陛辭之際，仰承恩諭，凡提督應得，舊規賜臣用度，臣法蠟欽遵俞旨，照例支領，以爲犒賞之資，日給之費，用度寬然有餘，是皆皇恩浩蕩，格外弘施，臣惟潔己奉公，圖報萬一，理合奏明，伏祈皇上睿鑒施行，臣羹堯謹遣臣家人蓋藩，臣標下右營馬兵王賓齎摺以聞。

　　康熙五十七年四月初三日具。

　　硃批，此摺所奏甚是，知道了。

[230] 兵部尚書遜柱等奏請署理都統事務摺（康熙五十七年四月初九日）
　　[1]-3176

　　兵部尚書臣遜柱等謹奏，爲請旨事。

　　據鑲紅滿洲旗副都統永泰〔註656〕咨稱，我旗固山貝子都統蘇努具奏請假，副都統湯色〔註657〕前往軍中，副都統永泰此次隨往避暑，爲署理我旗事務，請由爾部轉奏等語，故此將宜署理大臣之職名開列具奏，由聖上指定一名，爲此謹奏請旨。

鑲紅蒙古旗副都統蘇勒發〔註658〕，滿洲補放漢軍副都統努爾布〔註659〕，副都統波爾屯〔註660〕。

具奏者兵部尚書臣遜柱。

左侍郎加一級降二級留任臣黨阿賴。

經筵講官右侍郎臣查弼納。

武選清吏司掌印郎中加五級臣法爾薩。

硃批，仍命蘇努辦理，請假並無耽擱之處也。

[231] 山西巡撫蘇克濟奏報查看大同駝隻及物件修理摺（康熙五十七年四月十九日）[1]-3181

山西巡撫奴才蘇克濟謹奏，爲奏聞事。

奴才前往大同查看駝隻均已肥壯，鞍駱駝氈雁口袋筐子等物均整修完竣，陸續飭送胡坦和碩運米大臣處，奴才於四月十七日返回衙門，謹此奏聞。

奴才蘇克濟親書。

硃批，知道了。

[232] 署理甘肅提督范時捷奏明不便前往西寧緣由摺（康熙五十七年四月二十日）[2]-2598

署理甘肅提督事務寧夏總兵官范時捷謹奏，爲奏明事。

康熙伍拾柒年肆月初玖日接准稽察料理大兵糧餉事務侍郎色爾圖〔註661〕咨稱，准兵部來文內開貴部爲遵旨速赴西寧辦理兵馬糧餉等因奏摺，奉旨交與議政，欽此。議政大臣云此無可議之處，相應存案等因，知會到臣，竊臣

〔註657〕《欽定八旗通志》卷三百二十一作滿洲鑲紅旗副都統唐塞。

〔註658〕《欽定八旗通志》卷三百二十四作蒙古鑲紅旗副都統蘇爾發。

〔註659〕《欽定八旗通志》卷三百二十七康熙五十六年漢軍鑲紅旗副都統作努爾布，應即此人。

〔註660〕《欽定八旗通志》卷三百二十七康熙五十八年漢軍鑲紅旗副都統作博爾吞，應即此人。

〔註661〕《清代職官年表》部院滿侍郎年表作吏部滿左侍郎色爾圖。

前奉皇上恩旨著署理甘肅提督，前往甘州會同侍郎色爾圖辦理事務，臣欽遵赴甘，業將到甘日期題報，今色爾圖奏明已赴西寧辦理兵馬糧餉，而臣在甘州距西寧遙遠，不便前往，無從同其辦理，理合奏明，伏乞聖主睿鑒，爲此具摺謹差標下兵丁牛建，家人孫正邦馳驛齎捧恭奏以聞。

康熙伍拾柒年肆月貳拾日。

硃批，是。

[233] 山西巡撫蘇克濟奏報辦理駝馬事宜摺（康熙五十七年五月初八日）[1]-3193

山西巡撫奴才蘇克濟謹奏，爲奏聞事。

准兵部咨，據議牽運米駱駝之土默特蒙古若騎乘之馬不足，由山西巡撫補給等語，奴才前往大同查視駝隻，會同都統圖斯海〔註662〕等議奏，對牽駝蒙古人停供馬匹，奴才情願自出價，依部定之價每馬各折銀八兩，伊等就近採購騎乘等情，今據往交馬價官員來告，共缺馬四百八十三匹，應折給銀三千八百六十四兩，將此交付運米大臣等，如數分與蒙古等，再據稱米糧五月初六日始起運等語，謹此奏聞。

奴才蘇克濟親書。

硃批，知道了。

[234] 山西巡撫蘇克濟叩謝賞賜摺（康熙五十七年五月初八日）[1]-3194

山西巡撫奴才蘇克濟謹奏，爲叩謝天恩事。

奴才前來大同查視駝隻途中，遇奴才齎摺千總趙加觀、家丁三小將御賞之雉魚鹿尾鹿肉齎捧送來，奴才跪於路旁，集合官員聆聽此旨，衆皆喜悅，叩祝皇上福壽齊天，爲此謹具奏聞。

奴才蘇克濟親書。

硃批，知道了。

[235] 四川巡撫年羹堯奏爲特舉高其佩等賢能官員摺（康熙五十七年五月初十日）[2]-2607

奏，四川巡撫加六級臣年羹堯爲特舉賢能以任承宣，以佐軍務事。

竊惟藩司一官統率屬僚，經理錢穀，責任甚重，我皇上用人惟賢，凡遇布政司缺員，必訪問九卿，務期得人，今日之藩司即異日督撫之選，誠愼之

〔註662〕《欽定八旗通志》卷三百二十一作滿洲正紅旗都統圖思海。

重之也，況川省勸課招徠既需經畫，又值儹兵措餉，尤賴預籌，現任布政司劉桀抱病日久，因其無甚溺職之處，未即糾參，其未病之先，一切軍需糧餉皆臣代爲料理，以臣蒲柳之姿，年未四十而鬚髮已有白者，所賴奏請諸員皆蒙特恩俯允，分委辦理，倖得無悞，今該司以痰火不愈，具詳請休，已經另疏會題，所遺員缺應聽內部開列候旨簡用，臣又何敢冒瀆，然臣受聖主隆恩，實逾常格，但求有裨於地方，有益於軍務，不敢避嫌緘默，冀得少助高深，如四川永寧道高其佩原係難蔭旗員，才能既裕，遇事留心，永寧道缺最爲清苦，臣因其才守，一切日用皆臣幫助，自上年委赴松潘料理糧餉，悉心經畫，立法精詳，糧運乃無遲悞，且能訪察山川險要，駕馭各種羌番，半載以來便得彼地兵民之心，此其閱歷已深，而才有過人者也。又查有廣西按察使孔毓珣老成練達，立志公平，昔任知府，經臣卓異，歷任皆係特陞，即在廣西聞士民籲撫臣陳元龍題陞布政司，雖部議不准，亦其居官明驗，以上二員才守兼優，而於地方公事俱能出力，仰報天恩，臣於司道中留意人材，實鮮其比，若因川省現有軍務，則以高其佩就近陞授布政司，必獲得人之效，倘以道員不便越陞，則將孔毓珣陞補，伏祈聖主欽定一員，即令赴任，免其引見，臣身任封疆，倍蒙知遇，爲地方軍務起見，是以冒昧儹陳，然臣凡有奏請，皆荷恩允，並將奏摺發部，是在廷諸臣咸知皇上俯准臣之所請，已非臣所敢當，況布政司乃通省大吏，用人係聖主乾斷，而俯允於臣之一摺，臣更不敢居其右，伏祈於此兩員之內特旨簡用一人，而將原摺發回，則本人止知感沐聖恩，益加激勵，且大小臣工見皇上用人不測，皆將持正而自奮矣，臣不勝感激披瀝之至。

康熙五十七年五月初十日具。

硃批，是，知道了。

[236] 四川巡撫年羹堯奏爲遣人探得藏內情形摺（康熙五十七年六月十三日）[2]-2629

奏，四川巡撫加六級臣年羹堯爲奏明事。

竊臣於三月間曾經捐賞行化林協副將趙弘基挑選營兵與土司彝目買儹貨物，扮作客商前往西藏探聽信息，今據該協稟覆，所遣目兵劉鳳等自爐起身，行十二日至裡塘，即聞外面盤詰漢人甚緊，因從小路行十二日至賚河，又五日至達納春布，見有一人，以傳箭送蠻信，探問情由，則云與裡塘一帶官兒下文書，但是從前營官管的地方都要與我家蔥亡喇疊〔註663〕等語。蓋唐古特之人呼澤旺阿喇布坦爲蔥亡喇疊也，自此盤問更嚴，又行四日至江卡，勢難再進，回至春布幾爲所縛，幸有隨帶銀貨行賄而免，晝伏夜行，纔得回來，總計自爐以外已行一千六七百里，俻記經過地名並有無水草處所，臣思車陵董羅布〔註664〕盤踞藏內，無非煽惑各處營官謹防漢人偵探，但伊等所記既係山路遶道，萬一進兵非所宜行，臣於五月間聞有漢人喇嘛五名在藏學經，近以藏內擾亂，同唐古特喇嘛名慎培堅初者隨工布地方蠻客一同至爐，臣即遣官查取護送至省，臣俻細訪問，凡其目之所見，耳之所聞，與自爐進藏地方，指說甚詳，臣皆登記，語繁不敢瀆奏，內有名林欽姜錯者，原係陝西鞏昌府人，往來在藏學經七年，住波爾繃寺，其人言語頗爲明白，臣前奉有俞旨，如有新從藏裡出來者，着遣送一人，臣知西寧自能訪獲，但林欽姜錯既係漢人，甫於二月初四日自藏起身，問以藏內情形，則別處所得信息或亦可以參驗確否，今特遣臣家人郭寧，臣標下右營馬兵袁俸將喇嘛林欽姜錯隨摺送到御前，其餘五名臣皆瞻養在省，緣伊等在藏日久，熟知語言道路，必有用處，嚮導既得，臣當竭力料理進兵事務，以俟機會，其林欽姜錯若聖主詢問之後別無所用，仍祈敕令回川，臣當一並留養，亦非無益者也，又前奉欽差，於藏衛等處畫圖喇嘛楚爾齊母藏布拉木占木巴〔註665〕等已從打箭爐至成都，現在繪畫御覽全圖，大約六月內可以告竣，齎圖回京，理合一並奏聞。

康熙五十七年六月十三日具。

[237] 領侍衛內大臣海金等奏報進剿策妄喇布坦計畫摺（康熙五十七年六月十七日）[1]-3201

議政大臣領侍衛內大臣公臣海金等謹奏，爲請旨事。

據值班頭目色楞密奏內稱，爲陳奏行動之機而請聖主睿鑒事，奴才於木魯斯烏蘇此方巴顏喀喇下營之日總督額倫特等密咨文與我稱，欽差侍衛札西，今察罕丹津遣使，既誘剿準噶爾之軍，將值班頭目色楞率往之軍或仍派遣木魯斯烏蘇地方或於索洛木等地視水草陸續駐紮，遇遣使返回進入，或使

〔註663〕《平定準噶爾方略》卷一頁一作策妄阿喇布坦。
〔註664〕《平定準噶爾方略》卷四頁十八作策零敦多卜。《蒙古世系》表四十三作策凌端多布，其父布木。此人爲大策凌端多布，以區別於小策凌端多布。
〔註665〕《大清一統志》（嘉慶）卷五百四十七載，康熙五十六年遣喇嘛楚兒沁藏布蘭木占巴、理潘院主事勝住等繪畫西海西藏輿圖。《平定準噶爾方略》卷八頁十六作喇嘛楚兒沁藏布喇木占巴。

臣返回約期合進之處，祈聖主指教，俟奉旨後，奴才等共謹遵行，奴才額倫特觀貝勒察罕丹津啓程往京城後，追往軍中密奏等語。奴才愚思巴顏喀喇距木魯斯烏蘇不遠，且木魯斯烏蘇週圍有吹喇克諾木齊台吉〔註666〕所屬玉樹、尼雅木蘇等部唐古特衆民居住，倘我等大軍抵達，各唐古特民衆心安，牢駐木魯斯烏蘇之庫庫賽、多倫鄂羅木等要津，凡消息亦易獲等因，故未停止，緩慢行進候旨，五月十三日抵木魯斯烏蘇，仰賴聖主福恩人馬畜俱安，即遭大風雪，馬畜雖稍有失，查看損失不過十之二三，騎馱並無耽擱，頃由招來之喇嘛羅卜藏達木巴格隆告稱，在諾莫渾烏巴西、阿克達木等地俱設有準噶爾哨所等語，此間不遠，不過五百里，奴才稍休養馬畜，木魯斯烏蘇缺水，即渡河緩進，於諾莫渾烏巴西附近，遣精幹之人往拏準噶爾哨丁，若幸而拏獲，問明準噶爾兵勢強弱相機而行。再據聞貝勒察罕丹津遣使誘準噶爾兵，奴才愚思策妄喇布坦、察罕丹津互約征伐拉藏，立小呼畢勒罕，以察罕丹津為首駐紮之事雖不稔知眞僞，現所傳佈之語不可謂甚無徵象，今察罕丹津遣使，伊等內果眞有約定之事務據實相告，現無達賴喇嘛，擊敗準噶爾兵遣返，招地空虛，我等大臣既然與察罕丹津互有盟約，俟小呼畢勒罕坐牀，青海民衆、諸土伯特、唐古特俱賴察罕丹津、策妄喇布坦之力，以樹黃教，奴才我現有西安滿洲兵六百，總督標下兵四百，西寧總兵官標下兵四百四十，涼州總兵官康海〔註667〕率兵五百前來，視土司楊如松〔註668〕等一千兵內，土司魯華齡〔註669〕等兵內人馬羸弱者留於木魯斯烏蘇等地三百餘，續為殿後駐守外，再滿洲綠營土司兵共二千六百餘，兵強馬壯糧足，不可稱弱，準噶爾兵雖足有四千，但往班禪地方派兵，分散駐紮，且無法紀，憑藉夜深騷擾盜馬外無他本領，奴才防之加防，愼之加愼，牢固營房，嚴守哨所，緩慢進入，仰賴主子之天威務必剿決，倘準噶爾軍力甚為堅強，奴才務必固駐，候北路軍協力進剿，斷不輕舉妄動，現西地諸厄魯特、土伯特、唐古特民衆因準噶爾兵暴戾不得安生，每日向東仰望期盼聖主文殊師利皇帝拯救，仁義之師前來，此機斷不可失，故此奴才務必速進為妥等因，貝勒察罕丹津遣使引誘倘

〔註666〕此人為青海右翼盟長，顧實汗圖魯拜琥第七子瑚嚕木什之孫，《蒙古世系》表三十七失載，《如意寶樹史》頁七九〇後表五載父旺欽，己名曲扎諾木齊台吉。

〔註667〕《平定準噶爾方略》卷四頁四十八作涼州總兵官康海。

〔註668〕《平定準噶爾方略》卷四頁四十六作楊如松。

〔註669〕《平定準噶爾方略》卷五頁二十八作陸華齡，應為魯華齡，土司衙門在甘肅省永登縣連城鎮。

準噶爾兵來，既然奴才我等兵近，於遭遇處即可斬盡，倘知曉返回或得我軍進攻消息，畏懼天威而敗逃，盡可追殺，如此克復西招後，聖主爲衆生靈安生頒下英明諭旨，復立黃教，再興佛門，青海、諸土伯特、唐古特民衆誠心誠意永遠禱祝聖主拯救慈愛全體生靈之恩惠，使之再生，策妄喇布坦聞後魂飛膽喪授首，現倘駐木魯斯烏蘇候北路額倫特軍，此間月餘不足二月，不能抵達木魯斯烏蘇，木魯斯烏蘇等處無柴，依賴牛糞，正值雨季，雨水連綿無燒物，兵士以炒麵加水食之，若行則易進，若駐紮每日食炒麵則難進，軍士原七月抵至，攜五個月米餉前來，遭逢糧盡，雖由西寧運送廩餼，道險路遙，運送勞苦，難於約期抵達，不可料定，彼時進軍則無糧，若等候則需時日，再準噶爾軍毀壞招地後，遣兵往木魯斯烏蘇拏獲拉藏所屬噶爾布齋桑，掠殺班禪、色布騰札勒所屬之人，竟未侵玉樹部，見我等兵抵達，玉樹衆雖喜，即不可深信，準噶爾人狡詐，相互遞信，不可逆料，我軍若候北路軍久駐，軍士務致懈怠，今若軍不進坐失機會，我等遲緩罪小，耗盡聖主多年糧餉，消耗馬畜，謀略西北以致枉然，滿洲綠營官兵具荷蒙主子鴻恩，以圖報効，又撥行糧，風餐露宿，路險辛勞，一旦深入，請惟抵西地剿殺準噶爾賊，復取招地，功可告成等語，奴才秉性愚昧，世代蒙恩，自幼爲侍衛，按主子指示當差奔波以効犬馬之力，無他才幹，未經歷軍務，主子仁愛視爲人才，驟交此大事，實誠惶誠恐，恐負主子委任，晝夜憂慮，由數千里運送行糧，深入之軍，衆官兵正值奮勇，士氣高漲，且現牧場青草旺盛之際，飼秣馬畜緩慢進攻，相機而行，仰賴主子威福，務必事成，倘駐候北路軍，致兵丁懈怠而氣衰，奴才雖愚不曉軍事，惟知貪一時之功，圖僥倖輕舉妄動，萬一失誤，有關國譽，自身獲罪，辱及祖父，牽涉婦孺，惟值我軍氣盛，賊匪懈怠，宜拯救諸唐古特倒懸之際，奴才謀慮此報効之良機，擬不候額倫特而進攻，伏乞聖主睿鑒等因密摺，於康熙五十七年六月十六日交乾清門頭等侍衛喇錫轉奏。奉旨，此奏好事，交議政處，欽此欽遵。

臣等會議得，據值班頭目色楞奏文稱，奴才於五月十三日抵木魯斯烏蘇，現倘駐木魯斯烏蘇候北路額倫特軍，木魯斯烏蘇等處無柴，所賴燒牛糞，正值雨水季節，無燒物，兵丁以炒麵加水爲食，行則易進攻，駐若每日食炒麵，難於進攻，軍士原至七月，攜五個月行糧前來，遭逢糧盡，雖由西寧續運送行糧，道險路遙，運送辛勞，不能按約抵達，若彼時進軍則無糧，若等候則需時日，準噶爾人狡詐，相互遞信，不可逆料，今正值我軍士氣旺盛，賊匪懈怠，宜拯救唐古特倒懸之際，謀略良機，擬不候額倫特軍而進攻等情，聞值班頭目色楞乘機即急速率兵進剿之處，甚屬可嘉，或車凌敦多布等軍敗逃而取之或戰而取之，跟蹤追擊車凌敦多布等軍，知其遠去，斷不前來，留我軍千餘青海軍千餘鎮守招地，餘兵即應撤回，克取招地後，沙拉、哲蚌、噶爾丹、布達拉等廟之喇嘛等照常而為，召集土伯特民衆喇嘛首領等，宣諭聖主爲拯救黃教土伯特之民，恢復舊道，特遣派大軍之處，以撫綏民衆，俟諸事平定，再具奏請旨，亦飛咨額倫特，著伊親率兵急促尾隨色楞之軍進攻，奉旨後，除行文值班頭目色楞、總督額倫特、公策旺諾爾布、都統胡希圖、值班頭目阿齊圖〔註670〕、郎中常壽等外，亦咨文知照二路將軍可也，爲此謹奏請旨。

議政大臣領侍衛內大臣公臣海金。

議政大臣領侍衛內大臣公臣馬爾賽。

大學士臣馬齊。

議政大臣工部尚書臣孫札齊。

議政大臣理藩院尚書臣赫壽。

議政大臣都察院左都御史臣徐元夢。

兵部右侍郎臣查弼納。

理蕃院右侍郎臣特古忒。

兼理部務頭等侍衛兼值班頭目臣色楞。

硃批，依議，速行。

[238] 振武將軍傅爾丹等奏報莊稼長勢摺（康熙五十七年六月十九日） [1]-3202

奴才傅爾丹等謹奏，爲奏聞禾穗事。

將烏爾哲依圖格勒等十處田禾生長情形奏聞後，五月十日夜降透雨，青稞小麥大麥蕎麥高矮不齊，生長暢茂，已抽穗結粒，奴才等期盼豐收，現差筆帖式金圖將抽穗情形謹具奏聞。

硃批，已有旨了。

[239] 四川巡撫年羹堯奏爲代進奏摺並附達下情事摺（康熙五十七年六月二十九日）[2]-2643

奏，四川巡撫加六級臣年羹堯爲轉齎奏摺，附達下情，統祈睿鑒事。

〔註670〕《平定準噶爾方略》卷一頁十一作侍衛阿齊圖。

　　竊照滿漢官兵前赴裡塘彈壓，已於六月十六日到彼，叨蒙聖主福庇，官兵清吉，地方寧靜，今於六月二十八日准護軍統領溫普齎到奏摺一封並移臣略節一扣，又准打箭爐稅差員外郎常命保等知會，查問來爐貿易又木多地方之蠻客等所供情由，與略節內所言無異，臣不敢重復瀆奏，謹將來摺轉齎，伏祈睿鑒，再臣蒙聖主天恩，逾於常分，凡有下情，無不直陳，臣於五月初一日有摺奏一封，內二件，遣家人嚴坪捧齎，一係會同都統臣法蠟調撥官兵前赴裡塘，已蒙皇上令議政大臣會議，隨據家人嚴坪齎有部文回川矣，一係奉旨差遣來川諸臣，臣皆捐資，供給不致缺乏，奏明情由，原摺未蒙批回，亦未准有部文知會，未審此摺曾否御覽，誠恐家人嚴坪年幼無知，中途或有疏失，臣不勝戰兢恐懼之至，數日以來，寢食靡寧，謹遣家人翟四，標下右營馬兵李成剛轉齎護軍統領臣溫普奏摺，附陳下情，伏祈聖主批示遵行。

　　康熙五十七年六月二十九日具。

　　硃批，凡密摺皆已批回，關於軍務者，令議政看，可議者有部文，無庸議者，都在兵部收着，故未批回。

[240] 四川松潘總兵路振揚奏報駐地收成並請安摺（康熙五十七年七月初一日）[2]-2646

　　四川松潘總兵官奴才路振揚謹奏，為恭請聖安事。

　　奴才愚蒙下質，至微極賤，沐浴恩波，充鎮邊徼，又荷溫綸署提督印務，因值備兵，未能請覲天顏，犬馬下忱，日日馳神丹陛，謹遣親信親丁李裕齎摺恭請聖躬，再有松潘番漢人民插種雜糧，喜無霜雹，生發茂盛，收成可望，敢竝奏聞。

　　康熙伍拾柒年柒月初壹日四川松潘總兵官奴才路振揚。

　　硃批，朕安，所奏知道了。

[241] 議政大臣海金等奏為進剿策妄喇布坦籌備軍器摺（康熙五十七年七月十八日）[1]-3218

　　議政大臣領侍衛內大臣公臣海金等謹奏，為欽奉上諭事。

　　據揚威將軍公傅爾丹〔註671〕等奏文稱，由行在理藩院咨行頒策妄喇布坦諭旨六月二十二日到奴才軍營後，奴才等欽奉諭旨，著員外郎保柱等將諭旨交付策妄喇布坦使臣沙津而遣返，遣往哲布尊丹巴呼圖克圖之使者塔

〔註671〕《平定準噶爾方略》卷六頁二作振武將軍傅爾丹。

布齊，攜至哲布尊丹巴呼圖克圖前，於策妄喇布坦處將宣印諭旨，著內扎薩克王額駙貝勒貝子，扎薩克之喀爾喀汗王額駙貝勒公扎薩克等閱看時俱憤恨摩拳擦掌，一併望闕叩訴，策妄喇布坦乃我等讐敵，作惡多端，並不思悔改伊之罪過，而今又誅皇上所封拉藏汗，毀我衆蒙古崇祀之佛法，殺喇嘛等，逼迫班禪圓寂等罪甚重，我等不勝憤恨，仰賴聖主威福，以剿滅策妄喇布坦雪冤，祈將我等奏書由將軍轉奏等因呈來，奴才等接收一併具奏外。據兵部咨文內開，今年罷征戰，秣肥馬畜，整備軍器，來年大進，一次成功，予以剿滅等因奉旨，軍中衆人聽聞不勝雀躍，異口同聲來年進兵，爲報主子養育之恩，各自俱得以効力，務剿殺策妄喇布坦，衆齊歡忭。奴才等以爲策妄喇布坦得罪上天神佛，反叛聖主，世上斷不容留，天人共怒，以至世人皆曰可殺，等情觀之，策妄喇布坦末日已到，奴才等欽遵主子英明訓諭，既然今年秣肥馬畜，齊整軍器，來年大軍征伐，仰賴主子之恩，一應軍器俱全，我等汛地有炮七十四門，槍三千二百六十二支，奴才等仍訓練軍士施放，先所送火藥紅藥彈繩等項所餘無多，今又值練兵，來年進軍時備用炮、槍之彈各一百五十斛，火藥紅藥繩等項各二百斛，伏請敕部撥給。查得各軍遣出三年餘，可補用帳篷者亦有，朽壞者多，盛京、吉林烏拉、綠營兵既然俱爲去年新建者，停止發給伊等，自右衛〔註672〕、京城來之炮手，黑龍江之索倫、達呼爾，察哈爾、喀喇沁、土默特、鄂爾多斯內扎薩克衆軍士，將現有朽壞之帳篷補用外，既然我等軍營附近有修建帳篷之梁柱木材，祈請賞布帳篷三千頂，送來之時奴才等查看各營軍士內朽壞帳篷，酌情辦給，將此解送帳篷、藥等項，送抵大同府交山西巡撫，耕田所需犁鏵等物由歸化城租駝解送，照例送至軍營可也，爲此謹具奏聞，請旨，此摺於康熙五十七年七月十三日交乾清門頭等侍衛喇錫轉奏。奉旨，交議政處，若有應議之處，著議奏，欽此欽遵。

臣等會議得，據揚威將軍公傅爾丹等奏稱，奴才等欽遵主子訓諭，既然今年秣肥馬畜，齊整軍器，來年大軍征伐，仰賴主子之恩，一應軍器俱全，我等汛地有炮七十四門，槍三千二百六十二支，奴才等仍訓練軍士施放，先送來之火藥紅藥彈繩等項，所餘無多，今又練兵，來年進兵，需配備炮、槍之彈各一百五十斛，火藥紅藥繩等項各二百斛，祈請撥給，再各軍遣出已三年餘，帳篷朽壞者多，盛京、吉林烏拉、綠營兵既然均係去年新造者，停止

〔註672〕原文作右翼衛，今改爲右衛，本文檔全改。

發給，自右衛、京城來之炮手，黑龍江之索倫、達呼爾，察哈爾、喀喇沁、
土默特、鄂爾多斯內扎薩克之各軍士，除將現有朽壞之帳篷補用外，我等軍
營週圍既有修建帳篷之梁柱木材，祈請僅賞布帳篷三千頂，送到之時於各營
軍士視帳篷朽壞者予以辦給，將此解送帳篷彈藥等項送抵大同府，交山西巡
撫，由歸化城租駝送抵軍營等情，故此委交崇文門監督尙志傑，以六幅油敦
布製作雙層帳篷三千項，此帳篷高六尺，下寬一丈，底座開門，甚固，造成
後由工部揀派賢能章京二人，自工部將火藥紅藥彈繩等項照數領取，連帳篷
一併驛遞歸化城，從歸化城送至軍營，咨行巡撫蘇克濟，揀派伊先前租車駝
之原熟識官員，動撥正項錢糧，遣送歸化城，會同部之章京，租雇駝車，委
交部之章京妥善護送至將軍傅爾丹等前可也，爲此謹奏請旨等因，於康熙五
十七年七月十八日交乾清門頭等侍衛喇錫轉奏。奉旨，依議，欽此。

　　　　議政大臣領侍衛內大臣公臣海金。

　　　　議政大臣領侍衛內大臣公臣馬爾賽。

　　　　大學士臣馬齊。

　　　　議政大臣戶部尙書臣孫札齊。

　　　　議政大臣工部尙書臣徐元夢〔註673〕。

　　　　議政大臣理藩院尙書臣赫壽。

　　　　兵部〔註674〕侍郎臣查弼納。

　　　　理藩院右侍郎臣特古忒。

[242] 陝西巡撫噶什圖奏報赴汛地接收餉銀摺（康熙五十七年七月二十一日）[1]-3219

　　陝西巡撫奴才噶什圖謹奏，爲奏聞事。

　　仰賴聖主施恩，將奴才從末等武官累遷至山西布政使，又擢陞爲巡撫，
賞翎，今世奴才何能報答，奴才務不惜身命盡能報効，謹記聖主教誨，以仰
副聖主愛民之至意，奴才抵至太原，將官員爲官之善惡，徵火耗銀之輕重，
擅攤派等項，不時稽查外，收官員禮物及錢糧，奴才俱不徵火耗，故伊等每
季應交之錢糧俱不缺欠，唯將加耗銀較前減之，千兩取二兩貯庫，用於省內
不可銷算等事項，仍將所餘銀一千四百餘兩，奴才來汛地攜用，巡撫蘇克濟
會同省官共以七千四百兩銀爲盤纏，送與奴才，此俱所獲聖恩，因有此銀，

〔註673〕《清代職官年表》部院大臣年表作滿工部尚書徐元夢。
〔註674〕原文作後部，今改正爲兵部。

奴才於汛地均不收官米諸項公物。再西安省城內除聖主所賞餉米外，其他諸項奴才均亦不取，頃由西安布政司糧道每人以銀千兩、駝馬送與奴才，奴才雖謂有用處，自赴巡撫之任，逢此類事，未曾奏請聖主教誨，奴才退銀未收，駝馬奴才酌情收下，此類小事不該冒奏，惟聖恩綦重，奴才衣食用項撫養全家俱仰賴聖主之恩，豈敢隱匿不奏聞皇上，巡撫衙門每年所得之項俟軍務完竣，奴才到任查明另奏聞外，為此謹具奏聞，伏請聖主訓示。

奴才親書。

硃批，正值用兵之際，嘉勉人員，協助辦事，乃爾之專務，除嘉賞外，何以行之，理應俱收。

[243] 吏部尚書富寧安等請安摺（康熙五十七年七月二十六日）[1]-3222

奴才富寧安等俯伏敬請聖主萬安。

奴才富寧安。

奴才阿喇納。

奴才雅木布。

奴才阿保。

奴才路振生。

奴才法瑙。

奴才智雲〔註675〕。

奴才長齡〔註676〕。

奴才楊昌泰。

奴才張洪印。

奴才巴吉〔註677〕。

奴才羅卜藏達爾札〔註678〕。

奴才達西爾札〔註679〕。

硃批，朕體安善，爾等均好嗎。

〔註675〕《欽定八旗通志》卷三百二十一作滿洲鑲黃旗副都統智勇。
〔註676〕《欽定八旗通志》卷三百二十四作蒙古鑲藍旗副都統常齡。
〔註677〕《欽定八旗通志》卷九頁十二作輝特公巴濟。
〔註678〕《蒙古世系》表三十六作羅卜藏達爾札，顧實汗圖魯拜琥第二子鄂木布之孫，其父卓哩克圖岱青，是否此人待考。
〔註679〕待考。

[244] 肅州總兵楊長泰奏謝特放總兵並請安摺（康熙五十七年七月二十六日）[2]-2665

陝西肅州總兵官奴才楊長泰跪進奏摺，爲恭請聖安事。

奴才自祖父以來世受國恩，今奴才又蒙主子高厚，特放肅州總兵官，自揣才庸任鉅，時切悚惶，惟有宣諭聖主洪慈，訓勵官兵，共竭犬馬之効，以盡奴才報主之私，今者軍營清肅，奴才孺慕情殷，謹遣兵丁冉麟同奴才家人胡秀齎捧奏摺，代奴才叩請主子萬安，伏祈睿鑒，奴才無任仰瞻之至，謹具奏摺以聞。

康熙伍拾柒年柒月貳拾陸日陝西肅州總兵官奴才楊長泰。

硃批，朕安。

[245] 甘肅提督路振聲奏報地方無事請安摺（康熙五十七年七月二十六日）[2]-2666

提督甘肅總兵官奴才路振聲跪進奏摺，爲恭請聖安事。

奴才庸碌無似，蒙聖恩簡任提督，自受事以來，仰賴主子洪福，天時助順，田禾豐稔，士馬歡騰，今年停其襲擊，官兵間暇無事，惟演習技藝，督牧馬匹，蓄養精力，以俟明歲大舉，今當塞外秋高，奴才戀主之私，惓惓寤寐，謹遣標下把總王成相同奴才家人張廷傑齎捧奏摺代奴才叩請主子萬安，遙望金闕，無任瞻依孺慕之至，爲此拜具奏摺以聞。

康熙伍拾柒年柒月貳拾陸日提督甘肅總兵官奴才路振聲。

硃批，朕安。

[246] 延綏總兵李耀奏請聖安摺（康熙五十七年八月初十日）[2]-2678

鎭守陝西延綏等處地方副將管總兵官事臣李耀謹奏摺，爲恭請聖安以申犬馬下悃事。

竊臣猥以庸流，不堪驅策，過荷聖慈，充從軍前効力，看守肅州地方，聽候調遣，抵肅一載有餘，仰蒙皇上恩威遠佈，時和歲稔，地方寧靜，臣坐享安逸，返躬自問，悚惶靡寧，雖上歲調赴軍前駐防烏蘭烏素，聽靖逆將軍指示行走，並無効力之處，今歲調赴營上，因停止襲擊，仍回肅州駐箚，兩赴軍前，愧無涓埃之報，益切素餐之懼，且臣看守酒泉，遠違聖安，身在邊陲，心依帝闕，犬馬戀主之私，日深一日，謹遣臣標領旗馬進仁，家人李進忠匍匐齎摺恭請聖安，伏乞皇上睿鑒，臣不勝瞻仰依戀之至，爲此謹具摺以聞。

康熙伍拾柒年捌月初拾日鎮守陝西延綏等處地方副將管總兵官事臣李耀。

硃批，朕安。

[247] 理藩院寄密旨與署理將軍事務額倫特等之咨文（康熙五十七年八月十四日）[1]-3239

理藩院咨行署理將軍事務總督額倫特、署理侍郎事務值班頭目色楞。

康熙五十七年八月十三日乾清門頭等侍衛喇錫傳旨，先準噶爾人等將紅帽喇嘛德爾敦多爾濟喇克〔註680〕執拏，水溺未亡〔註681〕，埋於地亦未亡。又稱班禪圓寂等情，將此咨行額倫特、色楞，務將此二事詳明訪查，據實奏聞。再西地果莽喇嘛〔註682〕乃準噶爾人，爲車凌敦多布兄，既然鼓動厄魯特人毀西地各寺廟，掀起叛亂，不可留於西地，事定班兵額倫特攜果莽喇嘛抵達西寧後解送京城，第巴達克擦〔註683〕乃執拉藏之子蘇爾雜而交給車〔註684〕凌敦多布之人，然而擅坐第巴之牀，在我軍抵達此間，伊倘有効力之處則罷了，否則將伊亦同果莽喇嘛一併解送京城，（此事甚密），嗣後獲準噶爾人多，若按所獲解送驛站勞苦，額倫特、色楞等於所獲人內，揀曉事重要大人物解送，不超過二人，（仍詳問事由具奏。）其餘仍留藏地，牢固看守，以候旨，欽此欽遵，爲此咨行。

[248] 西寧總兵王以謙奏請聖安摺（康熙五十七年八月十六日）[2]-2679

奴才王以謙跪請聖主睿安。

康熙伍拾柒年捌月拾陸日。

硃批，朕安，今西邊用兵之際，尔十分留心，凡是有可言者，必竟講求明白，商量纔是。

〔註680〕 此喇嘛爲多傑扎寺之喇嘛，多傑扎寺位於西藏貢嘎縣昌果鄉多吉扎村，《西藏佛教寺廟》頁二十一載此喇嘛名仁增欽摩白瑪逞勒。

〔註681〕 原文作冰溺未亡，今改爲水溺未亡。

〔註682〕 此喇嘛爲哲蚌寺郭莽札倉之堪布喇嘛，非青海廣惠寺之敏珠爾呼圖克圖，亦非察罕丹津所奉祀之郭莽喇嘛甘肅拉卜楞寺第一世嘉木樣活佛阿旺宗哲。《東噶藏學大辭典 歷史人物類》上冊頁七○言此郭莽喇嘛爲巴圖爾洪台吉第七子，然年歲相差太大，應非此人。《如意寶樹史》頁七八五後表一載噶爾丹有一子名郭莽洛卜藏朋素克，然當噶爾丹之敗，噶爾丹之女尚爲清聖祖強索至京，噶爾丹之子似不可存於西藏，本文檔清聖祖言西地果莽喇嘛乃準噶爾人，爲車凌敦多布兄，當以此説爲確。

〔註683〕 《平定準噶爾方略》卷六頁九作第巴達克咱。

〔註684〕 原文作年，今改正爲車。

[249] 西寧總兵王以謙奏謝諭令管理固原官兵事摺（康熙五十七年閏八月初一日）[2]-2685

鎮守陝西西寧等處地方總兵官都督同知加三級奴才王以謙謹奏，爲恭謝天恩事。

康熙伍拾柒年捌月貳拾捌日欽差宗室都統延信到寧，奴才等郊外迎接，跪請聖安，隨蒙口傳俞旨，令奴才將駐箚西寧固原官兵管理，奴才恭設香案，望闕叩頭謝恩訖，伏念奴才一介庸愚，至微極陋，屢荷皇上洪恩，畀以邊疆重寄，時切蚊負，毫無報効，今奉恩旨下頒，奴才聞命自天，惶悚無地，惟有愈加警惕，勉竭駑駘，仰報殊恩於萬一耳，理合繕摺叩謝天恩，伏祈聖主睿鑒，爲此具摺謹具奏聞。

康熙伍拾柒年閏捌月初壹日。

硃批，知道了。

[250] 蘇州織造李煦奏賀色楞額倫特出師獲勝摺（康熙五十七年閏八月二十二日）[2]-2697

奏，奴才李煦跪奏。

奴才接閱京抄，內稱色楞、額倫特成功塞外，大敗賊衆，奴才爲之狂喜，輾轉細思，不但我萬歲洪福齊天，實由指授方畧，妙算如神，故得決勝萬里之外，從此澤旺阿喇蒲坦喪膽驚魂，即日滅亡，而西邊一帶又慶衽席之安，奴才歡欣笑舞，復舉手加額，而軍民人等一時聞信，歡聲動地，皆頌萬歲聖德神功，奴才閱京抄數日後，家人從蘇州來報，據稱蘇州百姓一聞捷音，城內外歡笑如雷，即無錫常州丹陽鎮江一路城市村莊百姓無不歡悅，各各喜談樂道，理合具摺奏聞，伏乞聖鑒，奴才臨奏不勝踴躍忭舞之至。

康熙五十七年閏八月二十二日。

[251] 四川巡撫年羹堯奏爲蒙族公丹仲感恩遣宰桑請代求代奏等情摺（康熙五十七年閏八月二十四日）[2]-2700

奏，四川巡撫加六級臣年羹堯謹奏，爲請旨事。

竊惟川省備兵，馬匹最爲難得，松潘逼近西海，向有蒙古馬匹趕至松潘，可以購買，用佐軍需，兩年以來西海各部落並無一馬到口，即遣通事員役賫持銀貨往彼採買，總無應者，惟插漢丹進之姪公丹仲〔註685〕見臣差員至彼，

〔註685〕《蒙古世系》表三十九作丹忠，顧實汗圖魯拜琥第五子伊勒都齊曾孫，父根特爾，祖博碩克圖濟農。

即令所屬將牛羊馬匹來松貿易，因恐滿漢兵馬駐紮之地，商民乘此虧短價值，求臣禁約，臣隨飭行永寧道高其佩在松約束兵民商賈，凡遇番客貨物，務令公平交易，不得短價強買，今公丹仲以交易無虧，信臣之不欺，於閏八月內遣宰桑四人管押蠻客到松，內有宰桑名那木克必欲親自見臣，臣令其來省，據口傳丹仲之語云牛羊馬匹彼處盡多，如有需用多多趕來交易，若四川大兵進藏，必從彼地經過，路甚捷便，所用羊馬自當接濟，祇求將此下情奏達聖主，知我一點敬順之心等語。又據那木克云丹仲聞得署將軍額倫特帶領天兵至木魯烏蘇，水漲難渡，於六月十二日遣我等宰桑三人帶領三百人，內有六十名習慣過渡水手，各帶皮袋，於七月初五日初六將額大人兵馬盡數渡送過河等語。臣素知丹仲自幼感戴聖主殊恩，向與其叔插漢丹進不睦，近見插漢丹進行事可疑，恐日後干連，是以竭力內附，冀得上聞，以自保全，此宰桑那木克見臣時欲言不敢之情也，臣並訪聞得此次大兵進藏，西海各部落中丹仲甚為踴躍，而宰桑那木克又係帶領水手渡送大兵過河之人，臣仰體聖主撫遠宏仁，允其所請，代為奏明，並重加犒賞，遣人送出關外，恭繕密摺奏明，伏祈皇上諭旨獎勵，批於臣摺，臣專員傳諭，不特公丹仲益當感激思効，而臣亦得見信於蒙古之人矣，謹遣標下把總王用予，家人張保賚奏以聞，臣不勝冒昧悚惶之至。

康熙五十七年閏八月二十四日具。

硃批，公丹仲當日陛見時朕已深知，今西邊多事之際，恐人心風鶴，比此有嫌疑，且不過曉諭而矣，事定之後，自有賞法。

[252] 料理軍務都統法蠟等奏為探明西藏拉藏汗被害等情摺（康熙五十七年閏八月二十四日）[2]-2701

奏，料理軍務都統臣法蠟，四川巡撫臣年羹堯為奏明事。

臣等自川省備兵以來，凡西藏情形信息無不留心體察，向聞達則哇地方雖係西藏所屬，其碟吧名大克咱〔註686〕者素與拉藏不合，上年車陵董羅布領兵至彼，拉藏退保布達拉城內，原可堅守以俟救援，而達則哇之人叛主，開北門延敵入城，以致拉藏被害，即蘇爾扎逃出之時亦係達則哇之人挐獲交與大克咱，大克咱轉交車陵董羅布解送側旺阿喇布坦〔註687〕處，車陵董羅布已將大克咱立為藏王，現在管事等情，臣等因係傳聞，不盡畫一，未敢冒昧入

〔註686〕《平定準噶爾方略》卷六頁九作第巴達克咱。
〔註687〕《平定準噶爾方略》卷一頁一作策妄阿喇布坦。

告，惟咨護軍統領臣溫普，打箭爐稅差，裡塘領兵各官加意探訪，前准裡塘領兵侍衛臣那沁〔註688〕等探明，大克咱遣其營官獨日結洛丁與義馬兩人管押蠻客赴爐交易，細問藏內情由，咨明臣等，與打箭爐稅差員外郎常命保等所咨無異，臣查蠻客來爐，向亦有營官管押，而此獨為車陵董羅布信用之大克咱所遣，或係乘機窺探信息亦未可定，若遽撥兵拏解，又恐蠻客驚惶，是以密咨護軍統領臣溫普擇其狡詐者一名，諭以臣等欲訊問西藏諸事，令其至省，今於閏八月二十一日將營官獨日結洛丁委官押送到來，臣等先問以班禪喇嘛果否身故，據稱班禪並不曾死，現駐扎什隆布寺內，三月二十九日我起身以前親去見過等語。再問近日西藏何人管事，據稱藏內諸事現係大克咱管理，是車陵董羅布立他做藏王等語。又問拉藏印信與達賴喇嘛印信何人掌管，爾等是否大克咱所遣，據稱拉藏原管印的叫坡拉呢〔註689〕，拉藏被害，坡拉尼不肯交出印來，是車陵董羅布要殺他，纔將印交與車陵董羅布，就轉交與大克咱，平常小事不曾用印，因為竹巴地方營官用印一次，達賴喇嘛的印也是車陵董羅布奪去，交與大克咱了，我們是大克咱叫管押蠻客來的等語，其餘誘問，俱推不知。據此供詞，則非特從前之傳說屬真，而拉藏之被害明係大克咱之賣主，其營官獨日結洛丁既為大克咱所遣，不無窺探內地之情，本應解赴御前聽候究訊，但閏八月十八日接准儀度額真臣色楞咨文內云領兵過哈拉烏蘇，於七月二十一日與賊交戰，我兵大獲全勝等因，則西藏不日平定，車陵董羅布與大克咱若不投降，即當就擒，而獨日結洛丁身軀肥重，不能馳驛，臣等留禁成都，或俟擒獲大克咱之日以為賣主從賊之指證，抑或西藏事完之日再行請旨發落，伏祈睿鑒批示遵行。

康熙五十七年閏八月二十四口具。

硃批，是，知道了，再打聽西邊之事，速報。

〔註688〕《衛藏通志》卷十三上《定西將軍噶爾弼平定西藏疏》作二等侍衛那沁。
〔註689〕似為頗羅鼐。《欽定西域同文志》卷二十四載，坡拉鼐索特納木多布皆，轉音為頗羅鼐索諾木多布皆，原官第巴，授扎薩克頭等台吉，辦噶卜倫事，累封至郡王，賜印信，按坡拉鼐為索特納木多布皆所居室名，漢字相沿止從轉音稱頗羅鼐。康熙五十九年清定藏，封頗羅鼐一等噶布倫，辦理達賴喇嘛商上事務，旋封為一等台吉，管理後藏扎什倫布一帶地方兵馬事務。雍正五年西藏噶布倫阿爾布巴等作亂，殺總理西藏事務貝子康濟鼐，頗羅鼐舉後藏兵與之戰，俘阿爾布巴等，查朗阿率清軍入藏，誅阿爾布巴等人，遷七世達賴喇嘛至泰寧。清廷封頗羅鼐為固山貝子，總理藏務，成為事實上甘丹頗章之領袖，雍正九年晉封多羅貝勒，乾隆四年晉封多羅郡王，乾隆十二年卒。

[253] 領侍衛內大臣海金等奏為賞賚青海貝勒等摺（康熙五十七年九月十三日）[1]-3258

領侍衛內大臣公臣海金等謹奏，為請旨事。

據理藩院奏稱，青海貝勒戴青和紹齊察罕丹津馳驛前來叩謝主子之恩，竊查先貝勒察罕丹津來時以初來之禮，皇上賞貝勒察罕丹津帽帶蟒緞袍素珠等物外，賞備雕鞍馬一匹，四十兩重銀盆一個，頭等雕刻撒袋內有弓、十隻箭插一個，頭等雕刀一把，綢二十疋，翠藍布二百疋，茶一簍。賞隨來之台吉等棉蟒緞袍各一件，染貂皮帽各一頂，嵌金環帶內係小刀手帕荷包各一件，夾沿股子皮靴內雙層綢襪各一雙，綢各五疋，翠藍布各五十疋。賞齋桑等綢各二疋，翠藍布各二十疋。賞綽爾濟金黃色蟒緞棉袍各一件，綢各二疋，洋緞各一疋，彭緞各一疋，翠藍布各二十疋。賞噶隆綢各一疋，翠藍布各十疋。賞侍衛等綢各一疋，翠藍布各十疋。賞使臣綢各三疋，翠藍布各二十疋，俱已在案。今皇上既賞貝勒察罕丹津衣帽帶等物，無庸另賞外，台吉阿喇布坦〔註690〕等眾與貝勒察罕丹津共同前來叩謝主子之恩，相應依照先前賞賜前來台吉之例，酌情減之，扎薩克頭等台吉阿喇布坦、台吉彭蘇克、和尼齊阿拜賞伊等官綢各五疋。賞諾彥綽爾濟綢四疋。賞所屬台吉棟牛特等九人綢各三疋。賞使者額木齊噶隆，齋桑都喇勒等八人綢各二疋。賞益西噶隆等四人，侍衛色布騰等十五人綢各一疋。此外賞跟役十三人翠藍布各十疋。又查得此次所攜來之官綢俱用完畢，賞伊等綢，俱折銀賞之，既然伊等乘官駝馬而往，計算伊等所食，每日擬定用羊八隻，二個月廩饎〔註691〕羊價銀三百八十四兩，由戶部領取發給可也，為此謹奏請旨等因，於康熙五十七年九月十二日交乾清門頭等侍衛喇錫具奏，奉旨，喇錫爾與督管大臣、大學士、大臣等會議具奏，欽此欽遵。

臣等會議得，青海貝勒戴青和紹齊察罕丹津親來請聖主安，竊查察罕丹津先來時以初來之禮，皇上賞帽帶蟒緞袍素珠等物外，賞備雕鞍馬一匹，四十兩重銀盆一個，頭等雕刻撒袋內有弓、十支箭插一個，頭等雕刀一把，綢二十疋，翠藍布二百疋，茶一簍。賞隨來之台吉等棉蟒緞袍各一件，染貂皮帽各一項，嵌金環帶內係小刀手帕荷包各一件，夾沿股子皮靴內雙層綢襪各一雙，綢各五疋，翠藍布各五十疋。賞齋桑等綢各二疋，翠藍布各二十疋。

〔註690〕屬準噶爾部遊牧青海者，郡王察罕丹津之婿，《蒙古世系》表四十三作阿喇布坦，父納木奇札木禪，祖卓哩克圖和碩齊，曾祖巴圖爾渾台吉。

〔註691〕原文作槀饎，今改正為廩饎。

賞綽爾濟金黃色蟒緞棉袍各一件，綢各二疋，洋緞各一疋，彭緞各一疋，翠藍布各二十疋。賞噶隆綢各一疋，翠藍布各十疋。賞侍衛等綢各一疋，翠藍布各十疋。賞使臣綢各三疋，翠藍布各二十疋，業已在案。今皇上除賞貝勒戴青和紹齊察罕丹津衣帽帶等物件外，仍照前賞察罕丹津以實物價折銀，賞貝勒察罕丹津銀四百兩，賞扎薩克頭等台吉阿喇布坦銀一百五十兩，賞台吉盆蘇克、和尼齊阿拜銀各一百兩，賞諾彥綽爾濟銀九十兩，賞所屬台吉棟牛特等九人銀各八十兩，賞使臣額木齊噶隆、齋桑都喇勒等八人銀各四十兩，賞益西噶隆等四噶隆、侍衛色布騰等十五人銀各二十兩，賞跟役十三人銀各八兩，既然伊等乘官馬駝而往，計算伊等所食，每日擬定用羊八隻，二個月廩餼羊價發給銀三百八十四兩。臣等竊思，青海台吉等俱係固始汗子孫，駐於邊界地方，恭順行事九十年餘，歸從聖主仁化，多年忠誠欽遵皇上旨意而行，將新呼畢勒罕即遵旨送至塔爾寺居住，策妄喇布坦〔註692〕二次遣使來貢者可嘉，對貝勒應如何體面施恩之處，伏祈上裁，為此謹奏請旨。

領侍衛內大臣公臣海金。

領侍衛內大臣公臣馬爾賽。

大學士臣馬齊。

理藩院尚書臣赫壽。

乾清門頭等侍衛臣喇錫。

理藩院右侍郎臣特古忒。

硃批，察罕丹津於人心疑慮之際，捨身來投朕，實屬可嘉，即封郡王，應視為褒獎，再時值嚴寒，給皮襖之處，一併覆議奏。

[254] 議政大臣海金等奏為於西寧地方補充兵額摺（康熙五十七年九月十八日）[1]-3260

議政大臣領侍衛內大臣公臣海金等謹奏，為欽遵上諭事。

據總兵官王以謙奏稱，西寧係邊陲之地，其內各地前來之人混居，外與青海交界，且通西藏，特設總兵官，督管官兵駐防，竊奴才標下額定馬步兵四千五百名，其內隨大軍進伐西藏及駐防邊外之兵三千四百四十名，又除卻護衛呼畢勒罕〔註693〕，經常差往邊外探信，護送往返行走之蒙古人等，不斷護送往汎地送米廩餼之兵外，營內餘兵甚少，實不足需，西寧地方雖有滿洲

〔註692〕原文作策妄喇布坦，應為察罕丹津。
〔註693〕指七世達賴喇嘛羅布藏噶勒藏佳木磋。

官兵一千，有固原延綏興漢〔註 694〕三總兵官標下一千五百駐軍，現俱候調，行駐不能定，查得西寧邊陲地方人民原能忍耐寒冷之苦，稔知邊外蒙古人等情形，即招募本地人民二千，以步軍之糧餉給養，列爲奴才營，教練放槍，可鎮守地方，倘有所行之事，不需從遠處調遣，即可就近差遣，發給伊等盔甲槍支，奴才蒙恩甚重，並無得以報答之處，願同標下官員共捐獻，製作發給，俟平定逆賊後，此項軍務再另行具奏請旨，伏祈皇上睿鑒，敕部議覆施行，爲此具摺謹奏請旨等因，於康熙五十七年九月十八日交乾清門頭等侍衛喇錫轉奏。本日奉旨，交議政處議奏，欽此欽遵。

臣等會議得，據西寧總兵官王以謙奏稱，職標下馬步兵四千五百名，其內隨大軍進伐西藏及鎮守邊外地方之兵三千四百四十名，除卻護衛呼畢勒罕，差往邊外探信，護送往返行走蒙古人等，護送往汛地送米糧餉之兵外，營內餘兵甚少，實不足需，查得西寧邊陲地方人民原能忍受寒冷之苦，稔知蒙古人等情形，即招募本地人民二千，以步軍糧餉給養，列爲我營，教練放槍，可防守地方，不需從遠處調遣軍士，即可就近差派，發給伊等盔甲槍支，職願同標下官員捐獻，製作發給，俟平定逆匪後，此項軍務，另行具奏請旨等情。查得西寧地方甚要，現值軍需之機，既然總兵官王以謙今奏稱營內餘兵甚少，招募本地人民二千，以步軍糧餉給養，操演用之，依奏由本地人民內招取材技優長，喫苦耐勞之人，爲步兵以用，俟事定，此類軍士如何區處，具奏請旨可也，爲此謹奏請旨。

議政大臣領侍衛內大臣公臣海金。

議政大臣領侍衛內大臣公臣馬爾賽。

大學士臣馬齊。

議政大臣戶部尙書臣孫扎齊。

議政大臣工部尙書臣徐元夢。

議政大臣理藩院尙書臣赫壽。

兵部左侍郎臣扎克旦〔註 695〕。

右侍郎臣查弼納。

硃批，依議速行。

〔註 694〕原文作興安，今改爲興漢。

〔註 695〕《清代職官年表》部院滿侍郎年表作兵部左侍郎渣克旦。

[255] 為征剿準噶爾軍所發上諭一道（康熙五十七年九月十九日）[1]-3261

　　康熙五十七年九月十九日乾清門頭等侍衛喇錫傳旨，今我軍抵哈喇烏蘇，拒敵以駐，今取招地則已，倘不可取，既然來年遣大軍務取招地，咨行我等雲南四川之打箭爐二路所駐大臣喇嘛蒙古章京等，由彼處尋土伯特、阿木多、唐古特地方喇嘛數人，多給伊等盤費，由打箭爐、雲南之節達木、鹽達木、察木多抵招地、喇錫倫布，叩拜廟、佛、班禪、喇嘛等，秘密攜書致博克達班禪、第巴拉扎里等，曉諭若送行文前來，充足賞賜等情，此行文內載，我聖主乃天下之共主，黃教係達賴喇嘛、博克達班禪與我大國法度相合，九十年餘彼此遣使送禮，喇嘛作為施主，乃土伯特地方教源，寺廟喇嘛等俱蒙聖主之恩，各自照依經訓安生，叛逆策妄喇布坦謊稱為了宗教，暗地遣兵殺拉藏汗，取招地，勾結第巴頭目等將黃教之納木扎喇桑等數寺廟、紅教之寺廟俱毀之，殺害德爾敦、多爾濟喇克〔註696〕、敏都玲〔註697〕等大喇嘛，及地位如同博克達班禪之多爾澤澤木巴、古濟里木布車二呼畢勒罕，稱五世達賴喇嘛叛入〔註698〕紅教，毀達賴喇嘛金塔，焚達賴喇嘛蘇木布木經書，稱博克達班禪不體面，毀佛教，我聖主真正為佛教大施主，不忍聞此情即發派邊界地方數千大軍陸續隨往，務取招地，復遣大軍與青海之軍同往取招，爾等斷勿依附第巴頭目及車凌敦多布等，各自固守地方，我大軍剿滅準噶爾軍，依五世達賴喇嘛經教法度，展拓黃教，照前繕寫扎薩克、喀爾喀、厄魯特通行大施主之道路等語，奏覽送發，欽此欽遵，將此行文都統何里〔註699〕、法蠟、護軍統領溫普、巡撫年羹堯，打箭爐喇嘛官員等，由此將該行文交喇嘛土官呼圖克圖〔註700〕、滿喇木巴

〔註696〕此處作德爾敦、|多爾濟喇克兩人，第二四七號文檔作德爾敦多爾濟喇克，為一人。

〔註697〕指敏珠林寺之大喇嘛，敏珠林寺在今西藏扎囊縣門主鄉敏珠林村，準噶爾據藏時期，敏珠林寺有二大喇嘛白瑪久美江措、大譯師達摩師利被殺，應即此二喇嘛。

〔註698〕此處補入字。

〔註699〕《欽定八旗通志》卷三百二十四作蒙古鑲白旗都統何禮，康熙五十五年十一月巳調。

〔註700〕原文作喇嘛、土官、呼圖克圖，今改正為喇嘛土官呼圖克圖。指第二世土觀活佛羅桑卻吉嘉措，亦作阿旺卻嘉措，今青海省互助縣東山鄉人，康熙四十三年至五十一年任佑寧寺第二十四任法臺，卸職後被清聖祖召入北京，封為掌印喇嘛，康熙五十九年奉命護送七世達賴喇嘛入藏坐牀，回京後被清世宗封為靜修禪師，成為清代駐京呼圖克圖。

〔註701〕等，譯爲唐古特文發送可也。

[256] 四川巡撫年羹堯奏請給以總督虛銜以清營伍積弊事摺（康熙五十七年十月初一日）[2]-2708

奏，四川巡撫加六級臣年羹堯爲奏明請旨事。

竊惟川省營伍之弊，久經聖明洞鑒，內惟提標諸事，臣得就近整頓，其餘鎮協漸次淸查，前已會同都統臣法蠟奏明在案，聞化林協兵多缺額，餉亦虧空，臣因副將趙弘基領兵駐紮裡塘，諭令守備羅雄募補，旋據該守備差家人高二投稟，呈送金子五十兩，靑狄皮褂一件，臣思守備何官，饋送如許，若非虛兵扣餉，豈易得此，其營伍之積弊可知，但思饋送參劾，有似沽名，是以叱還原物，而委提標遊擊黃起憲署理該協印務，淸查諸弊，速爲整頓，據署協查出缺兵二百餘名，守備侵虧餉銀三千餘兩，時値散給秋餉，不能掩飾，守備羅雄於閏八月初六日自用鳥槍打死宅內，其子止以病故具報，臣訪查既確，與署協稟報相同，理應參究，然兵餉所虧不少，誠恐無可着追，而用兵之際不宜頻有大案，副將領兵在外，又難替回，所以未曾具題，雖所少餉銀，副將懼罪，現在賠補，所缺額兵，署協陸續召募，而守備自盡情由，臣不敢終隱，謹據實摺奏，其副將趙弘基通同侵冒之弊，應否俟領兵回日另疏參處，伏祈聖主明示（硃批，是），至鎮協積習，川省大約相同，各營公費糧一項，原爲修理帳房旗幟一切軍資而設，今則惟充提鎮之節禮而已，若營中公事，則另行派扣，目下夔州協到任未久，遵義尙未到任，而四鎮之中惟建昌鎮臣王之俊操守不濫，重慶川北兩鎮皆不能及，至松潘一鎮非但節禮加重，凡交際往來，下逮杯酌之微，無不派之各營，兵無足餉，安望精強，是武官之節禮不除，營伍之困苦不蘇也，督臣鄂海未嘗不三令五申嚴行禁革，臣亦咨行，務期整飭，即各官因公赴省，諄諄勸戒，無如積習難移，督臣遠在西安，鞭長莫及，臣與各鎮原無節制之責，而將備各官惟視提鎮之意指以爲從違，必欲悉除痼弊，將鎮協各營整頓一新，非假臣以虛銜不能也，伏祈聖主暫加臣以總督虛銜，並求賜以孔雀翎子，令臣節制各鎮，一年之後，營伍必當改觀，俟兵馬事竣，臣即奏繳虛銜，不敢久於忝竊，臣因邊省備兵，

〔註701〕據《安多政教史》頁四十八註釋文載此人藏名全稱爲賽科巴達喇嘛噶居瓦羅桑程勒，賽科巴爲靑海廣惠寺僧，達喇嘛爲喇嘛職銜之一，噶居巴係學位名，經歷待考。

營伍所關甚重，思邀聖主之恩榮，下竭犬馬之心力，冒昧陳請，不避嫌忌，統祈睿鑒，臣不勝惶悚之至。

康熙五十七年十月初一日具。

硃批，已有旨了。

[257] 料理軍務都統法蠟等奏報里塘僧俗資送大軍口糧事摺（康熙五十七年十月初二日）[2]-2709

奏，料理軍務都統臣法蠟，四川巡撫臣年羹堯爲奏明裡塘僧俗感激天恩，資送大兵口糧並代齎奏摺，仰祈睿鑒事。

欽惟我皇上仁育萬方，無分遐邇，自因西藏用兵，凡彼僧俗皆感聖主保護之恩，臣等前奉俞旨，令傳諭土白特人民，使有餘之家運送糧食，接濟大兵，臣等即飛咨裡塘領兵各官，譯寫唐古特文書遠傳曉諭，茲於十月初一日准侍衛那沁等咨開，裡塘僧俗人等感沐天恩，咸稱蒙聖主差遣大人領兵護庇我們，地方受福，今堪布桑結春平情願將自己喫用糌粑那凑五十駝，又有達哇朗章巴〔註702〕同營官色不屯〔註703〕、阿朱〔註704〕情願與百姓凑糌粑一百駝牛十五隻羊五十隻，俱於九月二十日送往西藏，少助大兵食用等因。又咨稱遣人往巴塘洛籠宗一帶探聽西藏情形，於九月初八日據巴塘營官云，我差人往藏裡探信，今日纔回來，於工布地方聞說天朝大兵已經進藏，屯噶兒領兵的獨噶兒宰桑〔註705〕在達木地方被大兵殺死，藏裡僧俗都投順天朝，大家幫助將屯噶兒兵馬一多半殺了，剩不多的逃走了，天朝大兵是前八月裡已進拉撒住下等語。臣等細思此信果眞，又係前八月之事，則領兵之額倫特等必從西寧咨會，臣等不止於裡塘先聞此信，且巴塘營官所遣之人並未親身到藏，其是否確實，除飛咨再令遠探外，正在繕摺間，又准護軍統領臣溫普咨送奏摺一封，閱咨內情由，與臣等所奏略同，理合遣臣年羹堯家人翟四，臣標右營馬兵曹朋一併齎進以聞。

康熙五十七年十月初二日具。

硃批，事雖未眞，理應如此，再留心打聽，着速報聞。

〔註702〕《平定準噶爾方略》卷六頁二十二作達瓦喇木扎木巴。
〔註703〕《平定準噶爾方略》卷六頁二十二作第巴塞卜騰。
〔註704〕《平定準噶爾方略》卷六頁二十二作第巴阿住。
〔註705〕《平定準噶爾方略》卷四頁十八作都噶爾。

[258] 議玫大臣巴琿德等奏報雲南軍務之員相互不睦摺（康熙五十七年十月初三日）[1]-3263

議政大臣領侍衛內大臣侯臣巴琿德〔註706〕等謹奏，爲欽遵上諭事。

據都統何里等奏稱，奉旨來雲南省沿邊商辦軍務，奉聖訓，爾等前往彼處並無事，惟使地方兵民安寧爲責，欽此欽遵。竊奴才等愚意，倘於邊界有事，則拼死報効聖恩，奴才等抵至，會同總督提督視察邊地，兵武精銳，地方安謐，聖主洞察預料萬里以外之事，奴才等讚歎不絕，今年雨水又甚調順，糧食豐收，兵民屢蒙主子鴻恩，俱各安生業，甚爲寬舒，無人不歡欣感激主子之恩，奴才等忠誠謹記主子訓旨，駐大理府，會同提督張谷貞〔註707〕惟操演兵士騎射放槍，以探邊外消息爲責，奴才親自隔日一次前往，提督張谷貞平素練兵處射之，以此前鋒參領滿丕，二等侍衛張珠、郎中佛延壽同行，逢議事辦事，亦常伊等三人同行，惟原前鋒參領現任副都統鄂彌達〔註708〕，二等侍衛麥圖，原主事現任員外郎德成，伊等三人，凡集會商議事務〔註709〕避而不至，將奏摺俱送往住處署名，雖至亦不發一言，惟持異意，嫉妒効力之人，尋隙以穢語進行誹謗，故將伊等攪混公事，致干法紀之處逐一陳奏主子。鄂彌達謊騙奴才稱，誠親王〔註710〕寄信內稱，既然雲南無事，爾等應奏請返回，言後奴才欲觀書信，鄂彌達云書信內另有事，不准閱看，又僞稱獻王，收取鶴慶府知府孟義勳〔註711〕白馬一匹，劍川州知王世貴〔註712〕紅馬一匹，豹花馬一匹，然並未送與王，伊本身騎乘，又將劍川州知州王世貴〔註713〕之包衣王姓人養於伊之下榻處，探聽地方之事，製造事端，該王姓人，將其親戚之女兒許與鄂彌達，現我又同鄂彌達本人，二等侍衛麥圖，員外郎德成三人會議，原任總兵官王義貴〔註714〕、副將鄭吉寬〔註715〕等標下兵額缺乏，由鄂彌達倡率，麥圖、德成擅自遣往劍川州等處，訛稱檢查軍伍，王義貴、鄭

〔註706〕《欽定八旗通志》卷三百十八作領侍衛內大臣侯巴琿岱。
〔註707〕《雲南通志》卷十八頁一百三十六作提督張國梁，原名谷貞，陝西人。
〔註708〕《欽定八旗通志》卷三百二十四作蒙古鑲紅旗副都統鄂密達。
〔註709〕原文作商議務事，今改正爲商議事務。
〔註710〕指清聖祖第三子胤祉。
〔註711〕《雲南通志》卷十八頁一百二十四作鶴慶府知府孟以恂。
〔註712〕《雲南通志》卷十八頁一百二十四作劍川州知州王世貴。
〔註713〕原文作王貴，今改正爲王世貴，《雲南通志》卷十八頁一百二十四作劍川州知州王世貴。
〔註714〕《雲南通志》卷十八頁一百三十八作永北鎮總兵官汪一桂。
〔註715〕《雲南通志》卷十八頁一百四十一作劍川協遊擊鄭繼寬。

吉寬著此等人前往伊處肆行暴虐，將伊等跟隨兵丁如何死亡，我等不曉，稱
墜山而亡，迫我等收取甘結，欲看兵丁之婦，因未准觀看，而將兵丁打昏等
情，稟報前來，此文交提督張谷貞收存，麥圖、德成此往時五日里程逾一夜
翌日抵達，以此九匹營馬疲倦而亡，業已在案。麥圖依附鄂彌達挑唆肇事，
與民彭瞎子兒媳淫亂，強娶之時其夫訟告該縣，將婦退還其夫，此事知縣衙
門在案，復由雲南城攜來一婦，不曉何之婦，復娶數婦，德成係部之官員，
竟不曉事，背著鄂彌達，身係員外郎，佩帶孔雀翎，鋪置紅墊，濫施淫威，
逞強拆毀鄰居軍士牆院，每日酗酒，伊等三人所行此等不肖之事，奴才何里
俱記錄在案，回京城時依出兵例具奏交該處。康熙五十七年九月十日夜二等
侍衛麥圖家奴薩勒因恃強毆打坐堆之兵丁石泰，故十一日石泰等四十六名軍
士告稱，麥圖、德成之二家人每夜任意行於各處，我等每問，謂何故問伊，
將我等打昏數次矣，我等今不能當差，祈給我等生路等語，兵丁被打之處，
各自繕書，攔路訟告，故此奴才何里為會議此事，宣諭眾人後，鄂彌達稱伊
生病而不來，麥圖、德成亦未來，奴才親率前鋒參領滿丕、二等侍衛張珠、
郎中佛彥壽〔註716〕前往鄂彌達下榻處探看，並無躺臥，將情由告伊後，鄂彌
達語有事不如無事，欲商議亦無回答，奴才集合滿丕、張珠、佛彥壽、提督
張谷貞、知縣劉炳、執拏麥圖家人薩勒取供，本月十三日奴才我等集合眾兵
丁，將薩勒治罪懲打，以安撫眾意而宣諭後，副都統鄂彌達不來，且向宣諭
之千總馮水英稱，此並非我家奴，與我無干故不來，麥圖、德成俱因我不往
而未來，麥圖家奴薩勒於衙門前肆意謾罵奴才我等，故此將薩勒照常交地方
官員監禁，奏聞主子，奴才等請將鄂彌達、麥圖、德成伊等所行各種暴虐之
事，經主子睿鑒，由京城差臣審明，或交總督巡撫審理具奏，謹奏請旨等因，
於康熙五十七年十月二十五日交乾清門頭等侍衛喇錫轉奏。奉旨，交議政處
議奏，欽此欽遵。

　　臣等會議得，據都統何里等奏文稱，奴才等蒙旨赴雲南省沿邊商辦軍務，
惟前鋒參領滿丕、二等侍衛張珠、郎中佛彥壽同行，副都統鄂彌達、二等侍
衛麥圖、員外郎德成伊等凡集會議事辦事避而不來，探取地方事務之消息，
製造事端，奴才等請將鄂彌達、麥圖、德成伊等所行各種暴虐之事，經主子
睿鑒，由京城差臣審明，或交總督巡撫審理具奏等因，何里、鄂彌達等蒙旨
赴雲南之人，諸事理應同心商辦，今正值有軍務之際，既然伊等相互不睦，

〔註716〕 本文檔前文作郎中佛延壽。

將鄂彌達、麥圖、德成召回，事畢何里等來時再查議，伊等之缺是否另差人更換之處，伏祈上裁，爲此謹奏請旨。

　　議政大臣領侍衛內大臣侯臣巴琿德。

　　議政大臣領侍衛內大臣公臣馬爾賽。

　　大學士臣馬齊。

　　大學士臣嵩祝。

　　議政大臣前鋒統領兼都統臣郎圖。

　　議政大臣都統兼護軍統領臣武格。

　　議政大臣兵部尚書臣孫柱。

　　議政大臣刑部尚書臣賴都。

　　議政大臣理藩院尚書臣赫壽。

　　議政大臣都察院左都御史臣黨阿賴。

　　兵部左侍郎臣扎克丹〔註717〕。

　　右侍郎臣查弼納。

　　理藩院左侍郎臣拉都渾。

　　右侍郎臣特古忒。

　　硃批，將鄂彌達等由彼處遣往打箭爐，由溫普管轄効力。

[259] 吏部尚書富寧安等請安摺（康熙五十七年十月十九日）[1]-3270

　　奴才富寧安等俯伏敬請聖主萬安。

　　奴才富寧安。

　　奴才阿喇納。

　　奴才雅木布。

　　奴才阿保。

　　奴才盧振生〔註718〕。

　　奴才法瑠〔註719〕。

　　奴才智雲。

　　奴才長齡。

〔註717〕《清代職官年表》部院滿侍郎年表作兵部左侍郎渣克旦。
〔註718〕《平定準噶爾方略》卷一頁十三作肅州總兵官路振聲，後陞任甘肅提督。
〔註719〕原文作汪瑠，今改爲法瑠。《平定準噶爾方略》卷七頁三十一作前鋒統領法瑠，
　　　　後授滿洲正藍旗副都統。

奴才鄧奇章〔註720〕。

奴才楊昌泰。

奴才張洪銀〔註721〕。

奴才巴吉。

奴才羅布藏達爾札。

奴才達西達爾札〔註722〕。

硃批,朕體安善,爾等均好嗎。

[260] 吏部尚書富寧安奏報肅州等處訓練並貿易情形摺(康熙五十七年十月十九日)[1]-3271

奴才富寧安謹奏,爲奏聞事。

前經奴才奏聞兵丁馬駝俱肥壯,武器齊備,常令官兵騎射,馬上練槍,復增派兵固守卡倫,以及諸物價廉等情,於七月業已奏聞,今年秋季雨水合時,到處水草茂盛,官兵之馬畜俱益加肥壯,入冬以來五次落雪,雪厚不過二三寸,因氣候較暖雪落即融,如今並不冷,將運至之米除發給官兵外,現積米二萬四千石餘,今自邊內來貿易者較前益加多,商街擴展,商人又增建房屋,從肅州至巴里坤商賈不絕,沿途如同內地,均設商攤,商賈將綢布茶及衣服靴襪針線等各類小物俱攜至巴里坤出售,此俱蒙古人所需物品,喀爾喀地方之蒙古驅趕牛羊,可互換出售,諸物均價廉,於軍士甚益,前來貿易之人蒙古人居多,爲恐爭價格之貴賤,啓吵鬧之事端,奴才令兵民俱嚴加禁止,且復派出滿蒙綠營官兵均於商街坐堆子,不時巡察,故絲毫無事,仰賴聖主之恩,巴里坤地方水好,滿蒙綠營官兵跟役以至商賈竟無病災,平安生活,爲此謹具奏聞。

硃批,知道了。

[261] 山西巡撫蘇克濟奏請餵養駝隻事摺(康熙五十七年十月二十四日)[1]-3273

山西巡撫奴才蘇克濟謹奏,爲請旨事。

〔註720〕 《欽定八旗通志》卷三百三十一作西安副都統鄧起章。《平定準噶爾方略》卷九頁十作副都統鄧奇章。

〔註721〕 《平定準噶爾方略》卷三頁十八作總兵張弘印,時其爲貴州大定總兵。

〔註722〕 第二四三號、第二七二號文檔作達西爾札,待考。

今年運米完竣，應交付大同之官駝捐駝共三千七百隻，其內沿途倒斃之駝數由運米大臣另奏外，現交廠之駝二千九百九隻，奴才逐一查看可餵養之駝惟有一千七百六十八隻，羸弱殘疾之駝有一千一百四十一隻，此駝雖加餵養，來年運米亦不能用，奴才愚念此殘疾之駝暫留於廠過冬，來年草青之時交付塞外蒙古人等於水草茂盛之牧場放牧，使之復原渡過殘疾，再予以餵用，來年運米事既然甚要，此殘廢駝之缺奴才會同全省官員多捐，購駝入廠餵養以備運米，爲此謹奏請旨。奴才蘇克濟親書。

硃批，此駝雖殘疾亦不可棄之，仍需醫治，多加養肥，則有一半可用也，勤加餵養。

[262] 四川巡撫年羹堯奏報廓廓烏蘇蒙古台吉進獻馬匹物品摺（康熙五十七年十月二十四日）[2]-2717

奏，四川巡撫加六級臣年羹堯爲再奏遠人向化仰祈睿鑒事。

欽惟我皇上柔遠宏恩獨隆千古，而睿照所及，更邁百王，前因公丹仲輸誠，經臣摺奏，已奉御批，臣於聖主懷柔之道，始獲仰窺萬一，隨遣臣標把總王名顯前往曉諭，令其益勵後效，今又有住牧廓廓烏蘇之台吉厄爾克戴青阿喇布坦加母楚〔註723〕，乃代成巴圖魯伴巴爾〔註724〕之子，王插漢丹進之侄，堪布奴木漢〔註725〕之胞兄也，遣其宰桑二人，一名齊呼拉，一名達木林來至成都，賫有表文一通，貢馬九匹拉固里木椀一件藏香十三束素珠十一盤氆氇十一卷，彼因未有封號，不能獻達至尊，求臣轉奏，臣本不敢越俎擅言蒙古事宜，但其住牧之所去松潘不及十日，值此用兵之際，所當羈縻，或有用處，是以不便拒絕其意，所有奏表貢物，不得不代爲進呈，內惟馬匹原屬平常，現今疲瘦難以遠行，或俟餵養臕壯，另行牽送，或留川省以備軍需，伏候聖哉，其宰桑已犒賞，遣送出關。

再查阿喇布坦加母楚之父兄弟四支，其三支悉已受封，惟伊未霑聖澤，其宰桑所稟，向化歸誠極爲懇切，臣不敢遽信爲眞，然其宰桑無意中言及阿喇布坦加母楚之妻係西藏人，每年遣視母家，往來走熟，自西藏有捷路一條，

〔註723〕《蒙古世系》表三十九作阿喇布坦札木素，顧實汗圖魯拜琥第五子伊勒都齊曾孫，父岱青巴圖爾，祖博碩克圖濟農。
〔註724〕《蒙古世系》表三十九作岱青巴圖爾，顧實汗圖魯拜琥第五子伊勒都齊之孫，父博碩克圖濟農。
〔註725〕《蒙古世系》表三十九失載，《如意寶樹史》頁七九〇後表四載其名阿其圖諾門罕，父名巴布。

繞出木魯烏蘇下渡，臣思西寧大兵前進，糧運在後，此事甚有關係，隨揀選喇嘛一名，通事二名，多給盤費，同宰桑出口，以還願拜佛爲辭，托阿喇布坦加母楚差人伴護到藏，或可得此捷路，蒙古貪利，臣許以重賞，伊甚歡欣而去，臣謹遣家人蓋藩，臣標右營馬兵王賓齎摺以聞，伏祈聖主睿鑒施行。

康熙五十七年十月二十四日具。

硃批，已有旨了，著速打聽西邊大兵信，報聞。

[263] 議政大臣巴琿德奏爲將西藏貿易人解來京城摺（康熙五十七年十月三十日）[1]-3275

議政大臣領侍衛內大臣侯臣巴琿德謹奏，爲欽遵上諭事。

據都統何里等奏文內開，康熙五十七年閏八月初四日據浩里鎮總兵官趙坤〔註726〕報稱，據遣往中旬探信千總何元及麗江土司知府穆興〔註727〕所差衙役何德稟報，第葉巴達傑〔註728〕屬下人，連同彭祖達吉之隨從共九人來中旬地方貿易，惟第葉巴達傑乃降策妄喇布坦爲藏之副王之人，故拘留彭祖達吉等看押，將打探情形來文臣等即行文鎮總兵官趙坤，麗江府土司知府穆興，於中旬營官著彭祖達吉嚴加看護，以候請旨等因，續據總兵官趙坤來報，中旬營官遵天朝主子之令，與千總何元將彭祖達吉一併執拏，解送鎮，再將所取口供一併呈送，速咨行該總兵官謹慎看守外，將彭祖達吉等或解送京城，或應如何辦理之處，伏乞聖裁，鎮總兵官趙坤所取彭祖達吉等口供奏覽外，爲此臣等商議，著總督屬下千總徐錫達齎捧摺子謹奏請旨，康熙五十七年十月二十五日交乾清門頭等侍衛喇錫轉奏。奉旨，交議政處議奏，欽此欽遵。

臣等會議得，據都統何里等奏文內稱，據總兵官趙坤來報，第葉巴達傑屬下人彭祖達吉隨從共九人，來中旬地方貿易，第葉巴達傑係降策妄喇布坦爲藏之副王之人，故拘留彭祖達吉等看押，將探明情形之口供一併呈送，臣等速咨行該總兵官令其謹慎看守外，將彭祖達吉等或解往京城，或如何辦理之處，伏乞聖裁等因，將所取口供一併具奏，據彭祖達吉供稱，雖我等番商於番地經常往返經商，不曉藏事，但其主第葉巴達傑係降策妄喇布坦人，現西藏正值有軍務之際，行文都統何里，將彭祖達吉攜至雲南省城嚴加看押，仍經常遣人探信，凡獲消息即速報告可也，爲此謹奏請旨。

〔註726〕浩里鎮爲雲南鶴麗鎮之誤，《平定準噶爾方略》卷四頁一作石匣副將趙坤，此時已陞任鶴麗鎮總兵。

〔註727〕《平定準噶爾方略》卷七頁二十二作土知府木興。

〔註728〕《平定準噶爾方略》卷六頁九作第巴達克咱。

議政大臣領侍衛內大臣侯臣巴琿德。

議政大臣領侍衛內大臣公臣海金。

議政大臣領侍衛內大臣公臣馬爾賽。

大學士臣馬齊。

大學士臣嵩祝。

議政大臣前鋒統領兼都統臣郎圖。

議政大臣都統兼護軍統領臣武格。

議政大臣兵部尚書臣孫柱。

議政大臣刑部尚書臣賴都。

議政大臣理藩院尚書臣赫壽。

議政大臣都察院左都御史臣黨阿賴。

兵部左侍郎臣扎克丹。

右侍郎臣查弼納。

理藩院左侍郎臣拉都渾。

右侍郎臣特古忒。

硃批，將彭祖達吉解至京城。

[264] 內務府奏請賞十四貝子食物摺（康熙五十七年十一月初二日）

[1]-3277

內務府謹奏，爲請旨事。

竊查康熙五十五年十一月初十日具奏，十四貝子〔註729〕差派驍騎參領尼雅哈，閒散章京雅圖來告，去年皇父仁愛賞賜食品等物，養育一年，今年十一月初三日滿一年，皇父之恩我豈敢屢請，惟我甚年幼，再其他阿哥內皇父慈養四五年者亦有，二三年者亦有，請皇父再多養育一二年等因，繕摺具奏。奉旨，來年再奏，欽此。去年十一月初二日復奏聞，奉旨，再一年具奏，欽此欽遵在案。今年十四貝子食品等物，今年十一月初三日期滿一年，食品等物是否照常由大內賜給請旨。

署理內務府總管事務郎中海章〔註730〕、董殿邦〔註731〕。

硃批，既然現赴軍中，照常賞賜，俟歸來再奏。

〔註729〕指清聖祖第十四子胤禎。

〔註730〕《欽定八旗通志》卷三百十八作內務府總管海章。

〔註731〕《欽定八旗通志》卷三百十八作內務府總管董殿邦。

[265] 吏部尚書富寧安奏聞道士欲以神法訓練軍士摺（康熙五十七年十一月初四日）[1]-3278

奴才富寧安謹密奏，爲奏聞事。

先奴才曾奏率小道士查看諸營後，再行奏明等情，道士李慶安稱十月二十八日欲查看軍營，奴才率伊兩日察看諸營後，奴才詢問地方情形勢，所立之營如何，又有無應更改〔註732〕之處。伊言地方甚好，氣候亦好，所扎之營並無庸議，來年進剿可滅策妄喇布坦，我來時皇上有旨，爾前往同富寧安商議，可行則行，倘有不可即悄悄停止返回，欽此。我來觀之形勢氣候甚好，此數日同將軍商議，將軍亦言來年大軍進剿必可剿滅，其意吻合，再我無用蒙古兵之處，將滿洲綠營兵內酌選年輕者八百名另外設營，我以六丁六甲神法進行操練，以此製紅布褂穿服之，外各穿盔甲，不用鳥槍，俱佩帶撒袋，用紅纛旗，策妄喇布坦所駐西方金地，用赤者，前面用赤紅火毀金，令八百名兵丁四面四角各一百名，設頭目督管，佔踞各自處操練，此練習於明年三月初始，進攻時我爲道士妝扮等語。奴才問伊云如何操演可使我知曉乎。伊稱不可知曉。奴才又問大軍行進爾在何處行。伊言將軍附近約二三十里行於大軍之旁，若有知處我稟告將軍，有我親在大軍斷不至失敗等語。奴才又問我等率兵交戰爾在何處，爾兵如何列陣。伊言我率兵另列陣，如有用處彼時調遣，自有奇用，誠無神法八百兵士何足，敗賊後觀形勢，大軍可進則進，大軍若不可進，除我操練之兵外，將軍復增兵於我，我親率進攻，我來時奉旨，爾若率兵進攻勿言朕派爾，惟言富寧安派爾，欽此。奴才復向伊稱值此冬季，又有可行之處乎，倘爾隻身可往策妄喇布坦之處乎。伊言冬季不宜行，我親往策妄喇布坦處有何難，惟關係皇上名聲，地方甚大，此情我亦具奏，皇上甚表贊同等語。奴才復對伊稱聖主遣派爾，確有關係處，我二人商議，我意不奏聞聖主，爾可前往乎。伊言此亦不可，如此我即爲賊子也，此情我亦有具奏皇上之處等語。詢問策妄喇布坦之地方事，伊惟稱有我親在，至今巴里坤毫無事等語。伊對奴才云六丁六甲神法不可凡處皆用，惟於汛地用之，我乃出家修道之人，年甚幼，如此軍務大事本不應前來，惟遇聖主以來，仁養我之殊恩實已至極，我上恐悖皇上仁愛之恩，下恐辱父母養育之身，故日夜惶悚，今既來汛地，欲報効皇上殊恩，事成之時我出家人，不受其功，共爲大軍等語。奴才言爾存此意此心，誠篤而行，上天必佑之，聖主即我等天

〔註732〕原文作便改，今改正爲更改。

也，仰賴聖主威福，事成之後，爾雖稱不受功，而聖主務表彰爾，施以無窮之恩等因，言後，伊稱是。前經奉旨命奴才試驗可用則用之，奴才欲試之，今並無驗試應知之處，且問伊並不告之，惟稱將軍以後得知，觀伊言狀，甚堅信爽快，軍務所關重要，奴才所問伊之所答等情形，俱繕寫密奏以聞，俟聖主訓諭後，照伊由滿洲綠營兵內揀選八百，撥伊操練，爲此謹奏請旨。

硃批，以此所答之語，尚似稍是，他語書於下摺。

[266] 吏部尚書富寧安密奏李慶安道士欲往尋師傅摺（康熙五十七年十一月初四日）[1]-3279

奴才富寧安謹密奏，爲請旨事。

道士李慶安稟告奴才，我來時奉旨，途中得爾師傅之訊，爾即往尋會面，欽此。我往此方來抵至山西城池，遇一劉姓道士告我，爾師傅現居太原府城外白樹林，爾師傅與我信稱，爾往京城後告知我徒弟，急速來我處，言有要語等語。以此我由彼方前往，山彎之處驛站亦無，我又恐張揚，懼而未往，我具奏欲往我師傅前，亦請將軍具奏等語。倘聖主降旨，遣李慶安往其師傅前，相應由驛站騎乘，經過各省揀選筆帖式一名，由我處發給乘驛印文，共同前往，爲此謹密奏請旨。

硃批，曾諭途中會伊之師傅詢問之，並未曾諭往尋會面，果諭往尋相會，有伊在京城時不遣，而自汛地返回例乎，一旦諭師傅往京城，伊來京城乎，觀此情形近似心意冷淡而尋藉口，況且諭凡事與爾商議，爾甚懂事之人，想是不被欺騙，復商議再奏。

[267] 吏部尚書富寧安密奏道士請賞敕書摺（康熙五十七年十一月初四日）[1]-3280

奴才富寧安謹密奏，爲奏聞事。

道士李慶安告奴才，我今率八百兵丁操練，我乃一庶人，雖皇上賞我寶刀，若無職則難以管理，我來時皇上尚擬賜我鈐印敕書，我尚未具奏領而來，乞將軍具奏等語，爲此謹密奏請旨

硃批，伊稱今欲來尋師傅，此事關係重大，所議之事定後再批。

[268] 兵部尚書遜柱等奏請原提督師懿德赴軍營戴罪効力摺（康熙五十七年十一月初八日）[1]-3281

兵部尚書臣遜柱等謹奏，爲請旨事。

據原提督師懿德呈文內稱，卑職之父師達彬承蒙國恩，未得以報効，且卑職又蒙受聖主擢用之恩陞至提督，去年因亂奏聖主未立斬決，暫監禁，卑職願備己力往隨大軍拼死効力，以我家所養駝四十頭送往甘肅巡撫捐助軍需等語。師懿德係獲罪監禁於我部之人，將其派往軍中効力，是否有當，伏祈上裁，爲此謹奏請旨。

兵部尙書臣孫柱。

尙書臣范時崇〔註733〕。

右侍郎臣查弼納。

郎中臣圖理琛。

員外郎臣阿津泰。

硃批，師懿德係原提督，不可差遣，倘來年進兵，差派傅爾丹之處，另具奏。

[269] 吏部尙書富寧安密奏道士以神滅策妄喇布坦摺（康熙五十七年十一月十五日）[1]-3282

奴才富寧安謹密奏，爲奏聞事。

奉諭攻取扼守吐魯番，集議政大臣商議，李慶安問奴才，爲何事會議，奴才將緣由俱告之。以此伊言，將軍大臣等如何議之。奴才云議遵旨攻取吐魯番鎮守事，再具奏一摺，表陳我等心意，明年大舉進伐，以剿滅之，另具摺請旨等因，云後。伊言所奉攻吐魯番扼守之諭旨甚是，以此策妄喇布坦屬下混亂敗散者亦是實，惟稍久，若一年之久，則一年事可成，我蒙皇恩慕重，果不能成事，豈敢〔註734〕言如此大事自身承擔，明年大軍進發，既然我親助將軍而行，斷不至失，且我心念可滅策妄喇布坦，我軍進攻，策妄喇布坦率軍前來迎戰，斬殺更易，倘不前來，於狹隘關口設兵固守，將軍爾等率大軍正面攻入，我率我所操練之兵，守隘口不進，施神法斷山橫入，攻入伊內部，伊如何能抵，以此賊敗逃可滅策妄喇布坦，倘策妄喇布坦敗遁，我率我之兵進攻必將策妄喇布坦誘出，大軍匯合功即成，策妄喇布坦若死則邊疆可安，皇上所慮一事亦完結，我用兵庸劣，惟靠神法而行，將此理應親自繕書具奏，我因未學文，不能繕寫奏事陳此等情由，故請將軍代我具奏，我亦明年進伐甚是，我不能寫文，請將軍代我具奏之情，我亦具奏等語。奴才復

〔註733〕《清代職官年表》部院大臣年表作兵部尙書范時崇。
〔註734〕原文作豈取，今改正爲豈敢。

詳問伊，伊言軍務者國家大事也，誠若無學識，豈敢於皇上前受領前來汛地，或與將軍同行，後可得知也等因，言情甚為堅信爽快。又告奴才明年進兵需用紅妝緞數塊，我亦奏請皇上等語，為此謹密奏聞。

硃批，知道了，向朕所請諸物，俱命內府製作，固裝遣發，惟密則妥。

[270] 議政大臣巴琿德等奏請為西征官兵再賞茶摺（康熙五十七年十一月十六日）[1]-3283

議政大臣領侍衛內大臣侯臣巴琿德等謹奏，為欽遵上諭事。

據靖逆將軍富寧安等奏文稱，主子所賞恩茶，滿蒙綠營大臣官員以至眾軍士，普施聖主之恩，所賞茶葉取指甲般大小熬之，則成一鍋茶，品嘗之味美氣香，色甚濃，攜帶遠行甚便利，俟眾官兵來年進兵時乞請聖主再賞些茶糕子等語。將軍富寧安以主子所賞茶糕子為極珍奇物，便於攜帶，俟來年進兵時復請微賞一事，若來年進兵另賞賜之處，具奏請旨，為此謹奏請旨。

康熙五十七年十一月十六日具奏，奉旨，依議。

議政大臣領侍衛內大臣侯臣巴琿德。

議政大臣領侍衛內大臣公臣海金。

議政大臣領侍衛內大臣公臣馬爾賽。

大學士臣馬齊。

大學士臣嵩祝。

大學士臣肖永藻〔註735〕。

議政大臣前鋒統領兼都統臣郎圖。

議政大臣都統兼護軍統領臣武格。

議政大臣戶部尚書臣孫扎齊。

議政大臣禮部尚書戶部尚書臣孫扎齊。

議政大臣禮部尚書臣貝和諾〔註736〕。

議政大臣兵部尚書臣孫柱。

議政大臣刑部尚書臣賴都。

議政大臣工部尚書臣徐元夢。

議政大臣理藩院尚書臣赫壽。

議政大臣都察院左都御史臣黨阿賴。

〔註735〕《清代職官年表》大學士年表作文華殿漢大學士蕭永藻。
〔註736〕《清代職官年表》部院大臣年表作滿禮部尚書貝和諾。

兵部左侍郎臣扎克丹。

右侍郎臣查弼納。

理藩院左侍郎臣拉都渾。

右侍郎臣特古忒。

原註，致將軍富寧安行文交正黃旗領催阮圖保，十一月二十四日由驛遞交。

[271] 湖廣總督滿丕奏報駐省城荊州兵丁事摺（康熙五十七年十一月二十日）[1]-3284

奴才滿丕謹奏，為奏聞事。

今年十一月十三日准兵部咨，遣派荊州之滿兵一千，調成都備駐，命奴才仍照前辦理所遣之官兵辦理後啟程等因。遵此奴才即自省城啟程，急速前來，抵至荊州，與將軍等共同商議，賜所遣官兵二月錢糧，再除兵丁原有之三馬外，又將留後兵丁之馬辦理二千，每人各增為五匹，此辦理之馬不可空缺，故即刻採購，以補原數，一馬十二兩銀將銀共二萬四千兩交送將軍，速整頓官兵啟程，兵丁每人各該分銀二兩，共捐與兵丁銀一萬四百兩，官兵於十一月二十八日啟程，此二千匹馬之價銀二萬四千兩，以及捐贈官兵銀一萬四百兩，未動正項錢糧，奴才滿丕率湖北湖南之巡撫司道之官員相助。再荊州地方甚要，聖主洞鑒，降旨，今所遣一千兵缺補幼丁披甲，欽此。查得隨從總督額倫特之八十兵丁今均駐省城，省城總督標下兵丁，巡撫標下兵丁及守城之營兵，水師營兵丁，無不足用，既然荊州之地甚要，祈將此八十兵丁退至荊州為披甲，為此繕摺。奴才標下把總王義隆、家丁楊書賫捧，謹具奏聞。

硃批，既然此八十兵丁額無多，仍留朕前。

[272] 吏部尚書富寧安等請安摺（康熙五十七年十一月二十二日）[1]-3285

奴才富寧安等跪請聖主萬安。

奴才富寧安。

奴才阿喇納。

奴才雅木布。

奴才阿保。

奴才盧振生。

奴才法瑙。

奴才智雲。

奴才長齡。

奴才鄧奇章。

奴才楊昌泰。

奴才張洪銀。

奴才巴吉。

奴才羅卜藏達爾札。

奴才達西爾札。

硃批，朕體安善，氣色亦漸好。

[273] 吏部尚書富寧安密奏道士祭祀顯靈情形摺（康熙五十七年十一月二十二日）[1]-3286

奴才富寧安謹密奏，為奏聞事。

道士李慶安於十月十八日抵至巴里坤後二十三日祭祀南大山，攜活羊一隻，祭畢山內自日出方向向日落方向，山作回聲，全體官兵俱聞之，奴才聞聽得不明，當日有風，復為驗實，先奏時未奏，十一月二十日復祭山，攜羊一隻祭祀，如前山內自日出方向向日落方向山又作回聲，奴才親耳聽清，官兵聞之驚奇紛云，由每祭山谷如此迴響觀之，當屬特異之人，況且我皇上甚神聖英明，諸事無所不曉，果非特殊異學者，無益於汛地能派遣乎，再我等眾營之中有一土山，甚小，李慶安觀之，向奴才云此山甚好，為風水之地，建廟則善，北建御蠻殿一座，供獻關帝神，中建白極殿一座以祭真武神，兩帝建配殿碑亭，週圍做木柵結營，南立大門及牌樓，於軍中甚好，我仍有前來叩請之項，操練之事亦好，勿告我言，作為將軍之意，告眾修建為好等情。奴才以我之意向眾官員〔註737〕稱，大臣官員軍士俱喜悅，各自分地，取木集匠，現正修造，十一月初值始修造之際，刮小風，較前稍冷，初七日李慶安向奴才稱，我昨夜祈禱神靈，如此刮小風寒冷，建廟者凍手，如何建造，神等居廟也，神等應佑助等因，過一二日或可稍暖等語。自翌日起，確實較暖，風亦止，至二十二日甚暖，曠野之雪大半融化，大山之雪亦俱融化，黑土俱亦顯露，比去年甚暖，並不寒冷，奴才實屬驚奇，伊又製大紅纛一面，中間

〔註737〕原文作臣員，今改為官員。

繪太極，週圍繪八卦，又製紅纛一面繪南斗星，又製一面黑纛繪北斗星，爲裝符、硃砂等項，製黃綢錦囊一件，稟告奴才於我營內東南角做木柵結小營，內支蒙古包而駐，操練符、咒語，乃於十一月初十日移駐，每晚率伊購來之二幼童，共同高聲調朗讀，李慶安自到以來，與奴才我等二人每日一處食之，凡事無不問我，每日數次相會，奴才留心細察，伊常向奴才言，兵者乃國家之大事，關係甚鉅，直言誠我不能豈敢稱能，會兵即得知也，我雖係出家之人，我亦圖聲名等語。每言蓋將忠順爲本，又稱惟皇上仁恩慕重，何能報答，此次滅策妄喇布坦後，方了結我一份心願等因，奴才雖不曉此等事項，且觀之李慶安實乃忠實學者，有特異神法是實，想甚益於汛地，爲此謹密奏聞。

硃批，惟機密，事成後方可言矣，先言而不合宜，關係重大。

[274] 江寧將軍雍吉納請安摺（康熙五十七年十二月初一日）[1]-3287

江寧將軍奴才雍吉納〔註738〕跪請聖主萬安。

硃批，朕體安善，江寧軍馬立刻準備，不可約指定處，所指地方不可料定。

[275] 閩浙總督滿保奏請萬安摺（康熙五十七年十二月初八日）[1]-3288

福建浙江總督奴才覺羅滿保謹奏，爲恭請聖安事，

奴才滿保俯首跪請聖主萬安。

硃批，知道了，正值西路用兵之際，若胡亂張揚，寫小報傳諭，則務必寫給朕覽。

[276] 吏部尚書富寧安密奏道士另設營操練摺（康熙五十七年十二月十二日）[1]-3293

奴才富寧安謹密奏，爲請旨事。

李慶安既稱揀選滿洲綠營兵八百名，另設營操練，相應照其揀兵八百名，另設營交伊操練，伊所需紅布等諸項物品，俱咨行巡撫綽奇取用，爲此謹密奏請旨。

硃批，令取，甚機密。

[277] 吏部尚書富寧安奏为道士征剿策妄喇布坦摺（康熙五十七年十二月十二日）[1]-3294

奴才富寧安謹密奏，爲請旨事。

〔註738〕《欽定八旗通志》卷三百三十一作江寧將軍雍吉納。

據李慶安向奴才言，聞之在京城拏獲有策妄喇布坦屬下厄魯特數人，我意將其一名解至此處，於將軍營留十日餘，見我等軍士甚多士氣盛，立營多，積糧如山，我另立營，操練軍士，不准厄魯特知曉，數次遣派我營，我以道士妝扮，始施神法，藉故練兵，務使伊心驚膽戰，伊必甚懼，然後釋放，著伊攜書遣回，稱大軍務進剿等情，伊必俱告策妄喇布坦，伊衆聽聞先懼，或知大軍征剿，將伊衆收攏一處，大軍進伐時我施神法，益易行進，甚有益，同將軍商議，如此可乎等情。奴才云果能使之心驚膽戰而曉事甚益，我具奏主子解來一人，彼時若照爾所言能曉事，即釋放遣回等因，奴才竊思，照伊所言解來一人釋遣，倘依奴才所奏准行，如何行文策妄喇布坦之處，伏乞敕部定奪，爲此謹密奏，請旨。

硃批，即遣之，不可將咨行策妄喇布坦之書交部，爾即定奪。

[278] 吏部尚書富寧安奏為道士稱以神法進兵摺（康熙五十七年十二月 十二日）[1]-3295

奴才富寧安謹密奏，爲請旨事。

據李慶安向奴才言，我先在京城時曾具奏皇上，不用大軍，我操練數百兵丁，我親率進伐，可剿滅策妄喇布坦等因，我來巴里坤觀之官兵士氣甚旺盛，有關國家事大，此等情由，我亦未告將軍，惟因來年同大軍進伐剿殺，告將軍具奏，我亦具奏，明年乃策妄喇布坦應滅之年，無論何時進攻，俱可剿滅，若大軍於來年七月初進發，雖必剿滅策妄喇布坦，但稍遲，自古以來用兵者，均春秋之際，春季陽氣興盛之際，我意來年三月二十日左右，我率領我操練之八百兵丁，先往取吐魯番，大軍不必與我同啓程，留後六七日，再從容啓程前往，我獲吐魯番來報將軍後，將軍率兵往吐魯番，抵達後將軍率兵留駐吐魯番，我仍親率所操練之八百兵丁直尋策妄喇布坦駐地剿滅策妄喇布坦，如此功可速成，此等情由請將軍具奏，我亦具奏等語。奴才云古來用兵者，雖俱在春秋，地方不同，蒙古曠野，又不比內地，行軍時靠馬，然越多之馬，正值春季減膘之際，何可遠行，況軍務關係事大，爾現不用大軍，惟率八百兵丁孤軍深入，豈不輕率乎等語。伊言我並無交戰，賴行神法，誠無神法八百兵丁何足，馬瘦亦無礙，我務施神法，能至極處置，沿途若遇賊我施天魂招神法，念咒則自然不可行動，以此我既然招服沿途其屬下之衆俱降，策妄喇布坦逃往何處，伊若歸降我即收容，伊若不降我即可剿殺等情言後。奴才云軍務關係大，諸項不齊則不可行，雖能用神法，亦賴兵援，爾賴神法而行，必然成功，既然我未見，若僅在我前可施神法觀之乎，我觀知後，我等即行進等因。伊言此不可，先不可洩漏天機，到無計無可奈何之際方可用，不可妄施等語。奴才復向伊云大軍駐紮吐魯番，爾獨自率八百兵丁進攻，萬一未成難以逆料，可調用兵否，誠復有用之處馬匹俱已羸瘦，不可行之而又如何等語。伊云我算八卦，操用八百兵丁，倘不料有用兵處，其間祇不過千里餘，我將我軍設伏不被賊見，遣人領兵，著所差人佩符念咒遣之，逢神法五合遁，調遣兵五千，馬羸瘦亦無礙，我有殊法必能俱施，疑惑未定之事我斷不為，請將軍上奏，我亦具奏等語。奴才我等巴里坤官兵仰賴聖主之恩馬畜肥壯，武器齊整，糧食豐裕，毫無耽擱之處，且官兵惟期任前効力，奴才曾與諸大臣奏請聖主明年七月初進發，務必剿滅，李慶安雖稱賴其神法而行，必能成功，斷不妨礙，然奴才思之軍務關係事大，馬畜武器諸項不齊不可行，不可不確保之，八百兵丁雖俱經訓練，數額少，伊惟率經操練之兵八百，獨自決斷於三月進攻，輕率疏忽，然於春季馬畜羸瘦大軍共進則又不成，倘惟駐吐魯番，有用大軍之處，觀伊所率，彼時欲往相距又遠，馬畜羸瘦欲行則不可行，欲往則不能達，如此之時關係事大，李慶安倘與大軍共進，又另有應行之機密，奴才等率大軍，既在一處，伊雖言不成亦無妨礙，亦並無關係，奴才等仰賴聖主威福，率領大軍，可剿滅策妄喇布坦，伊果有成功之法，實於軍務甚益，故將李慶安稟告奴才，奴才所言之處一併謹密奏聞，請主子訓示。

硃批，將軍之言甚是，今西地之事朕降諭議政，命會議後行文於爾，爾復詳加詢議，急速具奏。

[279] 吏部尚書富寧安密奏道士在策妄喇布坦處摺（康熙五十七年十二月十二日）[1]-3296

奴才富寧安謹密奏，為奏聞事。

李慶安稱欲往其師傅前，奴才向伊詢問，伊言我已奏欲往師傅前，皇上教誨甚是，我現在汛地，斷不可往，況三月初又要練兵，往返行走既然需日久，亦至耽擱練兵，故停止前往等語。奴才云爾欲往師傅前問者，或有關汛地之要語乎，若不問爾師傅，則不能進行乎等情。伊言我欲問者，並非有關汛地要言，亦非不問師傅則不能進行者，所問者據聞向我一師傅學習之張道士在策妄喇布坦前，我會見師傅後，將此問之，並無要事，停止前往之情由我亦具奏，請將軍亦奏等語。奴才問之此張道士何地人，果真在策妄喇布坦前乎，學識較爾如何。伊言此乃陝西地方人，原聞在策妄喇布坦前，不知真偽，並無學識，亦非要人，將此我已具奏皇上等語，爲此謹密奏聞。

硃批，知道了。

[280] 吏部尚書富寧安請安摺（康熙五十七年十二月十二日）[1]-3297

奴才富寧安跪請聖主萬安。

硃批，朕體安，氣色亦好，因腿好轉，故正月初九日向暢春園騎馬而來。

[281] 議政大臣鄂倫岱等奏爲補放副都統之缺摺（康熙五十七年十二月十四日）[1]-3298

議政大臣領侍衛內大臣公臣鄂倫岱等謹奏，爲欽遵上諭事。

據總督鄂海奏文稱，右翼副都統馬海〔註739〕十一月患病，請大夫百般醫治無效，十二月初一日晚病故，現值西方有軍務之際，伏請聖主睿鑒，速揀派補放此缺，再觀西安正黃旗協領華色人果決，屢派往軍中，諳練事務，雖六十歲餘甚康健，德才兼備，管理軍士甚嚴，故此一併恭謹奏聞，於康熙五十七年十二月十三日差奏事六品官雙泉〔註740〕傳諭旨，交議政處，欽此欽遵。

臣等會議得，西安右翼副都統馬海十一月患病，請大夫醫治無效於十二月初一日病故，既現值西邊有軍務之際，請速揀派補放此缺，再觀西安正黃旗協領華色人果決，屢遣往軍中諳練軍務，雖六十歲餘甚康健，德才兼備，管理軍士甚嚴，故此一併奏聞，副都統馬海之缺由協領華色就近補放或補放主子知悉之人，速赴任之處，伏祈上裁，爲此謹奏請旨。

議政大臣領侍衛內大臣公臣鄂倫岱。

議政大臣領侍衛內大臣公臣馬爾賽。

大學士臣馬齊。

大學士臣嵩祝。

議政大臣戶部尚書臣孫扎齊。

議政大臣工部尚書臣徐元夢。

兵部右侍郎臣查弼納。

硃批，補放華色。

〔註739〕《欽定八旗通志》卷三百三十一作西安副都統馬海，康熙五十六年正月任。
〔註740〕《康熙起居注》康熙五十五年五月初一日記作奏事雙全。

[282] 兩廣總督楊琳奏為差員起解西北軍需銀兩事摺（康熙五十七年十二月二十一日）[2]-2727

奏，兩廣總督奴才楊琳為奏明起解軍需事。

澤旺阿喇蒲坦呈狂犯順，皇上命師征討，糧草悉動正項，因陝西地方兵馬經臨，特旨全免五十八年錢糧，聖恩湧沛，亙古希有，但錢糧既經全免，軍需悉應外省協解，奴才查發帑收鹽，除鹽課新舊正項之外，有羨餘銀三萬兩，又原任梧州府知府李世孝名下代伊父認賠陶和氣案內入官銀八萬五千兩，經廣西陞任撫臣陳元龍奏准，將商人林秀奇等借欠李世孝之父本銀情願以完餉積引帶銷還項，分限六年起解，除五限內解過宗人府銀七萬八百餘兩外，止未完第六限銀一萬四千一百餘兩，核算賣過鹽價抵完六限銀兩之外，尚餘利銀二萬六千兩，奴才令李世孝解充公用，又廣東商人有已經完餉而鹽未運者，奴才已經題明，准其帶銷，其潮州汀州商人亦有餉未完而鹽先運者，奴才已追出銀一萬四千兩，以上三項共銀七萬兩，俱非正項鹽課。再廣東捐納羨餘奴才名下銀四萬兩，公用餘利銀三萬二千兩，奴才先經具奏修造沿海砲臺，今通省新舊砲臺城垣汛地一百二十六處，營房一千三百八十間俱已修造完畢，及添鑄砲位，製造火藥砲苫等項共動用銀四萬二千餘兩，尚存剩銀三萬兩，合上鹽內三項共銀十萬兩，稍充陝西軍前之用，奴才現在差委督標守備一員把總一員帶兵二十名，於正月內起程，徑解甘肅巡撫綽奇軍前查收，理合具摺奏聞，謹奏。

康熙伍拾柒年拾貳月貳拾壹日奴才楊琳。

硃批，已有旨了。

[283] 和碩誠親王胤祉等奏為辦理軍務摺（康熙五十八年正月初三日）[1]-3307

和碩誠親王臣胤祉等謹奏，為欽遵上諭事。

康熙五十七年十二月二十七日奉硃諭，朕自幼多辦理軍務，與原太祖太宗世祖皇帝時首席大臣等軍旅舊人，無不逐一詳問，故此諸凡軍情仍可揣度，在額倫特、色楞敗賊之塘報內，朕親批旨甚明，閏八月初十日伊等塘報抵達，朕內心甚不安愁悶到此時，雖下旨調辦，越層層雪山渡大江，斷然趕不及，俱封不出，惟禱祝佳音到來外並無策，為自前堵截遣派大將軍，飭派京城之軍，此數日間見策旺諾爾布奏書，方曉事情如此，議政王大臣等務於來年齊備力量，報此怨恨之心，朕意非如此，兵書內云知彼知己方能百戰百勝，我國養育官兵報効，無敵之勢並無庸議，此即俱知敵我也，兵書內云不可不知天時地利，地高遠瘴氣惡，糧餉難於運至之處皆棄之不顧，惟為黃教以剛勇之意而行，此又可稱易乎，此顯係事急而致，今不可急躁，務應詳慎盡心，朕意令我大軍自十一月撤至西寧等處養馬上膘，春季青草生各自出關，於水草豐美之處牧肥，會同青海謹守哨堆，自諾木渾烏巴錫此方固守，暫禁西地所謂黃教，固守通往西地諸路，將茶布帕巾等物斷絕，不到來年冬季即致混亂，俟其敗毀之時惟用青海為黃教効力即能成功，我等惟在後坐視，爾等謂朕何以知曉，準噶爾人等欲與我等為敵，其全國俱不情願，我官兵英勇，以我數世教養進行回擊，此番心內悲傷處甚明，大約伊等人亦無多，土伯特人似牲畜，曉我方勢弱，群力相助準噶爾，今準噶爾力竭，除戰場被殺瘴氣致亡，負傷患病者外餘人漸寡，倘將土伯特人自各處調來者漸多，則準噶爾斷不為伊等之主，策妄喇布坦自伊處增派兵力地遙路險，其力匱乏，若不遣車凌敦多布等兵力立即盡竭，以此策妄喇布坦同我方久為征戰，故其屬下人等必出一轍，朕所曉者如此，議政王大臣等務應盡心詳議，欽此。當日誠親王〔註741〕、十二貝子〔註742〕、乾清門頭等侍衛喇錫奉旨，我軍前往西地，地遙氣劣，廩餼窘迫，兵士輕傷者平常事，況先察哈爾汗〔註743〕、噶爾丹俱因推行所謂黃教而喫虧，今此兵旅，斷不可出孰快孰慢之語，此番進攻，所有官兵俱有功無罪，今撤軍抵至西寧附近，此隊伍陣亡者，正念統一施恩，再據聞將軍潘玉龍駐驛站兵六十餘人陣亡，將此議政大臣等應一併議敘施恩，車凌敦多布等甚悉我兵威力強，心病矣，策妄喇布坦屬下人等，自此竟反目來請以錯，朕心念此事可順遂，我世代養育之軍，何必遠派險惡地方而受困，西寧青海方面令大將軍王阿哥為進兵備駐，並宣佈四川雲南貴州之軍前進，取地方之險固駐紮進兵，以此遣派江寧之滿軍一千，杭州滿軍一千，乘船前往沅州，抵達沅州，著湖廣貴州二省地方官員，捐獻馬畜，自陸路緩進進駐雲南地方，再遣黑龍江兵五百，索倫達呼爾兵五百，打牲烏拉兵五百，吉林烏拉，盛京兵一千，共遣出兵士二千五百，此遣派之兵士自來年三四月生長青草，各自僅乘一二馬，自索嶽爾濟地方沿喀爾喀河而下，往克魯倫河而上，以此自前差遣人，與車臣汗未遣出兵之二十二扎薩克捐賜馬羊，再送給大理

〔註741〕清聖祖第三子胤祉。
〔註742〕清聖祖第十二子胤祹。
〔註743〕指察哈爾林丹汗。

噶阿蘇魯克〔註744〕牧群馬羊，由京城製造披甲器械遣送將軍傅爾丹前，將此軍留於傅爾丹前，將傅爾丹等處生力軍遣派四千餘至富寧安前，或現在西寧之胡希圖等所率兵五千，西安兵綠營兵既然共足萬兵，倘若僅此軍固守青海地方足矣，則將大軍王之軍旅，聲援將軍富寧安或議遣幾多之處，致書大將軍王商議，再不取吐魯番，進吐魯番口，於烏蘭烏蘇等要地設兵一隊，建城池，四面較遠處創設哨所以固守，獲取一應要聞，亦可不斷獲逸逃，自此內至巴里坤沿途造堡，每堡駐紮兵丁四五百人固守，大軍照常駐紮巴里坤，敵倘來寡則剿殺，來者多退兵誘至大營剿殺，故此我軍得以永固，坐視敵亡，此各處鎮守邊界之軍不過一年，出銀一二百萬兩而已，耗費無多，此等之處，爾等會同議政大臣等詳細議奏，欽此欽遵。

臣等會議得，所奉旨，聖主仁愛世代教養之軍，為我軍何以派遣遠方險惡處憂愁，等因甚是，竊奴才等謹思，聖主辦理諸多軍務，為長遠永固深謀遠慮，所降旨實屬英明，我今朝國泰糧豐兵銳，依旨令各處邊界之軍牢固駐守，準噶爾策妄喇布坦行為叛逆，悖逆天理，毀壞佛神寺廟，已成罪人，其屬下人等俱自各處拼湊之烏合之衆，與我大國交惡知斷不能敵，不久必致叛亂生事，一旦敵生事端便乘機征伐，策妄喇布坦必敗，我等無憂矣，且可坐視敵亡，查得現西寧有胡希圖等兵士，西安兵士，綠營兵士共有萬人，俟大將軍王抵達涼州，所有兵士如何差派於何處備駐之處，大將軍王酌情辦理，於通往西地路口將所有茶布巾帕等物嚴禁運出，大將軍王當即揚言進軍，四川調遣滿洲綠營兵由護軍統領溫普，副都統寧古里，該地提督總兵官率領，進松潘打箭爐等要地，堅固戌駐，亦揚言進軍，法臘〔註745〕、溫普、寧古里、年羹堯等於通往西地之路將所有茶布巾帕等物嚴禁運出，再雲南不可無滿兵，遣派江寧杭州滿兵各一千，遣協領各二人佐領各四人雲騎尉等章京各四人驍騎校各四人督管軍士，由江寧副都統吳納罕〔註746〕、杭州副都統噶希〔註747〕率領，安赴雲南，以此自京城遣派大臣一員，統領此軍，自京城所差大臣乘驛遣往雲南，抵至雲南後會同總督巡撫提督共行商議，固守通往西地之所有路口，嚴加禁止茶布一應商品運出售賣，江寧杭州之軍啓程時由各

〔註744〕即通常所說之達里岡愛牧場。
〔註745〕《欽定八旗通志》卷三百二十四作蒙古鑲白旗都統法喇。
〔註746〕《欽定八旗通志》卷三百三十一作江寧副都統吳納哈。
〔註747〕《欽定八旗通志》卷三百三十一作杭州副都統噶仕。

該省督撫等整辦，獲行糧口米，乘船自水路前往沅州，督兵副都統二人各給馬十匹，協領四人各給馬八匹，佐領八人各給馬七匹，雲騎尉等章京八人各給馬六匹，驍騎校八人各給馬五匹，二千兵丁每人各給馬三匹，共需馬六千一百九十六匹，此項馬匹一半交付湖南湖北總督巡撫，一半交付雲南貴州總督巡撫預備此項馬匹，俟軍伍抵沅州配給，自沅州前往雲南每站祇配給馬匹草束，俟抵雲南給與此官兵口米馬之草料，將伊等行糧口米自完結之月續給，自京城揀派之大臣抵至雲南後所需馬匹廩餼等物由該總督等供給，由京城前往之大臣率此軍進駐要地，沿往招地之路遣人往理塘、巴塘、察木多、勞齊、巴爾喀木等處，令堅守各自地方，勿降勿容準噶爾車凌敦多布等因，倘伊等降，則取其地方遣人固守。四川松潘、打箭爐，雲南中甸等處探信喇嘛、章京等屢探西地消息，一面稟報各地辦理軍務大臣一面奏聞，再理塘、巴塘、柴達木、延達木、散達木、喀木等處既然俱係青海台吉所屬徵賦諸申，行文駐西寧都統延信等，繕文宣諭青海台吉，今準噶爾車凌敦多布等既然在招地遣人往巴爾喀木等處，佔有爾等所屬地方之諸申不可料定，爾等酌情各遣可靠之人戍駐，倘準噶爾人前來即率爾等所轄諸申之兵丁剿殺，斷不允準噶爾奪取地方諸申等因。再遣黑龍江兵士五百，索倫兵士五百，打牲烏拉兵士五百，吉林烏拉兵士五百，盛京兵士一千，共遣兵士三千，盛京軍中遣協領或城守尉二人佐領四人雲騎尉銜章京四人驍騎校四人督管，吉林烏拉、黑龍江軍中每處遣協領各一人、佐領各二人、雲騎尉銜章京各二人、驍騎校各二人督管，打牲烏拉軍中遣翼長一人、朱顯達四人督管，索倫軍中遣總管索額圖、副總管一人、佐領二人、驍騎校二人督管，總軍中遣副都統鄂三〔註748〕督管，此軍自三月生青草時各自乘馬由索嶽爾濟地方前往喀爾喀河以下克魯倫河以上，至公傅爾丹等前，向克魯倫彼方所遣派盛京、烏拉等處共三千兵中每人各給馬四匹羊八隻，五人合給駝一峰，總管翼長協領五人每人各給駝一峰馬六匹羊十隻，佐領八人每人各給馬六匹羊九隻，雲騎尉銜章京六人每人各給馬五匹羊八隻，驍騎校十二人每人各給馬五匹羊八隻，給副都統鄂三馬九匹駝一峰羊十二隻，此官兵共需馬一萬二千一百八十七匹，駝六百零六峰，羊二萬四千二百七十八隻，查哲布尊丹巴呼圖克圖具奏捐馬一千匹，駝五百峰，此捐之馬駝，由呼圖克圖家解送至行軍路途，撥給兵丁，不足之馬一萬一千

〔註748〕《欽定八旗通志》卷三百三十一作黑龍江副都統鄂三。

一百七十七匹，駝一百零六峰，羊二萬四千二百七十八隻，從前遣大臣一員派往車臣汗等未出兵之旗，將馬八千一百六十五匹，駝一百零六峰，連同駱駝鞍屜，由富裕台吉喇嘛殷實者自願捐贈者則捐之，所捐數額奏聞時議敘，仍不足者，按牛錄捐贈，再將馬三千匹，羊二萬四千二百七十八隻，自大理噶阿之蘇魯克取給，此給付之馬以驛馬駑馬並給，抵將軍傅爾丹處之後照前所遣派盛京、吉林烏拉兵之例獲取行糧口米，先盛京、烏拉軍中為整休每人各賞銀十兩，今此往各自撒袋弓腰刀衣服帳房鍋既由原處解送，官員各賞銀三十兩，兵士各二十兩，伊等既各乘一二馬前往，抵至克魯倫間每官員各給廩餼銀十兩，兵士各五兩，竊查黑龍江庫所儲俸餉銀三萬兩餘，吉林烏拉庫所儲俸餉銀四萬兩餘，盛京庫所儲銀三十萬兩餘，辦理此黑龍江、吉林烏拉官兵之銀交付該將軍副都統撥給，所辦銀額由盛京庫銀如數撥足，對盛京官兵將軍副都統即由盛京庫銀撥給，對打牲烏拉官兵由吉林烏拉庫銀撥給，給此軍盔甲箭槍等物由此處領取八旗護軍盔甲箭槍等物交工部遣官解送，此取盔甲箭槍等物之銀額由該部付價，交各自購置，黑龍江、盛京等處三千兵士既前往索嶽爾濟嶺〔註749〕、喀爾喀河、克魯倫上游大軍營，沿途以喀爾喀等為嚮導，禁行強盜，遣派理藩院賢能章京一員、筆帖式一名、領催二名馳驛同軍前往，抵至將軍傅爾丹等大營處返回，此所去之江寧杭州盛京烏拉之兵缺令各處幼丁披甲補充，盛京、烏拉、吉林、布特哈兵士無跟役，欲有攜子弟為跟役者則攜之，又查得將軍富寧安奏請將阿勒泰路軍撥給四千餘，今於烏蘭烏蘇等處既然修建城堡駐軍，以四千餘兵派往將軍富寧安前，大將軍王之軍隊特遣往鎮守青海方面，今既然進兵暫止，固守邊界，現在西寧之都統胡希圖等滿兵五千，連同綠營兵達萬人，大將軍王所率每牛錄各五名兵丁內，每牛錄各遣護軍一名披甲一名，援助將軍富寧安，青草萌發時遣之，所餘每牛錄各三名兵士連同蒙古軍、胡希圖等兵士、綠營兵士有一萬五千餘兵，相應固守青海方面應無耽擱之處等情，與大將軍王行文商議。查傅爾丹等處現有軍士二萬三千四百人，今將盛京、吉林烏拉、打牲烏拉、索倫兵調三千派往阿勒泰路軍中，相應將自阿勒泰路軍內盛京、烏拉兵、連同幼丁三千餘兵遣往將軍富寧安處，竊查富寧安處有滿蒙綠營兵連同回子額敏軍共一萬二千五百一十人，今大將軍王所率兵內每牛錄各護軍各一名、披甲各一名連同從

〔註749〕此處補嶺字。

阿勒泰路過之盛京、烏拉兵士三千、富寧安處共有兵士一萬七千二百五十二人，行走上並無耽擱之處，將此行文將軍富寧安，不取吐魯番，令軍稍進，進吐魯番口烏蘭烏蘇該要地，遣派一隊兵，築城鎮守，自彼處直至巴里坤沿途建堡，每堡駐兵四五百人鎮守，大軍仍駐巴里坤，策妄喇布坦倘遣人偷襲烏蘭烏蘇口沿途之堡力寡則即勦滅，力強則如何勦殺，烏蘭烏蘇處駐兵幾何，如何築城，自烏蘭烏蘇至巴里坤編爲幾堡之處，富寧安詳議奏聞。再大將軍王既然率大軍承辦青海軍務，先議政處曾議命大將軍王於涼州秣馬駐紮，今大將軍王前往西寧辦理一應軍務，率兵二三十萬，即刻由三路進軍，克招地展拓黃教，宣揚新呼畢勒罕坐牀，或暗遣喇嘛番子於招地宣揚，土伯特部係數世承蒙聖恩之眾，倘斷我等邊界經商之路，伊等稔知不可爲生，向準噶爾車凌敦多布等反目，即勦殺，倘或將車凌敦多布等擊敗，於事甚益，大將軍王及其所率往之王阿哥大臣等，酌情率兵往駐西寧，他軍駐紮何處，大將軍王酌情辦理，秣馬備駐可也，爲此謹奏請旨。

和碩誠親王臣胤祉。

固山貝子臣胤祹〔註 750〕。

議政大臣領侍衛內大臣侯臣巴琿德。

議政大臣領侍衛內大臣公臣海金。

議政大臣領侍衛內大臣公臣鄂倫岱。

議政大臣領侍衛內大臣公臣馬爾賽。

大學士臣馬齊。

大學士臣嵩祝。

大學士臣肖永藻。

議政大臣前鋒統領兼都統臣郎圖。

議政大臣都統兼護軍統領臣武格。

議政大臣戶部尚書臣孫札齊。

議政大臣禮部尚書臣貝和諾。

議政大臣兵部尚書臣孫柱。

議政大臣刑部尚書臣賴都。

議政大臣工部尚書臣徐元夢。

〔註 750〕清聖祖第十二子胤祹。

議政大臣理藩院尙書臣赫壽。

議政大臣都察院左都御史臣黨阿賴。

乾清門頭等侍衛臣喇錫。

兵部右侍郎臣查弼納。

理藩院左侍郎臣拉都渾。

右侍郎臣特古忒。

[284] 四川總督年羹堯奏爲再陳進兵西藏兵數等情摺（康熙五十八年正月十三日）[2]-2735

奏，四川總督加三級記錄三次臣年羹堯爲再陳進剿兵數仰祈睿鑒事。

欽惟我皇上德威遠播，萬國來同，而澤卜喇布坦〔註751〕獨阻聲教，又令其當虐擾西藏，則今年進剿，勢不可緩，臣曾擬於松潘用滿兵一千名，漢兵二千名與西寧大兵和勢，打箭爐亦用滿兵一千名，漢兵兩千名與雲南大兵和勢，又兩路護運漢兵一千名，四路進剿，賊必難支等因摺奏，已經議政大臣議准，奉旨俞允在案，今於正月十二日准西寧統兵議政大臣延信等移咨，摺奏川兵進剿情由，令臣酌奪預備，但其原摺字多，不敢全敘，臣再四翻閱，如所奏松潘打箭爐兩處進藏道路遠近險易，言之甚悉，與臣所聞無異，大約皆須六十餘日而至招地，又言西海一帶傾信虎畢爾漢，與唐古特民人柔弱，惟見兵勢強大即爲歸順，實爲切中外彝之肯要，但臣身任封疆，就川言川，講問亦非一日，不敢徒爲臆度之說，蓋自古用兵不患兵少而患不精，不貴兵多而貴教練，若教練之精兵，雖少亦可以勝衆，臣查川省額兵三萬有奇，除大小各官親丁坐糧，現兵不滿三萬，倘松潘必用兵六千，打箭爐必用兵一萬，除滿兵外，應調綠旗兵一萬四千，而內地土司、番蠻、要隘不得不留兵防守，是將通省調集而路遠者須一月，至省又十餘日而至，松潘與打箭爐山路崎嶇，人疲馬瘦，又安望其深入効力也，臣是以現在教練，務選精銳，兩路滿漢與護運兵共七千名，軍聲不爲不振，此臣至之可保其必能制勝者也，如務在兵多，勢將湊派充數，疲弱之兵，適足爲累，況自備兵以來，購馬甚難，即使調兵過萬，安所得馬，又打箭爐以外無如此寬敞之地可容萬兵安營之處。至打箭爐用兵，由裡塘、由巴塘、由乍丫、由又木多、由擦瓦崗、由書板多而至招地，此南路也，道迂山險，蠻客往來皆由此路者，因利沿途居民爲換買

〔註751〕《平定準噶爾方略》卷一頁一作策妄阿喇布坦。

口糧，覓雇馱腳之故。又自打箭爐由霍耳、由得爾革、由春科兒、由詔烏隆，由春科納魯、由索克贊丹滾廟、由那出而至招地，此北路也，路平近，有水草，少居民，雖云無柴而皆言牛糞可燒，臣慮人言難信，已於正月初九日遣能事者前往查探，限其七十日往回，當亦不悮出兵之期，但打箭爐以外並無駱駝，即北道亦有山路，不利駝隻，巴塘雖有米糧，所產不多，近遣人試買價甚昂貴，亦必不敷，臣愚見兵丁之馬除馱載帳房軍器並本身應用物件外，止能裹帶兩個月口糧，多不過三個月，折給一個月羊價，其餘兩個月口糧可隨軍運送，可保無虞，計算滅賊日期亦已有餘，倘以護兵少，添調漢兵一千，當無不足矣。

再查裡塘、巴塘、結當原係雲南麗江土知府所管，吳逆叛時爲已故親王扎什巴圖魯〔註752〕所取，後恐內地清查，遂佈施與達賴喇嘛，由麗江之中甸至巴塘較川省爲近，此臣前摺所謂必用雲南之兵與川兵和勢者也，惟是西海王貝勒以下率皆觀望，拉藏被圍無一救者，會議出兵無一行者，川省全用西海馬匹，各以備兵爲名不令一馬入口，現今巴爾喀木沿途有名地方皆西海部落交納差事之處，碟巴大克咱將舊有之營官、堪布悉用心腹之人替換，而西海王貝勒竟無言者，待以羈縻，施以駕馭則無不可，若與我兵同行，竊恐賊人反得知我動靜，臣意必不可使西海蒙古之蒙古兵與打箭爐之大兵會合，致生事端，惟滇蜀兩路和勢，則軍威自倍，進至那出，四路之兵聲勢相連，蓋那出即哈拉烏蘇之下渡口也，臣更有請者，進兵之時惟祈天語申諭領兵大臣，戒飭官兵，嚴加約數，所過秋毫無犯，法在必行，而又以虎畢爾漢坐牀之說聳動衆心，則唐古特悉我赤子，傾心歸順，其於滅賊何難之有。臣有聞拉藏之爲藏王，苦累民人，失其衆心，賊人因此得取其國而用其民，西海諸王皆古什汗子孫，以其故地，不無覬覦，若聖主選封一人爲藏王，使領兵同進，則彼此爲戰，亦制勝之權宜，臣謹依都統臣延信所奏逐一敷陳而參以狂瞽之見，臣何人，斯敢言此，實以聖恩優渥，兵事所關重大，凡有所知，無不吐露，冒死甘罪上陳天聽，若夫川省進兵所用軍器，除前奏請藤牌外，臣已捐造鳥槍三千杆，腰刀三千口，長柄片刀五百把，鉤鐮槍二百杆，短斧一千柄，擋木二百架，火藥鉛子足用，臣皆親試，無不犀利，現在發給，預備各兵操練，惟子母炮一項，川省無製造匠人，雖將舊有炮位修理試演，不敢恃爲軍

〔註752〕《蒙古世系》表三十七作達什巴圖爾，顧實汗圖魯拜琥幼子，即第十子。

中長具，此皆臣分所應辦，本不當仰瀆宸聰，緣都統延信等摺內議及，用敢附奏，統祈睿鑒批示遵行。

康熙五十八年正月十三日具。

硃批，今年大兵斷然不可輕進，已有旨了，想是未到蜀省，但進兵之聲勢不可一日不傳，此坐待賊人之自失利耳，爾之議論甚佳，少且從容有實進兵之時再奏。

[285] 康熙帝為平定準噶爾所發上諭一道（康熙五十八年正月十四日）
[1]-3318

康熙五十八年正月十四日乾清門頭等侍衛喇錫傳諭旨，去年我征伐西招之軍三月自西寧啟程，行四千里七月抵喀喇烏蘇後，準噶爾車凌敦多布等率五千餘兵，來喀喇烏蘇地方迎戰，向我總督額倫特隊之一千餘綠營兵於十七日交戰，大敗而歸，遭遇侍衛色楞等隊之西安滿軍四百綠營兵上千，二十二日大戰至落日時又敗，車凌敦多布等知其兵力不足，奔赴達木地方調來土伯特兵五千，二十八日我二路軍會於一地，翌日敵來戰，彼此對設營房，築牆垛，每日交戰不止，八月初五日總督額倫特隊副將馮秀〔註753〕等軍來追趕額倫特，準噶爾兵復來迎戰，其準噶爾齋桑都噶爾中槍而亡，自初五日候調公策旺諾爾布、都統胡希圖、侍衛阿齊圖等援兵，故固守營壘，到閏八月雖馬畜羸瘦廩餼斷絕，而食馬畜肉，直至九月對敵交戰，敵所調土伯特兵，雖為準噶爾挾制之勢而設營，然土伯特人稱展拓我之黃教，土伯特部世代承蒙阿穆呼朗汗之恩，我等今何能悖逆而戰，竟未報効，於是班禪遣其大喇嘛等稟告車凌敦多布，爾準噶爾人為黃教而來，騷擾土伯特部，驅散眾喇嘛，今復議以教禮為大主之教禮，向所遣之大臣士兵迎戰三月矣，大汗之軍自遠方而來，馬畜羸瘦，廩餼斷絕，調運後繼兵丁廩餼之路諾木渾烏巴錫等山梁被雪阻截，觀大汗軍情無歸意，欲死戰到底，今值冬季因氣候爾兵亦死多半，對抗之兵亦多被殺，共亡二千餘兵，我大喇嘛為宗教生靈言之觀之，有將爾等完結之理乎，聽取我所差人之語，爾等妥議，請停止兩軍交戰，倘取我言而止戰，則大汗之軍所食廩餼由我辦理遣送，若有未議畢之事，以數名為首人與策凌敦多布〔註754〕等會議，或與策妄喇布坦會議，如此則雙方軍均可保全，

〔註753〕《甘肅通志》卷二十九頁三十九作下馬關營參將馮琇，疑即此人陞任者。

〔註754〕《平定準噶爾方略》卷四頁十八作策零敦多卜。《蒙古世系》表四十三作策凌端多布，其父布木。此人為大策凌端多布，以區別於小策凌端多布。

否則如何完結。再謂車凌敦多布等稱，爾等原先來時云策妄喇布坦爲宗教遣派爾等，爾等此番所行毀壞宗教矣，並無爲宗教而行之處，如今阿穆呼朗汗尊崇優待五世達賴喇嘛〔註755〕，各扎薩克、喀爾喀、厄魯特俱通大施主之路，茶布網哈達諸物不斷得獲，數萬喇嘛興經學勤念經，行喇嘛之道，今爾等毀我黃教也，此罪原不可寬免，又向大汗軍攻戰甚反目，以此又可徒然止戰乎，今爾部生計不得安寧，永遠困苦等語。車凌敦多布、齋桑散吉〔註756〕等以爲甚是，故差人與我大臣等妥善會議，十月初一日於喀喇烏蘇地方班禪多給與牛羊麵等廩餼物品，陪送我軍大臣官員等抵木魯斯河而返回，我軍今俱抵至西寧，[我軍交戰每人負傷，無不受浮傷，陣亡者五百餘，瘴氣致腫亡故者乃二倍，]自古以來軍務機密，今若不將此等情形宣諭衆人，則因好事者肆意謠傳，故繕文宣告，知照衆人，兵書內云天時地利，春季青草萌發，夏秋草變黃，馬畜漸瘦，送糧路山梁被雪阻截，且冬季瘴氣益烈，人不得食，始凍全身腫脹即亡，此特爲不曉天時地利所致，朕之世代養育之精兵，不惜生命，整百日餘晝夜交戰古來無有，惟抱怨因受地方之瘴氣遭損，兵丁則無可挑剔，斬準噶爾軍爲首前來者三齋桑，惟餘車凌敦多布本人、散吉，敵人向我軍士等握手言和，我準噶爾軍各處征伐方知爾等如此不懼死，前仆後繼，雖至饑餓惟欲死戰，乃勁旅也，自此與我等交惡之男丁不死，後會有期，今彼此相識等語。車凌敦多布等言稱此前來之滿軍較我軍少，且自遠處疲憊前來，廩餼牲畜缺乏，然向我以逸待勞之軍交戰百餘日，每戰我等受損，倘班禪不議結，則我等無歸返之路矣，倘我兵力遇伊等以逸待勞之軍，則何人能得存活，非可侵略之戰也，今自此我等豈能安生，此乃伊等內心之言等語，將此等情形張示宣諭，俾衆知之。

[286] 內務府奏爲解送賞賜大將軍銀網摺（康熙五十八年正月二十一日）
[1]-3325

內務府總管謹奏，爲請旨事。

康熙五十八年正月二十日乾清門頭等侍衛喇錫來告，據我所奏，爲解送賞賜大將軍王銀網，所差章京牛倫、策林等，俟獲銀網數額，交付所差巴彥〔註757〕，相應租騾等因具奏。奉旨，總管內務府大臣具奏請旨，欽此。故此賞大將軍王之銀，何類網，幾多之處，欽遵聖旨飭交，爲此謹奏請旨。

〔註755〕五世達賴喇嘛名阿旺羅布藏佳木磋。
〔註756〕《平定準噶爾方略》卷六頁二十一作三濟。
〔註757〕第三十號文檔有領催巴顏，第三十二號文檔有領催巴彥。

署理大臣內務府總管事務郎中海章,董殿邦。

硃批,銀十萬兩,綢五百疋。

[287] 阿喇納奏為叩謝御賞物品摺(康熙五十八年正月二十五日)
[1]-3327

奴才阿喇納跪奏,為叩謝天恩事。

康熙五十八年正月二十三日將軍富寧安將御賞之蟒緞皮襖賜與奴才時,奴才恭謹跪接,叩謝天恩,奴才自祖父父親至奴才本身蒙恩慕重,無以表達,奴才蒙聖主之鴻恩,未効微勞,今又蒙逾格施恩,奴才實不敢當,惟叩謝外,難以奏陳喜悅之情,為此叩謝天恩,謹具奏聞。

硃批,知道了。

[288] 吏部尚書富寧安奏保守道士李慶安神法摺(康熙五十八年正月二十五日)[1]-3328

奴才富寧安謹密奏,為欽奉上諭事。

奴才密奏摺內奉皇上硃批,惟機密,俟事成功,方可言矣,先言而不宜,所關事大等因,所奉訓諭至為深奧,奴才欽遵,加意保密。奴才看得將李慶安作為道士遣至奴才前眾俱知之,俱隨揣言,李慶安雖年少,非平常人,不知其他情由。再李慶安稟告奴才數次具奏聖主進兵必成功等情由,大臣官員以至兵丁亦俱不知,關係事大,恐疏忽洩漏,所有密奏主子奏摺,不著人寫,均奴才親書之,凡有問奴才不實告,惟稱伊欲往策妄喇布坦前,故此皇上差遣至我處試用,有用之處則用之等情,惟告阿喇納大概情形。先奴才隨行皇上圍獵,阿喇納為侍衛,僅祇認識,未在一處共事,此次來〔註758〕軍營觀之,阿喇納人可,辦事謹慎,於皇上之事,誠心効力,督管察哈爾軍齊整亦佳,法制亦強,口嚴不隨意洩漏,可靠,奴才使伊知曉,而告其大概。再阿喇納為議政大臣,凡有議事,伊之所知與奴才無所不言,於事甚利,奴才豈敢亂奏,主子亦知曉,阿喇納在汛地,對皇上之事,誠心効力,一併謹密奏聞。

硃批,此奏甚是,爾僅知阿喇納本人,朕所知者其祖父、伯父、父、叔俱為出眾之男子漢,自伊幼時起,朕甚相信而用之,再新滿洲內有幾名好漢,但得知者不及阿喇納。

〔註758〕原文作束,今改為來。

[289] 吏部尚書富寧安奏為賞物謝恩摺（康熙五十八年正月二十五日）
[1]-3329

奴才富寧安謹密奏，為叩謝天恩事。

康熙五十八年正月二十三日兵部領催頗廉將主子所賞七皮箱之物送至後，奴才跪迎謹領，望闕謝恩，賞與奴才及阿喇納之兩件皮襖，除裝置一皮箱外，再將六皮箱奴才俱親交給李慶安，賞與阿喇納之皮襖給與阿喇納，主子賞與奴才紅龍緞貂皮襖，奴才謹跪受領，喜悅至極，我父子仰蒙聖主鴻恩深重，無可比擬，奴才自幼受聖主教養，用於不稱職之文武二重任，復補放將軍，奴才擔負不稱職之任，率大軍駐邊，而已無能力弱，尚未靖剿逆賊，奴才晝夜憂慮，去年聖主將御佩荷包鼻煙壺火鐮御鳥槍等物賞與奴才，又賞銀五千兩，以及陸續所賞食物，奴才亦不能記之，今復賞紅龍緞貂皮襖，奴才實何以當，奴才惟叩謝外，似此無疆隆恩，亦無言以表，為此叩謝天恩之處，謹密奏聞，

硃批，知道了。

[290] 議政大臣海靳等奏為借給官兵俸餉馬匹軍器摺（康熙五十八年正月二十六日）[1]-3330

議政大臣領侍衛內大臣公臣海靳〔註759〕等謹奏，為欽奉上諭事。

接護軍參領申保〔註760〕等奏文稱，奴才等抵至柴達木地方查視留西安之八旗滿漢軍二百人之馬畜數、軍器，軍馬現共有一百六十六匹，軍器俱污染，毀壞者亦有，帳蓬亦朽壞，故此查問此馬何以如此缺少，據委西安佐領營長查木布等告稱，我此處二千兵士於前年五月派出，未歇息抵達德布特里地方，不久貝勒達彥以柴達木地方為要，咨令率兵返回，當率兵值班主大臣等一面具奏一面率兵返回柴達木地方，往返未休息，至牧草變黃，秋季於阿拉克諾爾等處設哨所，跟蹤往返輪行，雖尚有牧草，因盡係風筒之地，馬匹不得恢復，又因度牧二冬季，馬匹死傷者以至如此。先據湖廣總督額倫特具奏，在柴達木之軍因過多草劣雪寒馬匹難免羸瘦減少，倘於軍備補給馬匹，可不耽擱行走嘎〔註761〕斯要道等情，將西安甘州寧夏此三處之馬匹平均撥給滿綠營兵，八旗滿漢軍共六百三十人撥給馬五百五十匹，每人不足一馬，後率兵值

〔註759〕《欽定八旗通志》卷三百十八作領侍衛內大臣公海金。

〔註760〕《平定準噶爾方略》卷五頁二十一作護軍參領神保。

〔註761〕原文作嗄，今改為嘎。

班主大臣等率兵征伐西招，撥給我留後兵丁一百七十四，因補給率餘馬征伐之兵，我留後兵丁無獲解送官馬之處，我兵出征駐守近二年，兵丁軍器污染毀壞者亦有，帳篷亦朽壞，鍋漏孔眼，我等請借給我官員各一年俸祿兵丁一年錢糧補購馬畜，置備軍器，此借支銀斷不誤，依例由各家扣償，伏請將臣此請轉奏辦給。再留於柴達木綠營兵丁馬匹減少，軍器毀壞之情，由延綏總兵官李耀另將查明情形，咨行西安總督鄂海、西寧總兵官王以謙等，故此我等奏聞親查兵丁馬畜軍器，諸官兵借支欲補置馬畜軍器之摺，於康熙五十八年正月十七日交給乾清門頭等侍衛喇錫轉奏。當日奉旨，交議政處，欽此欽遵。

臣等會議得，據駐柴達木地方護軍參領申保等奏稱，奴才等抵達柴達木地方，查視留於西安之八旗滿漢軍二百人之馬畜數、軍器，馬匹共一百六十六匹，查問軍器馬匹減少之情，委西安佐領營長查木布等告稱，我處二千兵士前年五月遣出，設卡倫追蹤，渡過二冬，以至馬畜死傷如此，我軍遣出駐近二年，軍器帳篷俱朽壞，我等請借給我官員各一年俸祿，兵士各一年錢糧，以購置馬畜軍器，將此借支銀兩，由各家扣償，乞將臣所請轉奏等因等因，故將呈文具奏，相應咨行辦理糧餉侍郎色爾圖，依申保等所奏借給俸餉，俟軍務完結，由該處照數扣取可也，為此謹奏請旨。

議政大臣領侍衛內大臣公臣海靳。
議政大臣領侍衛內大臣公臣馬爾賽。
大學士臣馬齊。
大學士臣嵩祝。
議政大臣都統兼前鋒統領臣郎圖。
議政大臣戶部尚書臣孫札齊。
議政大臣禮部尚書臣貝和諾。
議政大臣兵部尚書臣孫柱。
議政大臣刑部尚書臣賴都。
議政大臣工部尚書臣徐元夢。
議政大臣理藩院尚書臣赫壽。
議政大臣都察院左都御史臣黨阿賴。
兵部右侍部臣查弼納。
硃批，此等兵士極為効力，照其請借糧餉數額賞給，免其扣償。

[291] 議政大臣海靳等奏為遣使等事摺（康熙五十八年正月二十六日）

[1]-3331

議政大臣領侍衛內大臣公臣海靳等謹奏，為欽奉上諭事。

康熙五十八年正月二十四日乾清門頭等侍衛喇錫傳諭旨，朕此數日思之大將軍王率大軍往，我大國例定，征伐先問罪由，事無不明曉者，既然如此，大將軍王遣使往車凌敦多布處，此差遣時遣派在小呼畢勒罕〔註762〕處之大堪布喇嘛等，青海親王羅卜藏丹津、多羅郡王察罕丹津、貝勒貝子公等使臣，自我軍返回，於懂蒙語或蒙古官兵內遣派應效力者，供應馬畜急速遣派，此遣使若大將軍王抵西寧遣之，則久矣，[將行文以大將軍王之名義繕之]（著所差人攜至大將軍王前閱後遣送）行文內稱，策妄喇布坦稱為黃教遣派爾等，爾等前來即斬拉藏，佔領招地，毀壞寺廟，驅散喇嘛等，擾害土伯特黎民等情形，備駐我邊界之武大臣等聞之甚怒，亦不慮地方遙遠，有瘴氣，即進兵，路遙馬畜瘦弱，糧秣不繼，遇瘴氣受損，此軍前往者並非因奉旨而往者，伊等擅率邊界地方[二三千漢]兵丁即進攻，此等情由，皇父知曉，命我率京城大軍前往西寧，與青海台吉共為黃教而行，我大國例載凡出征何處，務先問罪由，將事明曉方出征，斷不行欺騙，爾等準噶爾全體亦知曉矣，黃教係全蒙古人共奉非一家之教，爾等前年抵招地以來，至今不明有無班禪本人之處，詢問不少來人無一看見之人，所謂達賴喇嘛〔註763〕監禁於招地，現塔爾寺有新呼畢勒罕〔註764〕，黃教大師達賴喇嘛班禪，班禪確實有無，或將何呼畢勒罕確定為達賴喇嘛，如何辦理黃教，將教交付何人，或達賴喇嘛、班禪不論黃教寺廟之喇嘛等，如此而已，爾等欲取招地駐紮之處，火速咨明，既有關宗教事大，所議宗教事務甚要，相約車凌敦多布於西壩之中間或何地，或爾親自前來會盟，議宗教，或我親往會盟商議之處，務（必定奪），今不僅我親抵達西寧，我四川雲南貴州等處邊界俱整備駐軍，於阿勒泰、巴里坤、噶斯等處有駐軍，爾等俱曉，軍務事小，有關黃教衆生靈勞逸事大，（為宗教）之大事，既交派我，我必將保全黃教，普渡衆生，我豈不勤奮効力乎，先策妄喇布坦屢次奏請將三寶以原道安生，今毀一家者非原奏之意也，全蒙古恭祭之黃教，經學甚重要，爾不速定派一處，又推諉，將黃教大事，爾等已耽擱

〔註762〕指七世達賴喇嘛羅卜藏噶勒藏佳木磋。
〔註763〕指為拉藏汗所奉並為清廷所封之第六輩達賴喇嘛阿旺伊西佳木磋。
〔註764〕指七世達賴喇嘛羅卜藏噶勒藏佳木磋。

矣等語。經議政大臣會議，編寫行文咨行大將軍王，於何處追及王，則大將軍王閱後鈐印，咨行駐西寧都統延信、公策旺諾爾布、侍郎色爾圖、侍讀學士常壽等，伊等曉諭青海王貝勒等，同伊等使臣同辦啓程，欽此欽遵。

臣等會議得，臣等謹思主子經歷軍務甚多，諸事預先謀略，每事無不相符，今降旨將致車凌敦多布書作為大將軍王之文書〔註765〕曉諭，甚是俱詳，差人送書，曉我邊界處處備軍，車凌敦多布等必敗，或伊等內出一事端，我等人往，彼處情形亦得知，既然如此，依所奉旨以為大將軍王書，經編寫譯成蒙、唐古特文，咨行大將軍王，經五閱後鈐印，咨行都統延信等，延信等將由軍中返回懂蒙語之官兵內，揀派應効力之官兵馳驛王前，王揀派之，或小呼畢勒罕之堪布或大喇嘛，遣派二三人稟告呼畢勒罕，伊等乘畜廩餼確保撥給，執書速遣。再延信等曉諭青海親王羅卜藏丹津、郡王戴青和紹齊、貝勒貝子公等，伊等差派賢使，同我方人等速往，現將策妄喇布坦使臣阿旺達希之同夥二人，既然由富寧安處解往大將軍王前，俟此二人抵至王處所後，由延信等撥給伊等馬匹廩餼，與王往送車凌敦多布書之使臣同遣之，將策妄喇布坦所奏蒙文書，交此前往之使，與車凌敦多布閱之可也，為此謹奏請旨。

議政大臣領侍衛內大臣公臣海靳。

議政大臣領侍衛內大臣公臣馬爾賽。

大學士臣馬齊。

大學士臣嵩祝。

議政大臣都統前鋒統領臣郎圖。

議政大臣戶部尚書臣孫扎齊。

議政大臣禮部尚書臣貝和諾。

議政大臣兵部尚書臣孫柱。

議政大臣刑部尚書臣賴都。

議政大臣理藩院尚書臣赫壽。

議政大臣都察院左都御史臣黨阿賴。

兵部侍郎臣查弼納。

理藩院侍郎臣拉都渾。

理藩院侍郎臣特古忒。

〔註765〕原文作義書，今改正為文書。

[292] 議政大臣巴琿德等奏請阿旺達希入京城摺（康熙五十八年正月二十六日）[1]-3332

（原檔殘缺）置詢問，告稱，拉藏妻、子蘇爾雜於去年六月抵至我伊犁，著拉藏妻、伊子蘇爾雜俱駐一處，與其兄噶爾丹丹津和睦與否，我不曉，我近來聞得或有爾等軍乎，或有青海軍乎，前往招地敗之等情，衆云此傳聞不曉眞僞，自招地無專遣人之處等語，詢問他情，俱稱不曉。

查得策妄喇布坦乃極奸宄之賊匪，假作遣使，接續派兵，來劫奪卡倫之處，俱不可料定，故此將我卡倫及回子額敏卡倫俱嚴防外，亦將策妄喇布坦遣使等情，行文知照揚威將軍傅爾丹等，阿旺達希等除文書外無口奏語，故未將阿旺達希等遣派京城，留在軍營，將策妄喇布坦所奏原蒙文書一併謹具奏聞，准否策妄喇布坦遣使阿旺達希等進入，收否策妄喇布坦貢禮之處，請旨，康熙五十八年正月二十五日交乾清門頭等侍衛喇錫轉奏。奉旨，准否策妄喇布坦該遣使進入之處，全體議政大臣詳議，再朕意其所遣五人內，命將二人由彼遣往大將軍王前，自大將軍王處同我等所差使臣，連同策妄喇布坦所奏蒙古書一併遣送車凌敦多布等處，其餘三使臣，著執諭旨遣歸，所發諭旨內稱，據爾奏文內開，弘揚不毀之教，安撫衆生靈，請仁愛睿鑒等語。朕係天下大主，惟使天下所有衆生各於原處，以原道安生，於蒙古、喀爾喀、青海厄魯特所有衆生以仁化撫治，於各自地方以原道安生，爾無故來侵哈密，所有邦國不可信爾，故於各處邊界如此備駐軍士，爾又暗遣兵斬拉藏毀寺廟，驅散喇嘛等，出兵土伯特部，擾害衆生靈，此自何人始，毀招地滅教之行，駐我邊界大臣侍衛等聞後，怒不可遏〔註766〕，擅率數千〔註767〕名漢兵，亦不顧地遙瘴氣馬畜羸瘦，損失數兵，著我方率兵前往之侍衛色楞、布達里、達克巴藏布〔註768〕等，爾之車凌敦多布與爾會議宗教道等情，將爾之諸凡情由稟告伊等，率爾信任之妥人遣之，再爾前來所有使臣，無不會見朕顏遣之，而爾將朕語斷章取義，揚言不達不通，今暫無自我處遣使之處，今車凌敦多布等佔駐招地，與我陝西四川雲南貴州交界處豈可不往各處邊界遣派大軍固守乎，故此命我子大將軍王率京城之滿蒙大軍遣往西寧，爲黃教事會同青海人等議，弘揚黃教，拯救土伯特民，將其作爲宗旨，伊等應行即行，現班禪

〔註766〕原文作怒不可遏，今改正爲怒不可遏。
〔註767〕此處補千字。
〔註768〕《平定準噶爾方略》卷三頁六作一等侍衛達克巴藏布。

有無之處不明，來人甚多而經詢問，無一相見之人，且稱將達賴喇嘛〔註769〕監禁招地，現塔爾寺有新呼畢勒罕，或班禪之有無，或將何呼畢勒罕定爲眞達賴喇嘛，將黃教如何辦理，將宗教交付何人等情，致書車凌敦多布，相約一處會盟議定，將同爾使臣阿旺達希前來之二人與我送書之王之使臣，新呼畢勒罕之使臣，青海總台吉之使臣一同差往車凌敦多布處，況爾請朕遣派妥使，爾不可差遣妥員爲使乎，等語繕擬後，議政大臣等議奏，欽此欽遵。

臣等會議得，據將軍富寧安等奏文內開，策妄喇布坦爲其使阿旺達希率同四人差送奏書，准否此差人進入之處，具奏請旨。據策妄喇布坦奏文稱，具奏阿穆呼朗汗睿鑒，奉大汗諭旨大小共同出兵討爾，哲布尊丹巴我等二老人，不願擾害衆生靈，愛好安寧，故予以勸止，聞旨爲弘揚不滅之教，豈非將我衆生以原道安生乎，故不勝喜悅，接旨回覆，再雖云將諸項情由具奏，部院未將我語盡奏，該使未能具奏，今弘揚宗教，安撫生靈，仁慈睿鑒，乘此時以一類似喇錫侍衛之妥員爲使，詳奏諸項情由，禮品爲十張貂皮等語。策妄喇布坦極奸詐之人，藉故具奏此書，爲探我消息，察看形勢而遣派，這不可料定，本應不准伊等進入，應即遣返，惟去年向策妄喇布坦發諭旨，准伊以信任之妥人爲使派遣，今倘不准策妄喇布坦該使進入，則又誣賴聲稱未准使臣進入，部院隱匿未通報等情，即咨行將軍富寧安，遣派章京、筆帖式將其使臣等照護攜來，沿途不准見人，不言語，抵至涼州後將阿旺達希同夥內二人解往西寧大將軍王前，俟將使臣阿旺達希等解至後詢明前來之事由，將頒給策妄喇布坦之諭旨，依旨繕擬奏覽後，交使臣阿旺達希賫送，策妄喇布坦隨奏進貢十張貂皮，俟使臣抵達，再議可也，爲此謹奏請旨。

議政大臣領侍衛內大臣侯臣巴琿德。
議政大臣領侍衛內大臣公臣海靳。
議政大臣領侍衛內大臣公臣馬爾賽。
大學士臣馬齊。
大學士臣嵩祝。
議政大臣戶部尚書臣孫札齊。
議政大臣禮部尚書臣貝和諾。

〔註769〕指爲拉藏汗所奉並爲清廷所封之第六輩達賴喇嘛阿旺伊西佳木磋。

議政大臣兵部尚書臣孫柱。

議政大臣刑部尚書臣賴都。

議政大臣理藩院尚書臣赫壽。

議政大臣都察院左都御史臣黨阿賴。

兵部侍郎臣查弼納。

理藩院侍郎臣特古忒。

硃批，將使臣俱攜至京城再遣，往返需時〔註770〕日，除將二人遣往大將軍王前外，將阿旺達希本人及跟役一人依議攜至京城，其內一人命齎諭旨，即刻遣歸。

[293] 吏部尚書富寧安奏為聖體安善官兵喜悅摺（康熙五十八年正月二十八日）[1]-3333

奴才富寧安謹奏，為奏聞聖體萬安，天顏甚好，奴才等不勝喜悅事。

奴才請安摺奉硃批，朕體安善，氣色亦好，腿尚好，正月初九日前來暢春園時乘馬而來，欽此。見諭旨奴才喜悅朝天焚香叩首，滿蒙綠營大臣官員以至兵丁聞之喜悅，故即聚集閱旨，大臣官員兵丁共悅，俱合掌揖拜，紛紛向天叩祝，為此謹奏以聞。

硃批，知道了。

[294] 吏部尚書富寧安奏為道士以神法滅策妄喇布坦摺（康熙五十八年正月二十八日）[1]-3334

奴才富寧安謹密奏，為請旨事。

據李慶安為率伊操練之八百兵丁於今年三月進發，經奴才密奏，三月不可進兵仍於七月與大軍共同進剿為好等因，奉硃諭，爾言甚是，今將西地事朕詳諭議政處共議，咨文致爾，爾復詳問商議後火速具奏，欽此欽遵，正月二十八日到達。先策妄喇布坦遣使後奴才向李慶安云今策妄喇布坦為請遣妄使，已奏請皇上，皇上若准遣使，乘此之便，爾共同前往，一舉消滅策妄喇布坦，可否成功。伊言我等奏摺到來時再商議等語。我二人奏摺到來後，奴才問伊，爾意如何。伊言三月進攻不能成功是實，若率兵進攻，既然會戰，悄悄前往，不能消滅策妄喇布坦，今策妄喇布坦遣使，此甚好之機，皇上倘遣使，乘此便我與之前往，我不會蒙古語，前往使者凡事告我不加隱瞞，易

〔註770〕此處刪一時字。

於我行，策妄喇布坦倘畏懼認過歸降，皇上既如天地好生，我不犯伊，伊倘照前文過飾非，無歸降之狀，則不可明殺，我必施神法，暗變其心肝，迷惑其靈魂，數日之內自滅，策妄喇布坦滅，屬眾自然潰散，我來時亦有具奏之處等語。奴才云爾此意甚是，倘爾前往如何裝扮，攜用何物品，前去必能成功乎。伊言我不可如此打扮，扮作隨從使者之筆帖式，途中不使覺察，隨之前往，衣帽等項穿戴甚端，不攜他物，惟將我所佩腰刀，用於符咒之硃砂等物匿攜之，前往必成，我仰蒙皇恩甚重，此番成功，亦了我一世之願，再將我與使同遣，聖諭以為不可，關係事大，今我在汛地，將軍稱我與使者共繪製地圖亦可，我不能繕文，請將軍代我具奏等語。奴才云爾言甚有理，惟事大，爾果意決，我具奏爾必往之事，爾亦具奏等語。伊言具奏皇上之事豈敢二意，我意甚決，我亦具奏等語。奴才屢加詳問，伊言我往必能成功等因，既然李慶安稱親往策妄喇布坦前必能成功，奴才思忖主子倘往策妄喇布坦之處遣使，將李慶會扮作使者之筆帖式共同遣往，而途中不被發覺，李慶安在汛地，眾俱知曉，若無由遣之，人反猜疑，奴才在眾前宣佈，李慶安懂繪畫，與我使同遣，沿途直抵伊犁，將路程遠近水草優劣繪圖等情，作為奴才差遣，與我使者共同遣之，差遣伊時奴才向伊云務謀成功，行刺成仁為妥，策妄喇布坦乃奸宄狡詐之人，有胡亂歸降狀，靠其偽善之語，心不可無主見等語。按其言滅策妄喇布坦若成功，屬眾俱來見，心離，伊之子斷不能保，自致毀滅，如此未動用軍隊，西地事即平定，往而不成，亦並無關等因，為此謹密奏，祈主子訓示。

硃批，自李慶安去以來，所奏事無此要者，況亦符其原語，即照此則妥，策妄喇布坦之人抵達京城，朕派遣人員，惟克什圖與李慶安甚好，倘若一心，將此亦遣之則妥，若稍有遲疑則罷。

[295] 吏部尚書富寧安奏為道士李慶安稱另立營操練摺（康熙五十八年正月二十八日）[1]-3335

奴才富寧安謹密奏，為請旨事。

為李慶安稟告奴才，揀選八百兵丁另立營，於三月初操練等因，奏入奉旨准行，今李慶安稟告奴才，若遣我往策妄喇布坦前，則停止揀兵操練，倘不差遣我，再揀兵另立營操練等語，為此謹密奏聞。

硃批，是。

[296] 吏部尚書富寧安密奏策妄喇布坦使臣進京摺（康熙五十八年正月二十八日）[1]-3336

奴才富寧安謹密奏，爲奏事。

據李慶安稟告奴才，將策妄喇布坦遣使，若攜至皇上京城，必與我等之遣使相見，如此我前往之後，易於行事，倘不將伊使攜至京城而令返回，伊又藉故，倘不會見我等遣使，更爲枉然，倘皇上依我所請差我，請將策妄喇布坦使者攜至京城再遣返，請將此具奏等語。查得准否策妄喇布坦使者進入之處，正月十一日已具奏請旨，除將策妄喇布坦使者攜至京城不議外，倘部文此間抵達，令催使者返歸，不攜至京城，奴才現爲使者一事，既具奏請旨，暫停催使者返歸，此事或准否進入之處，俟降旨時再遵行，爲此恭謹密奏請旨。

硃批，是，已有旨了。

[297] 吏部尚書富寧安密奏將拏獲厄魯特暫留軍營摺（康熙五十八年正月二十八日）[1]-3337

奴才富寧安謹密奏，爲請旨事。

前據李慶安稱押解所執之厄魯特一名，令執書遣放時我施法，令其心懼而遣，則於事有利等情之處，經奴才密奏請旨，奉硃批諭旨，即遣之，咨致策妄喇布坦書不可交部，爾即定奪，欽此欽遵。差遣厄魯特之處告李慶安後，伊言既遣我至策妄喇布坦前，何必施法術令此厄魯特心懼，或如何爲之，祈將軍定奪等語。既然如此，押解此厄魯特到後，停止遣放，暫留軍營，爲此謹密奏請旨。

硃批，甚是。

[298] 吏部尚書富寧安密奏速送道士李慶安奏摺摺（康熙五十八年正月二十九日）[1]-3338

奴才富寧安謹密奏，爲奏聞事。

李慶安欲往策妄喇布坦前之處，伊言我亦具奏，亦請將軍代我具奏，我欲同我使者共往策妄喇布坦之處，今我即繕摺賫送等語。李慶安將伊之奏摺裝於封套，親自封閉，鈐皇上所賜圖記〔註771〕，送至奴才後，謹與奴才之奏摺同卷一處，勒一夾板，於正月二十八日夜速由驛啓程送，翌日二十九日晚李慶安來告奴才，我因親往策妄喇布坦前，我將奏摺搞錯，與昨日奏發摺子

〔註771〕原文作圖書記，今改爲圖記。

遺漏，未裝封套遣放，祈將此摺速奏等語。因事重要，謹同奴才奏摺卷於一處，勒一夾板，掌燈時分速由驛啓程遞奏，爲此謹密奏。

硃批，知道了。

[299] 四川總督年羹堯奏參護軍統領溫普不能約束滿兵事摺（康熙五十八年二月初六日）[2]-2738

奏，四川總督加三級紀錄三次臣年羹堯爲據實密陳事。

竊惟大臣之責，務在上體聖心，下廣恩信，而後無負聖明之簡任，況當用兵進剿，制勝在兵精，而領兵在擇將，所關甚鉅，若將得其人，則恩信遐敷，威聲遠著，所謂先聲後實，百戰百克之兵也，凡滿洲大臣來川共事已及年餘，無不與臣交好，並無一人稍有嫌隙，而臣亦熟悉其爲人，如戶軍統領臣溫普忠厚有餘，端方不足，駐箚西爐，其同事之侍衛章京等人既衆多，每遇一事議論紛紛，動輒以陵侮不堪之言加之，溫普惟有面赤忍受，及領兵出口經過裡塘，不能約束滿兵，頗爲番民之累，今現有番民呷嘛七立等赴裡塘管倉委官處陳告，皆云溫大人所領滿兵強取柴草，搜奪財物等語，又因領兵回爐，馬匹疲瘦，臣爲雇覓裡塘之番牛駄載行裝，沿途宰食，半歸烏有，其牛主亦赴委官陳告，臣諭令委官加意安戢，分別犒賞，以償其值，在溫普非必有意擾累，總以不能戢兵以至於此，當此用撫用剿之際，若不收拾番情，安能自近以及遠，是以今此遣兵出口，議定於省城派固山大二員帶領滿兵前進，臣與臣都統法蠟告戒激勵而遣之，或能奉令惟謹，蓋以溫普難領兵再進也，臣與溫普無絲毫〔註772〕嫌隙，亦非不知和衷共濟爲大臣之美德，但念國家之事重，則同官之誼輕，今既須調用川兵，又何敢徇私情而悞公事，臣午夜自思，因溫普而重煩聖懷，固屬臣罪，倘今日不言，至有悞大事，而後咎其已往，臣死且莫贖，是以決意不敢上欺聖主，直陳無隱，不復他顧，至現今在川管轄滿兵諸大臣，其壯年行間効力，臣自百不及一，然約束嚴明，謂之有制之兵，訓練時勤，謂之精強之兵，猶望天語誡飭，務令大破情面，躬親操練，執法不移，則滿兵所向無敵，一舉而功成矣，臣受恩逾格，不避嫌怨，冒昧密陳，非有私意，伏祈聖主鑒臣愚直，將原摺密封發還，臣不勝悚惶之至。

康熙五十八年二月初六日具。

硃批，此摺奏的是，朕亦留心，可以調換，又封內一件另議。

〔註772〕原文作絲豪，今改正爲絲毫。

[300] 副都統勒欽圖奏為報効摺（康熙五十八年二月初八日）[1]-3342

奴才勒欽圖〔註773〕謹奏，爲請訓諭事。

竊奴才原爲一介末等奴才，仰賴聖主鴻恩，遞補奴才爲城守尉，今主子復命奴才爲副都統，前往督率自盛京遣派之千名兵丁，如此隆恩，奴才理應即刻前往朝覲聖主金顏，叩請訓諭，惟因軍機事要，不知啓程日期，奴才未得往請訓諭，奴才係末等庸奴，既然軍務所關重大，聖主明訓，奴才謹銘諸肺腑，拼死報効，爲此恭謹跪奏請旨。

硃批，汛地有將軍大臣等，按伊等指示施行，別無訓處，惟途遙馬畜爲要，軍中諸項盡備，多加節儉，應謀久遠。

[301] 議政大臣海斳等奏為預發軍士錢糧摺（康熙五十八年二月十二日）[1]-3346

議政大臣領侍衛內大臣公臣海斳等謹奏，爲欽遵上諭事。

據靖逆將軍富寧安奏文內開，奴才看得巴里坤地方商賈齊集，喀爾喀攜牛羊亦屢來貿易，平素價廉，且一時商賈雲集，價亦廉，供官兵錢糧於五月末供給一次，將此經商之蒙古民人俱曉，俟至發錢糧月份，兵丁獲錢糧，俱齊購穿用小物件及鞍轡，絆馬索等物，價即刻昂升，奴才請自存於巡撫綽奇處銀內，將銀六萬兩解送汛地，交付現在巴里坤辦理糧餉事務潼商道員王全臣〔註774〕另儲，倘兵士獲行糧前，逢蒙、民商賈雲集，價廉之際，俟各該管官員〔註775〕保結送來後，酌情預先發給，使之購買，到發錢糧月分，照數扣取，則亦不耗費錢糧，亦甚益於兵士，再軍機事不可逆料，倘軍營有銀，遇突發緊急之事，奴才酌情辦理，則亦甚益於事。此銀交付道員王全臣另儲，軍務完結之時照數交付綽奇，倘有用項，奴才另明白奏聞，故此請主子訓誨，謹具密奏，請旨等情一摺，於康熙五十八年二月十一日交乾清門頭等侍衛喇錫轉奏。奉旨，交議政處，有應議之處，議奏，欽此欽遵。

臣等會議得，據靖逆將軍富寧安奏文稱，奴才看得巴里坤地方諸商賈雲集，平素價廉，供給官兵之錢糧五月末發給一次，俟至發給錢糧月份，兵士獲錢糧各自均購穿用小物件，故價昂升，請由存於巡撫綽奇處之銀兩內解送六萬兩，交現於巴里坤辦理糧餉事務之潼商道員王全臣，兵士獲行糧前，逢

〔註773〕待考。
〔註774〕《平定準噶爾方略》卷十頁十六作潼商道王全臣。
〔註775〕原文作臣員，今改爲官員。

價廉之際各自該管臣員保結送來後，酌情預先發給，使之購買，俟至發錢糧月份照數扣取，則不耗費錢糧，且甚益於兵士，再軍營有銀倘遇突發緊急行動，奴才酌情辦理，既然亦益於事，依將軍富寧安所奏，將存緄奇處銀兩撥六萬兩，差遣官兵，送往富寧安處可也，為此謹奏請旨。

議政大臣領侍衛內大臣公臣海靳。

議政大臣領侍衛內大臣公臣馬爾賽。

大學士馬齊。

議政大臣戶部尚書臣孫札齊。

議政大臣工部尚書臣徐元夢。

兵部侍郎臣查弼納。

硃批，依議。

[302] 甘肅巡撫緄奇奏為守備何文衛苛虐民人等事摺（康熙五十八年二月十三日）[1]-3347

奴才緄奇謹奏，為奏聞事。

二月十三日甘陝道員富哲雲〔註776〕稟請〔註777〕參劾甘州左衛守備何文衛為催徵交民人購買米豆草料等物，施用嚴刑，任意放縱衙役，苛斂民人等，民人數群聚集不散，於城外訟告，收取守備何文衛之印後，民人散之等情，奴才照例參奏，一面復嚴飭布政使、按察使、眾道員等，爾等屬地倘有不肖官員侵漁，苛虐書生民人之事，查明即執，予以陳報等因，現正值辦理軍需事務之際，需採購之物項多，嗣後倘有如此小事，奴才懇請，應參者即參之，應懲者即懲辦之，乘便彙總奏聞，伏祈聖主訓示。

硃批，事發即應奏聞。

[303] 吏部尚書富寧安奏報道士李慶安前往策妄喇布坦處摺（康熙五十八年二月三十日）[1]-3352

奴才富寧安謹密奏，為奏聞事。

二月二十九日李慶安與奴才我二人奏摺俱到後，李慶安稟告奴才，我密奏之摺奉皇上硃批，爾所奏之事，字詞〔註778〕均不符，重復亦多，朕難於批示，欽此。我今陳明緣由具奏，此情祈將軍亦具奏等語。又向奴才言，我為

〔註776〕《甘肅通志》卷二十八頁三十三作分巡甘山道傅澤澐。
〔註777〕原文作稟請，今改正為稟請。
〔註778〕原文作字祠，今改正為字詞。

往策妄喇布坦前具奏之摺，奉皇上硃批稱是，無有他字，若往策妄喇布坦前
必定成功之字，皇上俱用硃筆圈之，我稟告將軍，我欲親往策妄喇布坦前，
請代我具奏之摺，皇上如何批示等語。奴才云爾出以誠意，所謂務往策妄喇
布坦前之處，皇上甚嘉之，極表贊同，將爾所攜之物告我，我置備之，等候
與爾同遣之人，不可被一人發覺，甚密爲妥，爾雖係出家之人，仰蒙皇上之
恩甚重，爾惟奮發，毫勿辜負皇上仁恩，事成前來時不僅爾享有無疆鴻恩，
即爾之祖父、父亦獲享皇上鴻恩〔註779〕，如此亦符合爾平素以忠孝爲本之心
意等語。李慶安言，將軍之言〔註780〕甚是，今已符合我之本意等語。看得因
主子嘉勉贊同，歡忭無已，爲此謹密奏聞。

硃批，知道了。

[304] 閩浙總督滿保奏請萬安摺（康熙五十八年三月初六日）[1]-3358

福建浙江總督奴才覺羅滿保謹奏，爲恭請聖安事。

奴才滿保俯首跪請聖主萬安。

硃批，朕體安善，四月十一日將去熱河，今年麥子似乎頗好，田禾亦好，
新任巡撫立言前往，情形何如。

[305] 閩浙總督滿保奏遵旨詳查假傳小報情形摺（康熙五十八年三月初六日）[1]-3359

福建浙江總督奴才覺羅滿保謹奏，爲奏聞事。

竊照奴才於五十七年十二月初八日具摺，專差家人賚捧奏聞，本年二月
初三日返回，奴才跪奉展讀，請安摺內奉御批，知道了，西路用兵之際，若
胡亂張揚，寫小報傳諭，務必寫給朕覽，欽此欽遵。查得福建地處遙遠，先
年尚有假報，五十四年奴才奏摺內奉御批，福建地方甚爲遙遠，各省假報甚
多，鄂爾坤策妄喇布坦派兵二千來擄哈密，駐哈密遊擊潘智善〔註781〕遇來賊
即率領綠旗兵二百回子兵數百，三次追擊賊二十餘里，斬殺數百，鄂爾坤不
敢再戰，愴惶遁逃，現正議進兵時機，因爾等遐遠恐傳有訛，故書大略諭爾
知之，此諭亦給總督將軍看，欽此欽遵。隨即令總督將軍文武各官閱看聖旨，
致使在京專司文書之提塘官大懼，此二年內已停傳假小報，本年二月初三日
奴才接奉聖旨後，留心察看，一月中收到邸報十次，皆爲科衙抄發之本，內

〔註779〕原文作皇工鴻恩，今改正爲皇上鴻恩。
〔註780〕原文作將軍之誤，今改正爲將軍之言。
〔註781〕《平定準噶爾方略》卷一頁十八作遊擊潘至善。

御批以及由部議覆之平常事，未見假小報，今奴才銘記聖旨，留心察閱，若有妄行張揚，寫小報傳諭者，奴才即行抄錄密奏聖主御覽，為此謹具奏聞。

硃批，知道了。

[306] 閩浙總督滿保奏報旗兵起程日期摺（康熙五十八年三月初六日）

[1]-3360

福建浙江總督奴才覺羅滿保謹奏，為奏聞事。

竊照今年二月十三日准兵部咨開，遵旨調杭州滿洲兵一千往雲南時交付該總督巡撫，撥辦路費口糧坐船，令其起程等情前來，杭州將軍塔拜〔註782〕，浙江巡撫朱軾〔註783〕亦來商議，杭州滿洲兵將於二月二十五日起程，奴才查得浙江雲南相去遙遠，倘由水路前往非備六個月路費不可，而六個月路費需銀一萬二千餘兩，此事不可動用正項錢糧，宜由奴才等捐納供給，再滿洲兵出遠行非齊整有力不可，故捐銀〔註784〕共計一萬三千兩，每兵給銀十三兩以置辦衣服，官員亦均勻捐送銀四十至二百兩不等，因兵起程緊急，奴才即便前往，亦不能趕上，故遣官連夜前往，巡撫朱軾由彼親自料理，共撥船五百船夫一千四百，其租價工錢亦皆捐給，眾官兵感激聖主洪恩，前往萬壽宮叩謝，據所遣官員回報，二月二十五日官兵起程時甲冑閃亮，旗纛招展，衣服撒袋馬鞍煥然一新，隊伍齊整，為此謹具奏聞。

硃批，知道了。

[307] 閩浙總督滿保奏報春季雨水糧價摺（康熙五十八年三月初六日）

[1]-3361

福建浙江總督奴才覺羅滿保謹奏，為奏聞事。

竊照今年春季福建地方雨水調勻麥蔬長勢好，稻秧方始萌插，米價福州一兩一錢至一兩三錢六七分不等，泉州漳州一兩二錢至一兩四五錢不等，價稍漲，此外延平建寧汀州邵武等地九錢、一兩、一兩一錢不等，浙江春雨稍多，麥豆菜蔬等物仍好，米價杭州嘉興湖州紹興嚴州金華衢州等地九錢、一兩不等，寧波處州等地八錢九錢不等，台州溫州等地七錢八錢不等，地方太平無事，為此謹具奏聞。

硃批，知道了。

〔註782〕《欽定八旗通志》卷三百三十一作杭州將軍拜塔。
〔註783〕《清代職官年表》巡撫年表作浙江巡撫朱軾。
〔註784〕原文作指銀，今改正為捐銀。

[308] 四川巡撫年羹堯奏明進藏路徑並藏內情形摺（康熙五十八年三月十三日）[2]-2742

奏，四川總督加三級紀錄三次臣年羹堯爲奏明進藏路徑，番信情形，仰祈睿鑒事。

竊查打箭爐通西藏，聞有南北兩途，前曾奏明，臣於正月初九日遣貢生馬光，因公註誤千總馬凌雲前往查探，今於三月十二日回省，臣備細詢問，自打箭爐由霍耳、玉籠、丹春科爾至類烏七爲北路，人戶雖少，路甚平坦，水草俱便，惟木柴不足，約計一千三百餘里，拉藏存日其藏王貿易皆由此路，自此以西至書班多地方，聞有賊人把守盤詰，不能前進，馬光等因自類烏七轉至叉木多、乍丫、達納、巴塘、裡塘回打箭爐，爲南路，柴草不乏，人戶亦多，然山路窄險，並無下營寬敞處所，其西藏百姓貿易皆由此路，便於口糧駄腳，自叉木多至打箭爐約計二千餘里，繪成一圖，略具大概。又探得自類烏七至藏止有一千三四百里之平路，亦繪圖內，附呈御覽，是南路遠而險，北路近而平，又木多爲適中要隘，其地產鐵，賊人初得西藏，取鐵於此，皆確有可據也，目下賊人於叉木多、乍丫兩處皆遣人與營官商議，欲以買茶爲名至爐探聽信息而未敢遽來。馬光等於二月二十四日至叉木多探知被賊虜去西寧進藏官兵五百名，今車陵敦羅布〔註785〕已遣頭目一名帶兵十五名，沿途撥夫送來，已至落籠宗地方，去叉木多二三日之程耳，聞此五百人內有官三員，賊人原令色楞與兵俱來，而色楞不肯同回，現在藏內，但被俘兵丁水土不服，自藏至落籠宗止剩四百三十七名，而抱病者尚多，約四月中可到裡塘，又有拉藏之人被賊虜去之戎敦宰桑等七口，於上年十一月內竊其馬匹，逃至叉木多，窮困已極，馬光等皆已帶至裡塘，容臣驗問安插。馬光又於叉木多訪獲喇嘛阿汪得濟，原係陝西河州人，在藏已久，被賊驅逐，於上年十一月十七日自藏起身，據云賊人得利之後不過三千人，恐大兵各路進剿，甚覺危懼，至十一月間聞側亡喇布坦〔註786〕親身來藏，事甚秘密，波爾奔寺衆喇嘛前往賊營送茶，遠遠望見金頂白帳，房內中坐者長身高帽，面有疤痕，七八十人圍繞不令外人近前，即車陵董羅布亦旁坐議事等語，已將阿汪得濟帶至裡塘，俟提取到省，臣當細問確情，應否送至御前，伏候明旨。臣愚以爲陝

〔註785〕《平定準噶爾方略》卷四頁十八作策零敦多卜。《蒙古世系》表四十三作策凌端多布，其父布木。此人爲大策凌端多布，以區別於小策凌端多布。
〔註786〕《平定準噶爾方略》卷一頁一作策妄阿喇布坦。

西口外駐有兩路大兵，側亡喇布坦寧敢輕離巢穴，來藏之說，恐未眞實，然色楞被執而留招地，我兵被陷而又送回，非車陵董羅布之所能專，往返稟命，不能如此迅速，則其親來，又似非盡謬，賊人狡詐，別有詭謀，皆未可定，但今年既不輕進，凡有消息理應不時偵探，以作準備，即不盡實，亦當隨得隨奏，庶有裨於軍務也。至貢生馬光、原任千總馬凌雲弓馬俱有可觀，人亦機警可使，臣當拔補千把，以酬賞其已任之奔走，並以爲來年進兵之用，理合聲明，伏祈聖主即賜批示遵行。

康熙五十八年三月十三日具。

硃批，奏摺甚是明白，議政處都看過了，還要打聽留心。

[309] 兵部尚書孫柱爲餵駝捐納請旨事（康熙五十八年二月初十日）[2]-2739

奏，兵部尙書臣孫柱等謹奏，爲請旨事。

山西巡撫蘇克濟題請餵駝議敍一事，經九卿議覆在大同開捐，照依右衛豆草條款並康熙伍拾肆年大同捐馬事例，交與該撫選派賢能道府監收，一切事宜俱照伍拾肆年舊例，臣部業經遵旨行文知照八旗並直隸各省去起訖，查伍拾肆年大同捐馬，臣部因監收官係創始派出，不比舊有成規，是以具摺奏請令監收官於報部冊內將捐納官生挨順字號塡註先後，臣部發給空白印冊塡寫送部核對例款，換給執照，照依原冊模寫用印移送吏部在案，臣部應仍照舊例將空白印冊發與該撫轉交監收之道府，遵例塡寫送部外，但換給執照者原爲官生註冊銓選之憑，今既照原冊模寫用印移送吏部，是官生之註冊銓選已有確據，可以不必另換執照，即令官生將監收官原發之實收帶赴吏部查對印冊，實屬簡便，更可杜包攬指借勒索之弊，況此捐納原爲軍需重大，官生如果得免此等別外之需，亦皆歡忻鼓舞，於收捐事務殊有裨益，伏乞皇上睿鑒施行，爲此謹奏請旨。

康熙伍拾捌年貳月初拾日。

兵部尙書臣孫柱。

尙書臣范時崇。

左侍郎臣李先復〔註787〕。

右侍郎仍管光祿寺事降貳級留任又降壹級臣田從典。

〔註787〕《清代職官年表》部院漢侍郎年表作兵部漢左侍郎李先復。

滿文墨批，此事理當加蓋印信上奏〔註788〕。

[310] 協辦固原提督事務馬見伯奏報抵任辦理兵馬銀兩事宜摺（康熙五十八年三月十八日）[2]-2743

協辦陝西固原提督事務奴才馬見伯謹奏，為奏聞事。

竊奴才於本年貳月貳拾叄日到固原，相離家鄉雖近，而瞻仰天顏甚遠，心神夢寐常依帝座，每思聖恩飲食教誨，無異父母之慈愛，優容寵錫有如天地之高深，意念及此，不禁淚垂，今奴才到固原，見地方寧謐，復查訪所屬外汛去後，據商州營遊擊劉成，護理慶陽營副將印務守備汪建矦〔註789〕，護理延安營參將印務守備王忠孝等面稱，兵民相安，地方無事，有西安延安貳府雨澤霑足，慶陽固原雨澤不大，天氣不熱，尚不覺旱，點閱標營兵丁旗幟鮮明，隊伍整齊，步箭鳥槍好者居多，馬箭生疎不諳者亦多，外汛兵丁馬步箭鳥槍俱皆生疎不諳，現在嚴飭操演，又外汛守兵無盔甲，現在會商捐造，夏季餉銀於叄月初拾日足數散給，家人糧止壹百陸拾分，長隨糧伍拾柒分，中軍守備交餉奴才未收，亦未招補。再有營中採買官馬駱駝並餵養草料打造炮位所領銀兩甚多，因奴才敕書劄付印信未到，任事方新，未及細查，況領銀各官俱係將軍委用之人，除嚴飭用心加料餵養外，俟銷筭之日再查，奴才身輕，責大任重，日夜氷兢，恐其遺悞，所有地方兵馬銀兩事宜，不得不冒昧陳奏，仰祈聖主俯賜訓誨，則奴才有所遵守，而庶免覆餗之處矣，敬此繕摺，曷勝惶悚，為此謹奏以聞。

康熙伍拾捌年叄月拾捌日。

硃批，這等事各處都有，且從容纔得十全，不着速。

[311] 吏部尚書富寧安遵旨密奏効力好漢職名單摺（康熙五十八年四月初四日）[1]-3372

奴才富寧安謹密奏，為奏聞事。

據奴才具奏阿喇納情由一摺，奉主子硃批諭旨，此奏甚是，爾僅知阿喇納本人，朕所知者，其祖父伯父父叔俱為出衆之男子漢，自伊幼時起朕甚相信而用之，再新滿洲內有幾名好漢，但得知者不及阿喇納，欽此欽遵，在奴

〔註788〕 該文檔原件後滿文文書甚長，字體亦不一，余請烏云畢力格先生翻譯，先生譯出僅此一句，其餘滿文文檔疑即此漢文文檔之滿文本，故烏云畢力格先生未譯，請讀者注意，若引用請核對原文。

〔註789〕《甘肅通志》卷二十九頁五十三作固原提標右營遊擊汪建矦。

才我等巴里坤之委前鋒統領法瑙，頭等侍衛哲爾德、迪訥、尤吉勒達，二等侍衛諾爾多、朱勒查、弗提，三等侍衛達巴爾漢、胡克圖，厄魯特侍衛吉木巴，喀爾喀侍衛布達，巴爾虎侍衛阿育希〔註790〕、波勒綽，藍翎阿勒巴善、方喀拉、哈勒哈岱、德勒格爾，前鋒噶札爾圖、希米賴，原侍衛克籌，牧丁克勒丟，親軍巴彥，因伊等俱隨主子行軍圍，甚為熟悉，甚利於哨堆等處，伊等俱於指付之處，各自勤奮効力，法瑙係主子所曉之人，才技優長，誠篤効力，頭等侍衛哲爾德、迪訥，二等侍衛朱勒查，巴爾虎三等侍衛阿育希、波勒綽，喀爾喀三等侍衛布達，皆才技優長，勤奮効力，前鋒噶札爾圖、希米賴，原侍衛克籌，才技優長，為此謹密奏聞。

硃批，知道了。

[312] 吏部尚書富寧安奏報氣候及兵民生計情形摺（康熙五十八年四月初四日）[1]-3373

奴才富寧安謹奏，為奏聞事。

去年十月奴才曾將各處木草甚好，官兵馬畜肥壯，氣候較暖並不冷，自邊內來貿易者所集甚多，各色貨物俱攜至巴里坤出售，一應物品皆價廉等情，業已奏聞，奴才看得巴里坤地方如同內地，四季適宜，今年春季已降二三次小雪，天氣較暖，即刻融化，二月末各地青草均吐出，羊俱得以食飽，今已上膘，三月又二次降雨，十日左右青草連長三四寸不等，馬畜俱得以食足，現官兵之馬畜皆上膘。再嘉峪關至巴里坤每站皆有住店商鋪，沿途往返商人毫無勞苦之處，由邊內來貿易者較先益加增多，市場房屋又拓展增建，商人所攜諸項物品甚多，喀爾喀地方之蒙古人陸續驅趕牛羊亦多，相互交換轉售諸項物品，牛羊價格較先更賤，於軍士大有裨益，商民蒙古人兵丁各自遵法，諸凡買賣竟無加價越取低價強購，滋事吵鬧等項事端，甚為安靜。巴里坤地方雖係蒙古曠野，仰賴聖主鴻福天佑雨水四時調勻，冬季無嚴寒，夏季無炎熱，地方水佳宜人，故滿蒙綠營官兵跟役以至商人臉色俱甚佳，並無病災，仰賴聖主之恩太平歡樂而生，為此謹具奏聞。

硃批，覽此摺，心亦開朗，大喜。

[313] 吏部尚書富寧安請安摺（康熙五十八年四月初四日）[1]-3374

奴才富寧安等恭謹跪請聖主萬安。

〔註790〕《平定準噶爾方略》卷七頁三十作一等侍衛阿玉錫。

奴才富寧安。

奴才阿喇納。

奴才雅木布。

奴才阿保。

奴才盧振生。

奴才法瑙。

奴才智雲。

奴才長齡。

奴才鄧啓章〔註791〕。

奴才楊昌泰。

奴才張洪印。

奴才巴吉。

奴才羅卜藏達爾札。

奴才達西達爾札。

硃批，朕體安，現幸熱河。

[314] 都統法喇請安摺（康熙五十八年四月初七日）[1]-3375

四川打箭爐都統奴才法喇〔註792〕跪請聖主萬安。

硃批，朕體安，爾未將前往所有見聞等事具奏，爾之所往何事，嗣後勤取消息，應將見聞之處，不時奏聞，不可似烏木浦〔註793〕。

[315] 甘肅巡撫綽奇奏報民人聚集抵制運糧摺（康熙五十八年四月十六日）[1]-3383

奴才綽奇謹奏，爲奏聞事。

據布政使覺羅折爾金〔註794〕詳稱，據鞏昌府知府報來，秦州地方民人因運軍需糧聚集千餘人，差人往詢，告稱將貯庫之三釐銀給我等，再將前任知州之子程國柱代伊父挐出償還虧空糧之銀交給我等，我等方運糧等情，當即遣洮岷之道員火速前往詳查，安撫民衆等因，故此奴才嚴咨道員佟華祖〔註795〕，

〔註791〕《欽定八旗通志》卷三百三十一作西安副都統鄧起章。《平定準噶爾方略》卷九頁十作副都統鄧奇章。

〔註792〕《欽定八旗通志》卷三百二十四作蒙古鑲白旗都統法喇。

〔註793〕《欽定八旗通志》卷三百二十一作滿洲正藍旗副都統溫普。

〔註794〕《清代職官年表》布政使年表作甘肅布政使折爾金。

〔註795〕《甘肅通志》卷二十八頁二十九作整飭洮岷道童華祖。

或現任知州或前任知州之子陳國柱〔註796〕另有緣由，而民人聚集不可料定，爾抵秦州嚴加詳查肇事情由，倘愚民肆行，撫綏民衆，查報爲首之人，不准有誤軍糧，倘爲官者有劣跡即據實參報等情，俟查後到來，另行奏聞，爲此謹具奏聞。

珠批，知道了，此等事爾屬地漸起，從前不可不謹愼。

[316] 富寧安奏為賞物謝恩摺（康熙五十八年五月初九日）[1]-3393

奴才富寧安謹奏，爲叩謝天恩事。

康熙五十八年五月初六日將聖主所賞鼻煙壺火鐮包小荷包所裝之匣驛遞送達後，奴才跪伏謹領，望闕謝恩，將賞賜散秩大臣阿喇納、多羅貝勒額駙阿保之鼻煙壺火鐮包小荷包均交給阿喇納等本人。再奉聖主珠批諭旨，宮內製作之鼻煙壺火鐮裝於荷包，除署名外，將多餘之鼻煙壺十一隻一併裝送之，將軍酌情賞賜，欽此。奴才謹遵旨除賞賜都統雅木布、提督盧振生、委前鋒統領法瑙、副都統智雲、長齡、鄧啓章、總兵官楊昌泰、張洪印、公巴吉、羅卜藏達爾札、達西達爾札等十一人各一隻外，奴才父子荷蒙聖主之恩，亙古未有〔註797〕，無以倫比，奴才自幼仰蒙聖主教養，累遷至首席大臣，復賜爲不稱職之將軍，督管軍務，自來軍營聖主屢施鴻恩，奴才數之不盡，記之不下，今復賞由宮內所造珍奇鼻煙壺火鐮包小荷包者，奴才何能相稱，對此隆重之恩，奴才實無言奏述，爲此叩謝天恩，謹具奏聞。

珠批，知道了。

[317] 阿喇納奏為受賞謝恩摺（康熙五十八年五月初九日）[1]-3394

奴才阿喇納跪奏，爲叩謝天恩事。

康熙五十八年五月初六日將軍富寧安將聖主所賞之荷包鼻煙壺火鐮交與奴才時奴才恭謹跪接，叩謝天恩，奴才世受國恩深重，亦不能以言表陳，奴才毫無報効處，今又將聖主所用之奇物賞予奴才，奴才不配，實不能受，惟牢記聖主指教，奴才盡力報効，奴才叩頭外，奏言無以表述喜悅之情，爲此叩謝天恩之處，謹具奏聞。

珠批，知道了。

〔註796〕本文檔前文作程國柱。
〔註797〕原文作亙古來有，今改正爲亙古未有。

[318] 議政大臣海靳等奏為辦理供給札薩克軍餉摺（康熙五十八年五月十一日）[1]-3395

議政大臣領侍衛內大臣公臣海靳等謹奏，為欽遵上諭事。

據將軍傅爾丹等奏文內開，接巴林郡王固倫額駙烏爾袞〔註798〕，蘇尼特郡王吹吉功蘇隆〔註799〕等呈報奴才等，我內札薩克出兵時由各自旗內每兵士配備米各二石，羊各四十隻，牛各十頭，馬各十匹前來，來汛地一年後，將軍等發給我官兵每月每人各二隻羊價銀一兩，跟役每人各一隻羊價銀五錢，該廩餼銀由我原攜米畜補食近二年，因路途遙遠由各原處不能續抵廩餼，現羊價漸昂，每隻羊價俱達銀一兩四五錢，將軍等原撥給廩餼銀不足食用，請發給我官兵足食廩餼銀等語。竊查內二十三札薩克官兵到來後，按伊等廩餼完畢計，發給羊價銀，今因年久不能續送廩餼，且羊價昂升，現以每隻羊各折給五錢糧，每月確不足食，相應此官兵跟役各以每隻羊價銀一兩供給，復查得奴才等途中食米，獲行糧官兵跟役不增加羊價銀外，喀喇沁兵一千，歸化城土默特兵一千，來墾田之東土默特兵〔註800〕一千，俱出年久，發給此官兵跟役羊價銀亦照此每隻羊各按價銀一兩計給可也，奴才等非敢擅便，謹奏請旨，此摺於康熙五十八年五月初七日交乾清門頭等侍衛喇錫轉奏。奉旨，交議政處，倘有應議之處則議之，欽此欽遵。

臣等會議得，據將軍傅爾丹等奏文內開，接巴林王額駙烏爾袞等呈報奴才等稱，我內札薩克出兵之時由各自旗內配備米羊牛馬前來，來汛地一年後將軍等撥給我等官兵每月每人各二隻羊價銀一兩，跟役每人各一隻羊價銀五錢，此廩餼銀以我原攜米畜補食近二年，因路途遙遠由各原處不能續送廩餼，現羊價昂升，將軍等原撥給廩餼銀不足食，請撥給我官兵足食之廩餼銀等因呈報，竊查內二十三札薩克官兵到來後，按伊等廩餼完畢計，供給羊價銀，今因年久不能續送廩餼，且羊價昂升，現每隻羊各折給五錢銀確不足一月食用，相應此官兵跟役所給一隻羊價銀按一兩發給，奴才等途中食米，獲行糧官兵跟役不增加供給羊價銀外，喀喇沁兵一千，歸化城之土默特兵一千，來墾田之東土默特兵一千，俱出年久，將供給此官兵跟役之羊價銀亦照此按每隻羊價銀各一兩計給等語。查得將軍傅爾丹等汛地現增派黑龍江等處兵士三

〔註798〕《平定準噶爾方略》卷二頁三十二作喀喇沁塔布囊額駙格勒爾。
〔註799〕屬內札薩克蒙古蘇尼特部，《蒙古世系》表十六作垂濟恭蘇隴，父薩穆札，祖騰機思。
〔註800〕原文作來墾之田之東土默特兵，今改為來墾田之東土默特兵。

千，以此復增糧餉，此軍既不進伐，無用人等在汛地徒耗錢糧，相應行文將軍傅爾丹等，將現在汛地之滿蒙漢所有官兵內查明驕橫懶惰病殘年老人等千餘退班，將查退官兵俱以其力緩來，挪移此退班軍餉，酌情增給彼處蒙古軍士可也，爲此謹奏請旨，康熙五十八年五月十一日交乾清門頭等侍衛喇錫轉奏。奉旨，依議。

　　議政大臣領侍衛內大臣公臣海靳。
　　議政大臣領侍衛內大臣公臣馬爾賽。
　　大學士臣馬齊。
　　議政大臣戶部尚書臣孫札齊。
　　議政大臣工部尚書臣徐元夢。
　　議政大臣理藩院尚書臣赫壽。
　　兵部右侍郎臣查弼納。
　　理藩院右侍郎臣特古忒。

[319] 吏部尚書富寧安奏聞遣往策妄喇布坦處之人員摺（康熙五十八年五月十四日）[1]-3403

　　奴才富寧安謹密奏，爲奏聞事。

　　接准部咨遣往策妄喇布坦之使者，著奴才揀派等因前來，奴才同李慶安密商，李慶安言此次遣使不比他次，將軍揀派何人，奴才云克希圖〔註801〕數次爲使遣往策妄喇布坦前，亦曉事，欲遣克希圖，伊言克希圖數次前往，而事未成，後次往而未容留，令返回，況我仙書甚公正，我所閱處，亦不准克希圖前往，國家事大，克希圖斷不可往等語。觀其狀若遣克希圖，伊有斷不前往之狀，故此奴才云皇上未指派何人，克希圖若不可欲揀派其他等語。先奴才曾奏李慶安願與使者同往策妄喇布坦前一摺內，奉硃批諭旨，李慶安自去後所奏之事，無較此重要者，況亦符其原語，即照此則好，策妄喇布坦之人抵至京城，我揀人遣之，惟克希圖對李慶安甚好，若爲一心，遣此人則亦佳，若稍有遲慮則即作罷，欽此。奴才未揀派克希圖，向伊云克希圖若不可則由新滿洲蒙古侍衛內揀派，伊言新滿洲侍衛不曉蒙古語，蒙古侍衛不曉漢語，觀我之仙書此等人亦不可前往，奴才云除此等人外有侍讀學士音札納〔註802〕、員外郎古魯，可否遣此二人，伊言音札納即可，此人據我所觀之

〔註801〕《平定準噶爾方略》卷二頁五作藍翎克什圖。
〔註802〕《平定準噶爾方略》卷一頁六作內閣侍讀學士殷扎納。

適合，往則甚好，我之所觀，人多往亦不可，免遣古魯，再揀一筆帖式陪遣則好，我觀之處所指甚明，照我所言遣之，我必成功。奴才云爾既稱前往必能成功，我即遵照爾所言，筆帖式齊納爾圖〔註 803〕等，爾攜領誰。伊言齊納爾圖亦符我所看中之人，此人前往甚好，奴才復向伊云爾等往返，所觀之路途遠近，水草甚要，酌由新滿洲內攜一名可乎，伊言來觀地方水草甚要，除侍衛外又有新滿洲乎，奴才將克籌、噶札爾圖、希米賴等告之，伊言我欲看仙書，翌日告奴才，我昨晚已觀，克籌前往甚好，除此外禁止再遣等語。奴才念之，已降旨策妄喇布坦甚詳，並無議事，伊觀之甚好，不可不揀派應往之人，然音札納各處多行，屬舊人，亦知蒙古事，齊納爾圖人亦可，差遣此等人亦可等因，故向伊云爾言我毫無違心之處，即照爾言揀派，惟保密，絲毫不可被人發覺，阿旺達西〔註 804〕等抵達時我於衆臣前，照我等商議揀派等語。五月初六日員外郎古魯攜阿旺達西到後，我向衆大臣云克希圖乃數次而行之人，此次停止差遣，新滿洲侍衛不曉蒙古語，蒙古侍衛不曉滿洲語，停止揀派此等，是以派侍讀學士音札納爲使，筆帖式齊納爾圖陪遣，此觀察往返路途遠近及水草情形事屬緊要，即揀派克籌等語。衆大臣稱好，續攜領李慶安，奴才向伊云將爾作爲懂繪畫所遣者，此處又無爾事，今已就策妄喇布坦處，既以音札納，齊納爾圖遣爲使，將爾與使者共遣之，直至特克斯、伊犁之山水地方形勢繪之。此次差遣爾作爲筆帖式，爾意如何。伊言我乃特遵旨遣派將軍前之人，將軍將我與使者同遣繪地圖，我願同往等語。衆人離散後，李慶安向奴才云我之仙書甚公正，昨晚我復閱看，情形甚好，此次前往必能成功，再我乃出家之人，爲報皇上仁恩，必謀成功，但天既然甚爲好生，倘策妄喇布坦極懼而降，我無成全策妄喇布坦之處，倘照前仍不降，我有消滅策妄喇布坦之策，策妄喇布坦亡，西方平定，方使我一世之心願亦結，可謂未負皇上仁愛之意，我等前後商議所有之事，以及我親往，必能成功之處，我亦具奏，其情不能奏全，請將軍代我具奏等語。奴才云爾之情由我完全具奏，惟策妄喇布坦屬秉性奸宄之賊，知我大軍不可敵，便顯歸順之狀，靠其僞裝之語，不可有姑息之心，除一惡安衆生，亦順應於天，且亦符爾出家人理應行者，爾此次往，一旦謀成，應按爾之原語而行，毫不可二意，果成而歸，既符爾之原語，且爾之祖父、父亦得以蒙享皇上無盡之鴻恩，如此

〔註 803〕後文作齊納爾圖，故改爲齊納爾圖。
〔註 804〕第二九一、第二九二號文檔作阿旺達希。

方符爾原平素所書所言忠孝之語。伊言將軍所云甚是，我往必成而歸，誠若不能，豈敢承負如此大事等語。又向奴才言請將軍告之音札納，勿過分待我，待如筆帖式，坐立時繼筆帖式齊納爾圖而坐立，惟策妄喇布坦不論何言，均告於我，我知後便於行動等語。又我二人商議，不能呼李慶安之名，伊名改爲安瑪利，此等情由勿使音札納知曉，奴才召音札納，齊納爾圖等去李慶安前，向音札納等云我差遣李慶安，將地方形勢，路途遠近以繪之，作爲筆帖式，爾等共同遣之，凡坐立時音札納爾既爲侍讀學士，則爲首席，接坐爲筆帖式齊納爾圖，李慶安繼齊納爾圖坐，凡有問勿告爲繪製地圖而遣，僅告我等乃同遣之筆帖式，問名字告之爲安瑪利，既然與阿旺達西同往，沿途即照我所指示如章京、筆帖式而行，李慶安雖係往繪地圖之人，使者之事與伊無干，爾等既爲共同前往之人，將策妄喇布坦所言之語，凡事勿隱，俱告李慶安記之，亦利於爾等，再萬一抵達伊等哨所後，策妄喇布坦僅准爾音札納過，他人均留下，爾勿從，稱爾向我聖主請求遣使，故遣派我等，況爾等遣派所有使者均准進入，爾等若謂我之跟役多，我等酌情留之，較少前往，倘因我等爲使，而來者均不准入，惟獨准我一人前往，我則不往，必言皆往爲妥等語。音札納等稱銘記伊將軍教誨而行，李慶安亦言甚好，皇上賞李慶安之紅坐墊、青綢坐墊因不准攜，奴才製藍坐墊一個發給之，筆帖式齊納爾圖坐伊之上，仍坐白氈墊，若有區別恐有發覺，奴才亦製一藍坐墊，發給齊納爾圖，作爲往返坐之，再此次往時遣派負諭旨，及跟隨兵丁時李慶安向奴才言勿遣我等之滿蒙兵及哈密回子，俱揀派綠營兵爲佳，奴才云照爾所言揀派綠營兵，但爾等往返不可無嚮導，爾今既然稱勿揀派回子蒙古兵丁，可否差遣喀爾喀方面之嚮導。伊言甚好。故此奴才交付喀爾喀烏喇阿之台吉佟莫克〔註805〕，揀派甚可靠之二名嚮導，李慶安因祇有男丁一名，幼童二名，跟役極少，奴才照伊言，自綠營兵內揀選十四人，算伊之奴僕三人，共十七人隨往，著此十四兵丁俱定爲派負諭旨、隨軍，照例辦給駝馬廩餼等項啓程外，李慶安爲往策喇布坦前所需駝馬銀綢布羊茶等一應物品，皆按伊索要奴才均予核發，再李慶安所需物品明確造冊，不必送巡撫綽奇，李慶安主僕四人所需馬駝等物，奴才均著音札納等多加備領，咨行巡撫綽奇，奴才送李慶安至哨所近處，又反復叮嚀，亦教誨音札納等，觀之啓程前往，爲此一併謹密奏聞。

〔註805〕《平定準噶爾方略》卷九頁八作烏梁海扎薩克台吉托穆克。

硃批，事似很順利，所辦所遣者甚好，惟將好消息隨得隨問明，火速報聞，李慶安既已往，其請安摺未批。

[320] 議政大臣海靳等奏為羊隻尚未解送汛地摺（康熙五十八年五月十九日）[1]-3404

議政大臣領侍衛內大臣公臣海靳等謹奏，為欽遵上諭事。

據揚威將軍傅爾丹等奏文內開，接靖逆將軍富寧安咨行奴才等書稱，我等具奏，從將軍傅爾丹等處尚未解送之五萬隻羊，理應依議政處所議解送巴里坤備用，惟馬畜俱賴牧場，巴里坤地方雖有廣闊豐茂牧場，而今巴里坤滿蒙綠營官兵之馬畜甚多，且副都統英柱〔註806〕率來之二千兵不久抵至巴里坤，現接收羊二萬餘隻亦於巴里坤地方牧放，今倘若將阿勒泰路尚未解來之羊五萬隻復解至，則畜甚多，而羊踏過牧草馬又不食，牧場稍緊迫，然來年大舉征伐仍自六七月進攻，接征伐諭旨，正月咨行阿勒泰路將軍傅爾丹等，三月二十日前後羊可抵達，將抵達之羊隻嚴飭官員，擇水草豐美牧場放牧，二三月期間羊俱得以膘肥，不誤征伐，將此牧放五萬羊隻牧場有餘，留作牧放馬畜，極益於軍士馬畜，富寧安我會同滿蒙綠營大臣等亦共議，倘有機會即有應行之處，現解至之二萬餘隻羊及所積米，酌情拴帶，行走亦不至耽擱，故臣等請將阿勒泰路尚未解送五萬隻羊，既然尚未自喀爾喀啓程，現停解送，仍照常留於喀爾喀地方牧放，接來年大舉進伐諭旨視咨文解送可也等情具奏，稟告諸喀爾喀扎薩克等後，前來會盟之土謝圖汗汪扎勒多爾濟〔註807〕等王貝勒公扎薩克台吉等呈文奴才等稱，巴里坤將軍現著停送五萬隻羊留於此處，來年正月前後驅送，三月可抵達，現送則畜多，羊踏過地方之牧草馬匹不食，我等非推諉稟告，我喀爾喀等仰賴聖主仁養鴻恩，各自榮耀，我屬下諸申俱獲生業，我等惟請於主子之諸事捨身効力外，無有他念，來年正月趕羊，三月抵至巴里坤，羊蹄裂時不可驅趕，況我蒙古人將羊牧群在一處牧放，將我五萬隻羊欽遵前降諭旨，春季青草萌發時不能驅趕，四月初將分派衆扎薩克之羊隻各自驅趕至巴里坤，路程行大半，又各自返驅回牧場以至死傷，來年大軍攻進時惟恐羊隻不能一併送至二路軍中，去年由部行文稱撥給巴里坤征伐軍士廩餼，令解送此五萬羊隻，恐耽擱大軍廩餼，故冬季解送，於五萬羊隻內途中疲憊致死，抵達後致死共三萬餘隻，將軍等知曉也，我所驅送

〔註806〕《欽定八旗通志》卷三百二十一作滿洲正藍旗副都統覺羅英柱。
〔註807〕《蒙古世系》表二十九作旺扎勒多爾濟，土謝圖汗察琿多爾濟之孫。

羊隻，既然俱行路程大半又攜返，多有受損，請將我之此由轉奏，將此解送之羊照前諭旨，咨行巴里坤將軍等接收等語。奴才等詳思，冬春之際遠途驅送羊隻實有困難，現將解送巴里坤五萬隻羊，著喀爾喀扎薩克等各自遣人四月初驅往，今路途已行大半，已來得及解送，又攜返確致損失，相應仍依前降諭旨，將此五萬隻羊解往巴里坤將軍撥給可也，爲此謹奏請旨，將奏摺於康熙五十八年五月十六日交乾清門頭等侍衛喇錫轉奏。奉旨，交議政處議奏，欽此欽遵。

臣等會議得，頃接將軍富寧安奏文稱，阿勒泰路尚未解送之五萬隻羊，五月下旬方解送，既然由喀爾喀地方尚未啓程，現停解送，仍照常留喀爾喀地方牧放，接來年征伐諭旨視行文解送等因，由議政處議奏，將尚未解送之五萬隻羊正月行文，三月二十日前後解至巴里坤，既然正值春季無青草之際以至途中受損，行文將軍富寧安，進兵時伊等處若購得羊隻，停止解送此五萬隻羊，倘不得購羊，此羊宜何時解送之處，經將軍富寧安、巡撫綽奇議定具奏，行文將軍傅爾丹等，將尚未解送之五萬隻羊暫停解送巴里坤等情。今將軍傅爾丹等奏文稱，據喀爾喀王貝勒公扎薩克台吉等告我等，自來年正月驅羊，三月抵至巴里坤，羊蹄裂時不可驅趕，然來年大軍進攻時惟恐不能將羊一併送至二路軍中，去年將此羊冬季解送巴里坤，五萬隻羊內途中因疲憊致死，抵後致死共三萬餘隻，現我等驅送此羊，既然俱行路程大半，倘復攜返，以至多有受損，請將我此緣由轉奏等語。奴才等詳思多春之時遠途驅送羊隻確屬困難，現將送往巴里坤五萬隻羊，喀爾喀扎薩克各自遣人四月初驅送，今路程已行大半，已來得及解往，復攜返，既然實至損失，速咨將軍富寧安，俟此五萬隻羊解至後即刻接收，先交付解送羊隻之五百鄂爾多斯兵士擇水草豐美地方放養，渡夏多不失，謹慎看護，除極需之時再用外，斷不可輕易動用，我軍發兵前來所有各處，驅趕軍需廩饟羊隻出行，一次未聞，羊乃腿短之畜不能急速遠行，一遇大風雪即不能行，驅羊不能抵達死亡而已，若追不及軍伍，此軍進乎退乎，自古以來，我滿洲軍惟攜乾糧，凡抵達所指地點，皆以敵物爲廩饟，況中路之軍皇上曾親征，亦無攜羊隨行之處，策妄喇布坦入侵哈密以來，阿勒泰、巴里坤兩翼汛地，商都、達布遜諾爾、達理剛阿地方牧場羊十萬隻，商賈購買羊十萬隻，汛地購買羊三四十萬隻，連同衆喀爾喀殷實人等捐羊，足至百萬，此等情形汛地〔註808〕大臣並未遠謀，惟

〔註808〕原文作訊地，今改正爲汛地。

在軍士中要好名聲而令攜帶〔註809〕，如今於兩翼汛地耕種田禾，糧米堆積，滿洲軍有行糧，綠營兵有鹽菜銀，況蒙古塔拉地方有獸，河中有魚，將此捕獵，無不可食者，每日惟以食肉爲生乎，此般食掉萬萬隻羊，羊食完後，大軍行乎，止乎，何日出頭緒。烏爾袞額駙等率出之內扎薩克等軍始出時告之各以自力前往，抵達策妄喇布坦地方効力等因，伊等不願捕獸食魚効力，亦仿綠營兵索取餉米，策妄喇布坦賊匪兵士前往招地，每人各乘馬駝一二，匍匐抵達遠方，尚斬拉藏取招地也，厄魯特軍中可有隨帶一應羊米糧之處乎，將此我武大臣兵丁等聞之俱應憤恨，今除惟滿足供應，將所餘物攜回家外，並無發奮効力之意，兵士過分安逸即爲庸懦，將軍大臣等休想賴此兵力奮進，一次破敵成功，廩餼一直保障，所謂廩餼不繼，乃係藉故返回之意也，如今侍衛色楞等惟率漢兵二三千於路遙有瘴氣之地，不論敵之多寡即奮發進攻，屢次大敗敵軍，以齋桑圖噶爾〔註810〕等爲首者斬兵二千餘，雖被敵圍困百餘日，廩餼盡絕，尚毫不屈服，令敵人極爲頭痛，惟馬畜疲憊，廩餼斷絕，雖窘迫，聖主始終嘉獎色楞等効力，仍加議敘，將軍大臣等果眞仰賴精兵威力，直接進攻，則可早已消滅策妄喇布坦，由此觀之，軍伍將軍等惟駐營久，爲取兵士好名聲而行，枉耗錢糧而已，爾等之効力者何處，我等不曉敵何爲，敵對我等甚悉也，將軍之任，惟征戰者，逢行機即行，不急促行，惟地方大，有過則誤事，諸凡軍務，概請主子訓示爲要，軍中大任交付將軍，既然相距萬里，馬鐙上辦事，相機而行，以此又可盡取於主子乎，此俱將軍等過失處，如今大將軍王之隊伍抵達西寧，因地方狹小糧餉爲要，故遣諸軍士出邊在牧場放馬，不進兵既然徒駐，何必耗費錢糧，故前往軍中王等以下兵丁以上，俱發給半餉，對大將軍王之隊伍有給羊之處乎，雖令攜羊，在何處供給這多羊，軍務者不可定日期，羊隻用畢後，用完而止乎，以此等情形觀之，既然俱屬軍伍將軍等不謀長遠，將主子糧餉喀爾喀牲畜不存心是實，將此等情形行文知照將軍富寧安、傳爾丹等可也，爲此謹奏請旨。康熙五十八年五月十九日議政大臣等面奏。奉旨，依議，欽此。

議政大臣領侍衛內大臣公臣海靳。

議政大臣領侍衛內大臣公臣馬爾賽。

大學士臣馬齊。

〔註809〕原文作而今攜帶，今改正爲而令攜帶。

〔註810〕《平定準噶爾方略》卷四頁十八作都噶爾。

議政大臣戶部尚書臣孫札齊。
議政大臣工部尚書臣徐元夢。
議政大臣理藩院尚書臣赫壽。
兵部右侍郎臣查弼納。
理藩院右侍郎臣特古忒。

[321] 托留為兄弔喪請旨摺（康熙五十八年五月二十八日）[1]-3408

奴才托留謹奏，為請訓諭事。

奴才原為末等小人，聖主連續改任陞至將軍任，奴才正念如何仰報聖主教養深厚之恩，接自湖廣嫂夫人信稱，爾兄已於九月二十九日陣亡等情，奴才閱畢書信，追念聖主將奴才之父擢補為將軍，病故後聖主仁愛奴才之父，陞用我兄額倫特為總督，又將奴才托留愚稚之時即補為黑龍江將軍，我兄額倫特為武將出兵，不能報効聖主重用之鴻恩，中途身亡，奴才之亡父亡兄若靈魂有知，深感未能報効聖恩，即使奴才如何致身報効，亦不能仰酬聖主鴻恩於萬一，奴才家信到來，欲盡兄弟之禮，惟現正值軍機之際，奴才豈敢不表明，既然我兄弟皆蒙聖主子養育指教，我將嫂夫人書信連同摺子一併謹奏，以候訓旨，奴才托留謹遵行，為此謹奏請旨。

硃批，爾之請教者甚是，暫且隱忍等候為妥，西寧大將軍王親往祭奠爾兄之遺體，此等情由朕本應降旨令爾知曉，因有軍機事務，尚未曉諭於爾，事成之後再降諭旨，爾兄英勇効力全國追念，如梗在喉，朕書此數言潸然淚下。

[322] 內務府奏為籌辦弘昉等阿哥婚禮事宜摺（康熙五十八年五月二十九日）[1]-3409

內務府等部謹奏，為請旨事。

竊查先和碩和親王之子弘時〔註811〕阿哥娶妻時，初送定禮宴物品、筵宴宴席搭涼棚、高桌擺銀器、備戲，執杯盤官員、柏唐阿、抬桌護軍、揀派婦人等事，俱由和碩和親王府籌備揀派，大臣侍衛官員等聚宴交付禮部。指引所行由總管內務府大臣酌情遣派掌儀司官員，飯茶頭目、清茶房大太監，禮部大臣，官員等在案。今大阿哥次子弘昉〔註812〕阿哥，和碩恒親王四子弘昂

〔註811〕此處翻譯不確，弘時為清聖祖第四子胤禛之子，胤禛時封雍親王。和親王為清世宗第五子弘晝，但其受封親王非康熙年間。
〔註812〕清聖祖長子胤禔次子。

〔註813〕阿哥，十四貝子次子弘明〔註814〕阿哥娶妻，初定送往筵宴物品筵宴，娶妻宴席等事宜，俱照弘時阿哥娶妻之例可也，爲此謹奏請旨。

署理內務府總管事務郎中董殿邦。

禮部左侍郎王思軾〔註815〕。

右侍郎景日〔註816〕。

硃批，既然弘明之父不在府內，前往軍營，諸凡物品俱由宮內籌備，餘依議。

[323] 湖廣總督滿丕奏報糧米收成摺（康熙五十八年六月十七日）

[1]-3419

奴才滿丕謹奏，爲奏聞事。

今年四月除將二麥豐收奏聞外，立春以來仰賴聖主鴻福雨水甚調，湖北湖南高窪處之稻均收十分，米價一石值銀五錢五六分至六錢不等，稻已刈割大半。再江寧浙江二千滿洲兵調駐雲南，於沅州地方餵馬，四省人馬集聚，米價升漲，一石值銀九錢，奴才於四月十四日抵至沅州，派官於常德等處糴米運至，將附近州縣倉稻運至，雨水又甚調，稻豐收，故米價下落，一石亦值銀五錢七八分，江寧兵於五月二十日抵達沅州，二十六日陸續啓程，杭州之兵尚未抵達，爲此繕摺，差奴才標下把總王大衛、家人黃達賫捧自沅州謹奏以聞。

硃批，湖南湖北糧收，無有何言，江西巡撫所報江西糧食亦同湖廣。

[324] 湖廣巡撫張連登奏報原湖廣總督之子扶柩到楚日期摺（康熙五十八年六月十九日）[2]-2789

湖廣巡撫臣張連登謹奏，爲奏聞事。

陸月初柒日原任湖廣總督署西安將軍額倫特之子艾山自陝西扶柩由楚搬眷回京，臣隨率同文武屬員接入武昌城內，暫停公署，所有扶柩到楚日期，理合奏聞。

康熙伍拾捌年陸月拾玖日。

硃批，畧遲些，至冬月起身來。

〔註813〕清聖祖第五子胤祺第四子。
〔註814〕清聖祖第十四子胤禎次子。
〔註815〕《清代職官年表》部院漢侍郎年表作禮部漢左侍郎王思軾。
〔註816〕《清代職官年表》部院漢侍郎年表作禮部漢右侍郎景日昣。